本书受"内蒙古师范大学基本科研业务费专项资金资助",项目编号:2022JBHQ006

明代对外贸易
法律制度研究

杨 红◎著

知识产权出版社
全国百佳图书出版单位
—北京—

图书在版编目（CIP）数据

明代对外贸易法律制度研究/杨红著.—北京：知识产权出版社，

2025.4.—ISBN 978-7-5130-9914-1

Ⅰ.D922.294.8

中国国家版本馆 CIP 数据核字第 2025LJ7750 号

内容提要

明代对外贸易法律制度具有鲜明的时代特征和政治色彩。一方面，它体现了明朝政府对外贸易的严格控制和监管；另一方面，它也反映了明朝政府在国际形势变化中的灵活应对和策略调整，这些特点不仅影响了明代对外贸易的发展进程和格局，也对后世产生了深远的影响和启示。本书全面系统地论述了明代对外贸易法律制度的历史沿革与变迁，内容涉及明代对外贸易管理体系、管理机构及管理职权、对外贸易管理法规、税收征收等方面的内容，可供有关高校师生及外贸、海关、管理、历史等领域的研究者阅读参考。

责任编辑：龚　卫　　　　　　　　责任印制：孙婷婷

封面设计：杨杨工作室·张冀

明代对外贸易法律制度研究

MINGDAI DUIWAI MAOYI FALÜ ZHIDU YANJIU

杨　红　著

出版发行：知识产权出版社有限责任公司	网　　址：http://www.ipph.cn
电　　话：010-82004826	http://www.laichushu.com
社　　址：北京市海淀区气象路 50 号院	邮　　编：100081
责编电话：010-82000860 转 8120	责编邮箱：laichushu@cnipr.com
发行电话：010-82000860 转 8101	发行传真：010-82000893
印　　刷：北京中献拓方科技发展有限公司	经　　销：新华书店、各大网上书店及相关专业书店
开　　本：880mm×1230mm　1/32	印　　张：8.875
版　　次：2025 年 4 月第 1 版	印　　次：2025 年 4 月第 1 次印刷
字　　数：208 千字	定　　价：68.00 元

ISBN 978-7-5130-9914-1

前　言
Foreword

　　明代对外贸易法律内容丰富，包括贸易市场管理、关税征收管理、走私稽查、违禁物品管理等内容。本书以明代对外贸易法律规范为研究重点，梳理明代对外贸易法制的主要内容、特征、发展和变化的趋势，力求将研究内容阐述更加深入和系统。

　　本书包括绪论、正文、结论三个部分。

　　绪论部分主要说明研究的学术价值、选题宗旨与意义、学术史综述及研究方法。

　　正文部分共四章，第一章主要梳理古代对外贸易法律制度的内容、变化和作用，以时间为顺序，整理、探讨明代以前各朝代对外贸易法律制度的内容、特征。

　　第二章主要介绍明代对外贸易法律制度的演变，明朝对外贸易管理机构的设置，明代中央和地方关于对外贸易管理的职官设置、职权范围；除此之外还介绍明代对外贸易的中介机构，主要阐述明代对外贸易中介机构的发展，梳理关于中介机构的相关法律规范。

第三章为外贸市场管理法制研究。自明代开放海禁以后，东南沿海对外贸易港口设立，月港、广州、澳门是明代的重要对外贸易港口，也是明代重要的国际贸易中转港，这些港口成为明代特殊的关市，明代对交易市场的管理成为对外贸易法制的重要内容。

第四章则为税收征管法律制度，该章阐述了税收征管机构的组成、职权及冲突变化，并分析了在明代中后期关税制度所发生的变革，由实物税制到货币税制的变革可以说是对外贸易的重大改革，更是整个中国古代贸易税收制度的重大革新，具有进步性。

最后为结论部分，总结明代对外贸易法制的发展脉络、特征，对外贸易法制是在中西方法律文化交流和冲突中逐渐形成的具有自身特点的法制。

目 录

绪 论

一、选题与研究意义

(一) 问题的提出

笔者自读博士以来，就一直在收集有关明代法制、历史的文献和档案材料。经过大量的材料收集和文献阅读，对明代的历史及法律问题有一定的了解和认识，在此期间笔者整理了有关明代税法、贸易法律的文献材料，发现当时存在月港、广州、澳门三大对外贸易港口，通过这些港口白银被源源不断地运入中国，中国的商品也不断运送欧洲、亚洲其他国家。明朝时期对外贸易一直处于顺差，是当时很少有国家能与之媲美的贸易出口大国。随着进出口贸易的发展繁荣，月港、广州、澳门逐渐成为国际贸易的中转港，针对上述客观情况的变化，明政府逐渐放弃明初实行的朝贡贸易，开放民间海外贸易。同时，明政府开始探索对对外贸易的管理方式，强化对对外贸易的控制，明政府意欲将朝贡贸易的相关法律制度延伸适用于私人海外贸易，但是已经融入西方文化、政治、人文的明代社会，并不能完全适用、照搬明代原有的对外贸易法律制度，需要明政府根据客观情况的变化，制定一套适宜新情况的对外贸易法制管理的法律体系，因此在逐渐的探索、适用中，明代形成了自己独具特色又兼顾中西文化的对外贸易法律制度。

因此，笔者经过多次的思考，认为以对外贸易法制为题作为研究对象，具有一定的学术价值和现实意义。经过大量的材料收集、阅读、整理，笔者认为明代对外贸易法制也是中国古代对外贸易法制的延伸，于是笔者作了更深入的研究，开始对中国古代对外贸易管理法制进行梳理，发现明代是中国古代对外贸易法制发展的转型时期，明代针对不同的地区适用不同的管理机制也可以说是明代对外贸易管理的特殊组成部分，对外贸易管理法制的研究又具备了更深层次的历史意义。最后，经上述梳理笔者逐渐形成了本书的理论框架，即将对外贸易法制的研究纳入中国古代对外贸易法制的框架内，力求对该制度的内容、理论结构，以及执行情况作系统的研究，并且学术界对于明代澳门对外贸易法制的专门研究尚属空白，笔者希冀可以在这样的历史背景下，形成有意义的研究。

（二）研究意义与创新

我国古代对外贸易法制是中华法系的有机组成部分，历代相承，不断增益发展。从法律形式上看，古代对外贸易法律不仅存在于历代综合性法典之中，而且也散见于皇帝的诏令、单行法规中。古代对外贸易法制的内容分类主要为关市管理制度、专门对外贸易管理机构设置、违禁物品等对外贸易违法行为的规范，以及外贸税收征管几个方面。

买卖关系在中国古代出现得很早，市场法律规范也随之出现。春秋时期，我国就有贸易"市"；秦汉时期，城市总贸易"市"的数量逐渐增多，贸易市场逐渐专门化，如牛市、马市等。为了加强对市场的规制和管理，政府开始设置专门市场管理机构。贸易市逐渐出现了关市，即在国家边境设立的贸易市场，是最初的一种开展对外贸易的市场；相应地，对外贸易管理机构和官吏被设立，古代的外贸管理法制初步产生并发展。汉朝时的"符传"，可谓是当时汉朝颁发的出入境贸易许可证。对外贸易许可制度确立了古代对外贸易管理的基本制度，后代将对外贸易许可制度进一步发展完善。隋唐时期在外交上实施开放政策，改变前期对外贸易主要以陆路贸易为主的状况，东南沿海的海上贸易日渐活跃，使得对外贸易法制也随之发展，即出现了调整陆路对外贸易的"互市法"和调整东南沿海海上贸易的"市舶法"。宋元时期在继承隋唐外贸法制内容的同时，更具有该时代的变化和特征。宋朝制定了专门对外贸易管理的"市舶条法"，元代则制定了两部"市舶则法"。市舶法对外贸机构的名称、职责、通商口岸设置、商船进出口程序、税收征管、走私行为的惩处作出了专门性的规定。

　　明代是中国封建社会历史上一个重要时期，对外贸易法制的发展出现转型。明代初期，实行严格的海禁，对外贸易则被法律严格限定在国与国之间的朝贡贸易上，严厉打击私人对外贸易的发展，这使明代对外贸易受到极大影响和破坏。对外贸易法制的发展出现了倒退，宋元时期兴盛百年的市舶制度最终在明代大部分地区被废弃。到明代中后期，长时间的海禁极大影响了沿海居民的生活，走私无法得到完全禁止，很多商人为了生计铤而走险。为了解决地方财政危机，广东率先默许了这种私人海上贸易，并允许外国商船在广东贸易，对海上贸易的商人商船征收关税，逐渐缓解了财政危机。福建也采取广东的方式，允许中国商人下海经商贸易，也走出了经济困境。随着国家全面出现政治、财政危机，明代中央政府逐渐开放海禁，明代对外贸易开始复苏，对外贸易法制也呈现新气象，出现了与以往不同的对外贸易管理体制。特别是广东的澳门地区，由于葡萄牙商人的租住，澳门成了中西文化、政治、贸易的交汇口。澳门对外贸易法制呈现出与传统、与明代对外贸易法制的不同特点，中西方法文化的交融对澳门法制的影响，以及传统法律对澳门法制的影响在此起彼伏中博弈。

一方面，中华法系中，明代的法律具有非常重要的地位，所以，对明代的法律制度进行深入研究，对于发现中国传统法律的发展规律、本质特征具有极大的理论意义。近年来，学术界也开始注重对明代法制的研究，目前有了很大的进展。但是针对各部门法的研究还缺少系统性，特别是对外贸易法制方面。而沿海地区是明代对外贸易法律体现最特别的地方，若以月港、广州、澳门地区为中心，考察明代中国政府在这些地区制定实施的对外贸易法律，以揭示当时对外贸易法律的内在属性和本质特征，这样的论题研究在丰富古代传统法律内容方面具有理论价值。

另一方面，研究明代对外贸易法律也具有很强的现实意义。自改革开放以来，国际贸易法律正经历由缺乏到完备的过程。在这一过程中，如何完善国际贸易法律体制，以及海关制度，对保证国家主权完整和对外交往和谐具有重要的现实意义。

二、研究史回顾

（一）明代对外贸易法律制度的相关研究

关于明代对外贸易法律制度研究的资料中，明代张燮编撰

的《东西洋考》（成书于万历四十五年，谢芳点校，中华书局
1981年版）从史料角度讲是比较系统、全面的。全书分12卷，
卷1至卷4题为"西洋列国考"，记载了交趾、占城、暹罗、下
港、柬埔寨、大泥、旧港、麻六甲、哑齐、彭亨、柔佛、丁机
宜、思吉港、文郎马神、迟闷等国的地理、历史、气候、名胜、
物产等状况。卷5和卷6题分别为"东洋列国考""外纪考"，
记载了吕宋、苏禄、猫里务、沙瑶、呐哔啴、美洛居、文莱、
日本、红毛番等国地理、历史、人文等信息。卷7至卷12记载
了明代时期的饷税、税珰、舟师、艺文和逸事等内容。特别是
税饷考是本书重要的参考内容，该卷详细记载了明朝福建地区
的税收征管、税种等信息，是明代对外贸易法制问题的重要参
考史料。其他的史料则多散见于《明实录》《明史》《国榷》地
方志等正史中，（明）何乔远撰的《闽书》，则系统记录了我国
东南沿海地区政治、经济、氏族、民风、民俗等情况。

　　关于明代对外贸易研究的著作中，张维华的《明代海外贸
易简论》（上海人民出版社1956年版），全书共六章，其中第三
章"明代的'海禁政策'与专制政权直接控制下的海外贸易"，
论述明朝时期海禁政策与当时海外贸易的关系；第四章"明代
私人海外贸易的活动和发展"，论述了明代私人海外贸易活动的
方式、程序、过程及与倭寇活动的关系。这两章对本书有很大
的借鉴意义，从史学的角度分析了明代时期对外贸易的发展过
程，也涉及一些制度层面的信息。李金明著的《明代海外贸易
史》（中国社会科学出版社1990年版），评述了明代海外贸易兴
衰的原因、市舶司与饷税制度的发展沿革、明代后期"海寇"
商人走私贸易的发展情况。晁中辰的著作《明代海禁与海外贸
易》（人民出版社2005年版），以海禁政策为中心，论述了明代

前期、中期、后期朝贡贸易的兴衰等问题。李庆新《明代海外贸易制度》（东方历史学术文库出版社、社会科学文献出版社2007年版）以史料为基础，论述了以下内容：其一，明代海外贸易从古代市舶司制度向近代的海关贸易制度的演变；其二，明代中后期海外贸易管理的内容和特征，其中涉及广东贸易中心由广州向澳门的转变，以澳门为中心的国际的定期集市贸易的管理规范；其三，涉及市舶机构的变化，如出现了宦官执掌的提督市舶衙门与政府的市舶司的对峙局面；其四，闽粤海外贸易呈现不同特色的发展趋势。该著作对本书的写作比较有参考价值。万明所著的《中国融入世界的步履——明与清前期海外政策比较研究》（社会科学文献出版社2000年版）以比较研究的方法，对比明朝与清朝前期的海外政策，对海外政策进行了系统研究。他认为，从总体趋势上看，相比较而言明朝海外政策的主导方向是开放的，清朝则是封闭的。

关于中国古代对外贸易研究的著作中，李金明、廖大珂合著的《中国古代海外贸易史》（广西人民出版社1995年版），将古代海外贸易分为汉唐时期、宋元时期、明代、清代前期四个时间段，分别论述了四个时期海上贸易的历史演变、贸易管理机构、贸易形式等内容，是了解古代对外贸易非常重要的著作。王杰著《中国古代对外航海贸易管理史》（大连海事大学出版社1994年版），该书论述了秦汉时期至明朝的中国古代对外航海贸易管理史的发展变迁，内容包括管理体系、对外贸易管理机构、海外贸易法规、关税征收等对外贸易的重要问题，该书运用史料翔实、精准，是研究古代对外贸易法制的重要线索。

关于明代海外贸易研究的论文涉及的方面很多。例如，关于明代走私贸易研究方面：林仁川的《明清私人海上贸易的特

点》(《中国社会经济史研究》，1987年第3期）着重阐述了海
上私人贸易的特征、影响等论题。陈君静的《明中叶浙东海上
私人贸易及其影响》(《宁波大学学报（人文科学版）》，2003
年第2期），从地区角度探讨走私贸易的原因，以及走私贸易的
影响。张忠民的《略论明清时期合伙经济中的两种不同实现形
式》(《上海社会科学院学术季刊》，2001年第4期），把合伙经
济分为一般合伙和股份合伙两种形式，通过分析它们的异同、
特点来考察不同的收益实现方式。该文认为："明清时期的合伙
经济具有一般合伙与股份合伙两种不同的实现形式。一般合伙
通常只是二三人间的合伙，合伙资本也不等分为等额的股份；
股份合伙的合伙人通常情况下多于一般合伙，合伙资本均分为
一定等分的股份，资本以股份的形式存在。在股份合伙中最具
重要意义的是除货币资本入股外，还包括有生产物、土地、无
形资产、经营者的人力资本等其他要素入股。"❶ 陈伟明的《明
清粤闽海商的海外贸易与经营》(《中国社会经济史研究》，2001
年第1期），以大量的史料为研究基础，阐述了明清时期广东、
福建海商的贸易形式、经营模式、各海外国家的贸易政策及税
收等相关问题。杨国桢的《十六世纪东南中国与东亚贸易网络》
(《江海学刊》2002年第4期），描述了16世纪中国东南沿海地
区与东亚之间国际贸易的概况。该文作者认为，海外贸易中交
通工具的进步，冲破了原有洲际贸易的格局，这一时期的福建
漳州海外贸易商人，率先突破明朝的海禁政策而迅速崛起，与
此同时葡萄牙对中国沿海的贸易进驻，使一向严格的海禁逐渐
松弛，国与国官方贸易受到私人海上贸易的冲击。李未醉、李

---

❶　张忠民：《略论明清时期合伙经济中的两种不同实现形式》，《上海社会科学
院学术季刊》，2001年第4期。

魁海的《明代海禁政策及其对中遲经贸关系的影响》（《兰州学刊》，2004 年第 5 期），以海禁对中遲经贸关系的影响，论述了明代 200 多年海禁政策的实施状况，以及海禁的严紧和松弛对朝贡贸易产生的巨大影响。

（二）澳门法律制度研究

关于澳门法律制度的研究成果主要集中在以下五个方面。

第一，税收法律方面。黄启臣教授的《明清时期中国政府对澳门海关的管理》（载《中山大学学报》1996 年第 1 期）和《16—19 世纪中叶中国政府对澳门海关的管理》（载澳门《文化杂志》中文版第三十四期）两篇文章探讨了明清时期澳门海关的法律管理制度。

第二，民商法律问题。刘正刚、朱文利的《乾嘉时期澳门房屋修建与租赁之考察》（载澳门《文化杂志》中文版第五十四期），以东波档案馆馆藏中文档案为依据，论述清政府对澳门地区建房、修缮等方面的法律规制，以及对租赁纠纷的法律调整。卢金玲的《明清时期澳门中葡通婚现象初探》（载澳门《文化杂志》中文版第五十六期）论述明清时期澳门地区葡萄牙人与华人的通婚问题。刘景莲的《从东波档看清代澳门的民事诉讼及其审判》（载《清史论丛》第十六辑，中国广播电视出版社 2001 年版）系统地研究了东波档中的民事档案，论述清代时期澳门地区有关钱货交易的规则与纠纷、借债规则与纠纷、租赁规则与纠纷等问题，

第三，涉外法律方面的研究。王巨新、王欣的《明清澳门涉外法律研究》（社会科学文献出版社 2010 年版），以澳门地区为研究对象，共七章内容，按照时间顺序，专门论述了明代到

清前期中国政府在澳门地区涉外法律的制定、实施等问题。该书在史料运用和材料整理中可谓有独到之处。另外，刘景莲所著的《明清澳门涉外案件司法审判制度研究（1553—1848）》（广东人民出版社 2007 年版）以东波档案馆和中国第一历史档案馆收藏的明清澳门涉外冲突案件入手，采用案例分析的方法，按照案件的情节、审级、判决，分为民事、刑事两类予以详细分析，阐述澳门司法制度的变化、发展及特征。陈文源的《明清政府立法制澳之探讨》（载《暨南学报》2000 年第 1 期）探讨了明清政府在澳门地区所制定的相关法律法规。李雪梅教授所著《澳门明清法制之史证》（载米健、李丽如主编《澳门论学：澳门回归一周年纪念文集》第 1 辑，法律出版社 2001 年版），以翔实的史料论证中国政府在澳门地区司法主权的实施情况。

第四，关于澳门法制史范畴的学术研究。何芯辉教授近几年致力于澳门法制史等相关问题的研究，目前涉及澳门法制史、澳门学的著作主要有《澳门法制史研究——明清时期的澳门法制与政治》（澳门 21 世纪科技中心 2008 年版）、《澳门法制史论》（广东人民出版社 2009）、《澳门法律文化研究》（澳门基金会 2009 年版）、《明清澳门的司法变迁》（澳门学者同盟 2009 年版）、《从殖民宪制到高度自治》（澳门一国两制研究中心 2009 年版）、《近代澳门司法：制度与实践》（中国民主法制出版社 2012 年版）、《治理与秩序：全球化进程中的澳门法（1553—1999）》（社会科学文献出版社 2013 年版）等著作。

其中《澳门法制史研究——明清时期的澳门法制与政治》全书共 8 章，阐述了明代及清前期澳门的特别立法、鸦片战争后澳门法制的变迁等内容。

《近代澳门司法：制度与实践》一书是我国第一部研究近代澳门司法史的中文专著。该书阐释了葡萄牙殖民统治时期澳门的司法制度，主要包括以下内容：近代中葡关系对澳门司法体制的裂变性影响；受殖民统治体系的司法双轨模式的实践效果；澳门地区自治与过渡时期司法的本地化、现代化等相关问题。该书以新的视角考察了澳门司法体系的发展演变，更深一步揭示"一国两制"的文化根基。

《治理与秩序：全球化进程中的澳门法（1553—1999）》一书尝试将澳门法展现在全球史观的视角下，深入研究在全球化进程中澳门社会的治理模式与法律制度的关系，以时间为线索，论述自 1553 年至鸦片战争前夕，以中国政府管制为主导而形成的澳门地区华洋共处而分治的现象；19 世纪初至 20 世纪中期澳门殖民管治的近代化转型的澳门状态，以及 1976 年至 1999 年回归前夕，"一国两制"模式下澳门地区高度自治的现代发展方式，因而分析国际局势、国内形势等客观情况对澳门法制的历史影响。

刘海鸥教授的《澳门法制史纲要》（吉林大学出版社 2009 年版）是内地第一本有关澳门法制史的专著。该书以葡萄牙法制对澳门法制的影响为线索，梳理了一部分明清澳门时期的法制的特征、结构，是研究澳门法制的一个有力线索。

第五，国外学者对澳门问题的研究成果。欧美学者对明清澳门问题的研究论著也很丰富，其中包括葡萄牙学者徐萨斯（C. A. Montalto de Jesus）的《历史上的澳门》（*Historic Macao*，1902，澳门基金会 2000 年中译本），该著作是依据葡文史料而撰写的澳门历史，其中含有一部分明清时期澳门地区中法葡法适用冲突的案件。美国学者马士（H. B. Morse）所著的《中华帝国对外关系史（1910—1919）》（*The International Relations of the Chinese Empire*，1910—1919，三联书店 1963 年中译本），该书的第一卷论述了清朝前期涉外案件司法管辖权的解决等法律具体实施的问题。马士的另一部著作《东印度公司对华贸易编年史》（五卷）（*The Chronicles of the East India Company Trading to China*，中山大学出版社 1991 年中译本），以英国东印度公司档案及西方有关中国早期著作的史料，以编年体例，记载了大量涉外的刑事案件。基顿（George W. Keeton）所著的《中国治外法权史》（*The Development of Extraterritoriality in China*，London，1928），其中第二章至第四章中，研究了清朝前期中法葡法司法管辖权的冲突、论述了 19 世纪初期中国司法管辖权重构困难的原因和解决方案，并介绍了最早的一批关于治外法权条约的内容。

葡萄牙学者叶士朋的《澳门法制史概论》（澳门基金会 1996 版）是澳门地区最早的澳门法制史研究的著作。该书以葡萄牙的海外法律制度为依托，介绍了葡国海外法律的体系特征，葡萄牙法制在澳门的适用程序和过程。该书缺少以澳门法制为专门研究对象的内容，仅仅可以作为澳门法制研究的一个线索，但是这本著作具有很大的参考价值。

除此之外，澳门史研究的相关著作及档案类材料也可以成为研究明代地方特色的文献。

第一，国内关于澳门史研究的主要著作。近几年历史学界对澳门问题非常关注，所以自 1999 年澳门回归祖国之后，史学界开始收集、整理大量的澳门档案，将其整理著书，其中对本书的撰写具有重大参考意义的有以下几种。

有关澳门通史类的著作。吴志良、汤开建、金国平主编的《澳门编年史》（广东人民出版社 2009 年版），包括六卷，采用

编年体的方式，以翔实的史料为依托，记载了 1494 年至 1949 年
的澳门历史的重要史实。其中，第一卷明代卷是本书的重要参
考，记录了明代中后期葡萄牙一步一步进入中国沿海贸易的详
细过程，并介绍了葡萄牙在澳门的管理体制变迁、澳门议事会
的发展和衰落、广东交易会的开放时间及运行模式，明代在此
期间对澳门的对外贸易管理机构的变迁，荷兰、英国殖民者与
葡萄牙争夺海上贸易权、争夺中国互市权等内容。从中可以了
解澳门从农村小镇发展为国际贸易港口的全过程。更重要的是
史料出处详尽，为本书更深入研究澳门对外贸易法制问题提供
了非常重要的参考。由吴志良、汤开建、金国平主编的《澳门
史新编》（澳门基金出版社 2008 年版）共四册，包含了很多关
于澳门史学、经济学、法律制度、贸易制度的论文。该书按照
论文论述的内容将丛书分类，将澳门史的主流观点、争议问题
在论文汇编中详细地阐述，是了解澳门法制、澳门历史等基本
问题的参考文献。另外《澳门人文社会科学研究文选》也是关
于澳门问题研究的学术成果梳理和汇编。该文选分社会卷、行
政卷、政治卷、法律卷、基本法卷、经济卷、教育卷、语言翻
译卷、文学卷、文化艺术卷、历史卷和综合卷，共 12 卷，其中
历史卷由吴志良、林发钦、何志辉主编（社会科学文献出版社
2010 年版）。历史卷中含有澳门法制史问题学术成果的梳理，是
关于澳门明清以来的政治、经济、社会、法律、文化等领域变
迁的研究文集。

有关澳门贸易史类的著作。张天泽所著的《中葡早期通商
史》（姚男、钱江译，中华书局香港分局 1988 年版）是一部研
究澳门早期对外贸易的论著，作者以中葡资料为主要依据，研
究澳门对外贸易问题中的一些带有争议性的问题。全书共分为 7

章，第 1 章名为"1513 年（明正德八年）前中国海外贸易的历史概述"；第 2 章名为"中葡早期通商史"；第 3 章名为"外国人被驱逐出中国与禁止对外贸易"；第 4 章名为"贸易还是不准贸易"；第 5 章名为"澳门的兴起"；第 6 章名为"其他欧洲人到东方"；第 7 章名为"风雨飘摇中的澳门以及中葡贸易之衰落与萧条"。该书对澳门贸易发展史的梳理，对笔者有关外贸制度发展的写作具有很大的参考价值。该书史料运用严谨、对于争议问题有独特的见解。其他关于澳门贸易史的研究的著作还有张天泽著的《中葡通商研究》（王顺彬、王志邦译，华文出版社1999 年版），黄启臣、郑炜明著的《澳门经济四百年》（澳门基金会 1994 年版），张廷茂著的《明清时期澳门海上贸易史》（澳亚周刊出版有限公司 2004 年版），何芳川著的《澳门与葡萄牙大商帆——葡萄牙与近代早期太平洋贸易网的形成》（北京大学出版社 1996 年版）等。

　　第二，国外学者关于澳门史的著作。葡萄牙学者施白蒂（Beatriz Basto da Silva）所著的《澳门编年史》（澳门基金会 1995年中译本）记载了很多关于澳门法律适用的案件。桑贾伊·苏布拉马尼亚姆所著《葡萄牙帝国在亚洲 1500—1700：政治和经济史》（何吉贤译，朗文书屋 1993 年）以葡文史料为依据，介绍了葡萄牙在亚洲的政治、经济的发展历史，其中也包括一些关于澳门的记载，因为当时在亚洲，澳门对葡萄牙的海外贸易和经济的发展具有特殊重要的意义。瑞典学者龙思泰所著的《早期澳门史》（吴义雄、沈正邦译，东方出版社 1997 年版），是澳门史学中一部比较重要的著作，其中涉及很多关于澳门海外贸易的记载，如广州交易会的史实整理、葡商贸易自治组织的形成及发展等。

第三，档案材料。本书的写作以有价值的原始档案材料为依据。法制史的研究离不开史料的支撑。目前与澳门有关的档案材料有很多，其中涉及明代部分的内容具有参考价值的是：由中国第一历史档案馆、澳门基金会、暨南大学古籍研究所合编的《明清时期澳门问题档案文献汇编》（六卷）（人民出版社，1999 年版），其第五卷为明代文献中关于澳门问题的史料选编，包括正史杂史类、地理方志类、奏议文集类、类书笔记类、档案文书类，其中涉及澳门历史、人文、法制等问题的原始资料，是本书论述的史实基础。明代颜俊彦著有《盟水斋存牍》（中国政法大学出版社，2002 年版）。颜俊彦是崇祯元年（1628）进士，担任两年的广州推官，《盟水斋存牍》是颜俊彦在广州任职期间撰写的判语和公牍文集。该书有很多关于广东地区、特别是澳门地区违反对外贸易规则的判例，这些判例成为笔者研究澳门地区对外贸易法律实施情况的重要依据和线索。清代印光任、张汝霖编撰的《澳门纪略》（上海古籍出版社 1995 年版），是中国史上第一部系统、专门介绍澳门的古籍类著作，成书于 1751 年，该书记载了澳门的历史、地理特征、中西文化冲突、民俗等内容。全书分为上下两卷，上卷为《形势篇》和《官守篇》，《形势篇》主要记载了澳门周边的地理、气候、军事布防等内容，《官守篇》主要记载了明清时期对澳门地方的管理以及相关历史事件等内容；下卷《澳蕃篇》则记载了澳门地区外国商人的贸易往来、澳葡的宗教信仰等问题，是研究澳门问题的重要文献和第一手资料。金国平所著的《西方澳门史料选萃（15—16 世纪）》（广东人民出版社 2005 年版）以 15—16 世纪葡萄牙文原始资料为依据，在与中文相关史料进行对比、分析的基础上，论证澳门开埠初期的具体情况。这些史料是对中文澳门史料不足的补充，是研究澳门早期史问题的重要史料集。

学术界对明代对外贸易法律的研究，主要存在以下几方面的缺点与不足。首先，缺乏对外贸易法律专门、系统的研究；其次，在相关法学研究方面，对外贸易法律研究不够深入、翔实；最后，大多从史学角度、以历史学的研究方法对相关问题进行政策性研究，很少以法学为视角对其进行研究。

三、理论与研究架构

（一）研究思路

明代对外贸易法律的内容丰富，包括贸易市场管理规范、关税征收管理规范、走私稽查、违禁物品管理等内容。本书以对外贸易管理的过程为顺序，梳理古代对外贸易法制的主题内容、特征、发展和变化的趋势，力求做到研究更加深入和系统。本书具体结构如下：绪论部分主要介绍本书的学术价值、现实意义、学术史研究概况、存在的缺陷和不足，以及研究方法和思路。第一章主要梳理古代对外贸易法律制度的内容、变化，以时间为顺序，整理、探讨明代以前各朝代对外贸易法律制度的内容、特征。第二章至第四章为主题研究的明代对外法制的内容。第二章介绍了明代对外贸易的法律思潮及立法过程；明代确立了中央到地方的对外贸易的管理机构，分别介绍中央机构、地方机构和重要的职官设置与职权的相关规范，以及明代对外贸易中介机构的发展演变。第三章则为外贸市场管理法制研究，自明代开放海禁后，东南沿海对外贸易港口的设立背景，月港、广州、澳门则是明代的重要对外贸易港口，也是明代重要的国际贸易中转港，这些港口成为明代特殊的关市，明代对交易市场的管理成为对外贸易法制的重要内容。第四章则为税收征管法律制度，该章阐述了税收征管机构的组成、职权及冲突变化，并分析了在明代中后期关税制度所发生的变革，从实物税制到货币税制的变革可以说是对外贸易的重大改革，更是整个中国古代贸易税收制度的重大革新，具有进步性。本书最后为结语部分，对全书进行总结，并对明代对外贸易法制的发展提出相应的思考。

（二）研究方法

在研究方法方面，本书力求做到三点。一是文献互证。本书力求以翔实的史料为基础，详细分析研究中外文献的区别和冲突，使中外文献可以相互印证，但对于分歧方面，本书以中文史料为主。二是比较研究的方法。本书梳理了古代各朝代对外贸易法制的内容和体系，想通过这样的梳理，可以比较出明代对外贸易法制的独特内容及变化特征。三是案例分析的方法。本书在中外货物交易管理体制一章中，对于外贸商人即贸易主体的违法行为，深入研究了一些判例，想将这些判例作为本书的重要参照，力争复原明代对外贸易法制在司法实施领域的特征和不足。

第一章

古代对外贸易与法律规制

第一节　明代以前对外贸易法制概况

一、古代对外贸易法制的发展

我国古代对外贸易法制，开端于秦汉，发展于隋唐，成熟在宋元，变革在明代。对外贸易法制一般是指各个朝代所制定的用以调整、规范对外贸易关系所产生的法律规范的总称。当然不同于当今社会严格意义上的国家与国家之间平等的商品交易关系，有些朝代的对外关系也针对边境的附属国、邦国，所以古代的对外贸易法制也应该包含用以调整、规范朝贡双方之间关系的法律制度。中国古代对外贸易法制是中华法系的重要组成部分，但是因为资料比较难以收集、材料缺失，目前还没有一部系统的研究成果，只是零散见于某些文章的概述，大都还是比较粗浅的研究。本书在写作过程中也是因为这样的现实原因，感觉研究难度很大，所以在总结目前学界研究成果的基础上，本节以期对对外贸易法制的产生和发展做一个初步探究。

古代对外贸易法制可以说是开始于秦代，秦代已经出现了规范对外贸易的一些规则，汉代以后开始逐渐兴盛起来。西汉中期以后，社会出现了政治稳定、经济复苏的景象，人民生活在汉初休养生息中得到很大的恢复，社会基本积累达到了一定的水平。更由于陆路交通的开通，西汉与西域国家的贸易往来日益频繁。特别是西汉汉武帝时张骞首次开拓丝绸之路，这条连接欧亚大陆北部的商路为西汉与国际的交往提供了无限的商机。通过丝绸之路，中国的丝、绸、绫、缎、绢等丝制品源源不断地运往中亚和欧洲。随着商品交换的日益增多，人员往来越来越频繁，西汉的统治者逐渐意识到，有必要以国家的法律对对外贸易行为予以调整和规范，这就开启了中国古代社会制定对外贸易法律的传统。汉朝的对外贸易法律规定比较简单。例如，汉朝子民与周边的少数民族及外国商人交易的时候，须具备官府所出具的外贸交易的许可证，不得擅自交易，否则会受到刑罚；并规定兵器、马匹不得出口销售，"胡市，吏民不得持兵器及铁出关"❶。规定虽然简略，但是包含了后来中国古代对外贸易法制的主要内容，如对外贸易许可制度、违禁物品的进出口管理制度。公元前 112 年，汉武帝攻克南越，夺回了岭南沿海地区❷的海上对外贸易管理权，《汉书·武帝纪》载："元鼎六年冬十月……遂定越地，以为南海、苍梧、郁林、合浦、交趾、九真、日南、珠崖、儋耳等郡。"❸ 将内地的"关"

---

❶ 程树德：《九朝律考》卷一，汉律考，商务印书馆 2010 年版，第 96 页。

❷ 岭南沿海地区，指五岭以南的广东、广西沿海地区。

❸ （汉）班固撰，（唐）颜师古注：《汉书·武帝纪》，中华书局 1962 版，第 118 页。又参见（汉）司马迁著：《史记·南越尉佗列传》，北京燕山出版社 2010 年版，第 1006 页，"元鼎六年冬……戈船、下厉将军兵及驰义侯发夜郎兵未下，南越已平矣，遂为九郡。"九郡即指南海、苍梧、郁林、合浦、交趾、九真、日南、珠崖、儋耳等郡。

"市"贸易管理制度延伸到岭南地区，海上对外贸易管理制度逐渐开始形成，对外贸易管理制度的发展使得岭南地区的对外贸易得到了长足发展。汉武帝之前的对外贸易港口仅为番禺一港，汉武帝统一后，徐闻、象林、卢容、龙编等也逐渐发展成为对外贸易港。对外贸易管理一直为统治者所重视，古代对外贸易管理法律制度自产生后，逐渐发展成熟，自成体系，一般以隋唐为分界线，隋唐以前为早期探索阶段，隋唐以后则为成熟发展阶段。隋唐时期不论是政治还是经济，可以说是古代中国最繁荣发达的时期，特别是唐朝。当时的长安、洛阳可以说是国际化的大都市，各国使节纷纷来到唐朝，要跟唐朝建立政治经济的联系，当然少不了对外贸易。唐朝政府为了规范对外贸易法律的关系，也制定了相关的对外贸易法律规范，如唐朝时期，关于朝贡的国家"有报赠、册吊、程粮、传驿之费，东至高丽，南至真腊，西至波斯、吐蕃、坚昆，北至突厥、契丹、靺鞨，谓之八蕃，其外谓之绝域，视地远近而给费"❶。唐高宗显庆时期"显庆六年二月十六日敕：南中有诸国舶，宜令所司，每年四月以前，预支应须市物，委本道长史，舶到十日内，依数交付价值。市了，任百姓交易。其官市物，送少府监简择进内"❷。

两宋时期对外贸易自身的发展较前朝更加繁荣，唐朝时期国力强，对外贸易的依仗较宋朝弱，或者说对外贸易的利润、税收对于宋朝更加重要。两宋政府更重视对外贸易的法律规制，宋朝制定的《元丰市舶条例》算是中国第一部对外贸易的专门立法规范，虽然很多内容已经不可考，但是也有学者致力于该

---

❶ 《新唐书》卷二二一下，《西域传》。
❷ 《唐会要》卷六六，《少府监》。

方向的研究。元承宋制，元代制定的《至元市舶法则》对元朝时期对外贸易的立法文件，共计二十一条，第一条内容就确定了进出口税率，"定例抽分，粗货十五分取一分，细货十分取一分，并依泉州现行体例，从市舶司更于抽讫货物内，以三十分为率，抽舶税一分，听舶商住便贸易"❶，后经修订成为《延祐市舶法则》二十二条。元朝虽然存续时间短，但是总体来说，法律规范较为详尽。古代中国的对外贸易，每一阶段的对外贸易管理法制都有其各自的特点。到了明朝时期，我国对外贸易的发展实际上较前朝更繁荣，虽然明朝前期实行严格的海禁，但是从社会角度来讲私人海上贸易一直是在不间断地曲折发展的。学者对明朝总体的研究虽然整体认为是封建社会没落的一个阶段，再不能与隋唐时期的高峰所媲美，但是笔者基于对明朝对外贸易的研究，认为明朝时期的经济发展、军事发展的整体质量还是要比前朝好，虽然国力整体不一定有前朝时期好，但是面对欧洲殖民者的一次又一次的冲击，明朝也没有示弱，葡萄牙在澳门一隅，也不能与明朝政府正面抗衡。中国古代对外贸易法律制度的发展可以说是中国政治发展的一个视域，可以窥见中国古代社会整体的发展趋势。

二、古代对外贸易法制的作用

首先，对外贸易法制的完善可以保障、促进对外贸易、商业的繁荣。隋唐前的对外贸易法制规范多涉及陆路贸易规范，隋唐时期则是海路对外贸易法律并重发展，宋元明时期则是海上对外贸易法制的繁荣时期。

---

❶ 《新元史》卷七二，食货五，市舶。

秦汉时期随着丝绸之路的开拓，陆路贸易达到了空前的繁荣，为了规范对外贸易行为，秦汉时代都比较注重陆路对外贸易法制的制定和完善，如在边塞地区设立关口稽查过往商旅，颁发符传作为对外贸易的许可证，规范市场秩序等。虽然海上对外贸易管理也出现了萌芽，但相对陆路管理来说，应为少数。隋唐时期海路对外贸易是齐头并进发展的，所以隋唐时期海上对外贸易管理也开始成为统治者重视的目标。然而到了宋朝，由于西北少数民族政权的阻碍，丝绸之路受阻，宋代的陆路贸易受到了极大的限制。所以宋代开始，不断地开拓海上贸易航线，海上丝绸之路开始繁荣起来，大量的中国丝绸、瓷器、茶叶等商品通过海路运输到世界各地，并且造船业的发展也是促进海上贸易发展的前提。因此，宋朝设立了市舶司，作为专门管理对外贸易的机构，宋元时期的对外贸易管理体制则都被纳入市舶司制度中。特别是元朝市舶则法的制定，标志着市舶制度的成熟。明代时期的对外贸易发展虽然受到了海禁政策的影响，但是在宋元时期发展的基础上，明代的海外贸易管理也是具有自身特色的，虽然市舶制度仅在广东延续，但是福建的督饷馆制度也是独具一格。而且明代由于澳门港口的开发，其中后期的对外贸易也是非常繁荣的，中国的商品被输送到亚洲、欧洲，甚至美洲，对外贸易发展可以说是在曲折中繁荣发展的。

由于政府的保护和鼓励，宋朝时期商品经济得到快速发展，到了明末清初，已经出现了专业的商人，商业得到了快速发展，"全国各地商人十分活跃，出现了专业性商人，并形成了一批资本巨大的商人集团，有著名的徽州商人、山西商人、陕西商人、闽粤海商、江西商人、宁波商人、洞庭商人及地方性武安商人、龙有商人、束鹿商人、山东黄县商人等"❶。可见，国家对于对外贸易特别制定专门的法律予以保护，允许对外贸易的发展，对发展商品经济有着非常重要的作用。

其次，古代对外贸易立法有法可依具有传承性。古代对外贸易法制是不断发展的，但是各朝代法制的主要内容大体一致。主要包括以下规范。①对外贸易管理规范。我国古代自汉朝开始，就设立了从中央到地方管理对外贸易的管理体系。明朝与以往朝代不同的是，对外贸易的管理无法纳入市舶制度中，从分类上看，明朝对外贸易包括朝贡贸易形式、督饷馆贸易形式、广东私人海上贸易形式三类，这三类贸易中管理机构有交叉，又不同，是明代对外贸易的有机组成部分。②市场管理规范。各代的贸易法中都要制定市场管理规范，予以规制市场秩序、打击不法行为，如强买强卖、销售违禁物品、不交纳市场税收等。③商人进出关口、船舶进出港口的程序规定。④对外贸易税收的征管。⑤违禁物品的规定等。上述内容都会在不同朝代的对外贸易管理法中进行规定，仅是具体的内容会有些差异，如各朝代对违禁物品种类的规定，各个时期都有所不同。

最后，对外贸易法制的发展客观上促进了民族融合、中西方文化的交流。古代对外贸易法制的逐渐规范化，在一定程度上促进了中华民族与其他民族的文化交流，使不同国家、地域的文化、经济相互促进发展。例如，唐朝的首都长安，当时可以说是一个国际化大都市，各国的商人，如波斯商人、阿拉伯商人等逐渐在我国定居，对外贸法则专门有对外国侨民的管理规定。明朝时期的对外交流更是空前，在民族融合、对外交流的过程中，对外贸易法制的作用不容忽视。

---

❶ 傅衣凌：《明清社会经济变迁》，人民出版社 1989 年版，136–137 页。

第二节　明代以前对外贸易法制的主要内容

一、隋唐以前对外贸易管理法制的内容

古代时期，经营对外贸易是一项利润丰厚的买卖，主管机构一般很容易获得巨额财富。例如，番禺最高的行政长官为广州刺史，可以"经城门一过，便得三千万钱"❶。所以，朝廷和地方政府都会涉足对外贸易的管理和控制权。

1. 中央与地方机构的分权

隋唐之前岭南地区的对外贸易，主要由地方州郡的官员进行常务管理。史料中记载了很多关于岭南地方官员借机管理对外贸易以权谋私、大肆敛财的情况。

《后汉书·循吏传》记载：（合浦）郡不产谷实，而海出珠宝，与交趾比境，常通商贩，贸籴粮食。先时宰守并多贪秽，诡入采求，不知纪极。❷

《后汉书·贾琮传》记载：旧交趾土多珍产，明玑、翠羽、西象、玳瑁、异香、美木之属，莫不自出。前后刺史率多无清行，上承权贵，下积私赂，财计盈给，辄复求见迁代，故吏民

---

❶　这是一句流行于南北朝时期的一句俗语，参见王杰：《中国古代对外航海贸易管理史》，大连海事大学出版社 1994 年版，第 8 页。

❷　（宋）范晔撰，（唐）李贤等注：《后汉书》卷七十六《循吏列传第六十六·孟尝》，中华书局 1965 年版，第 2473 页。

怨叛。❶

《晋书·吴隐之传》记载：广州带山包海，珍异所出，一箧之宝，可资数世，……故前后刺史皆多黩货。❷

《南史·梁宗室上》记载：广州海边，旧饶，外国舶至，多为刺史所侵，每年舶至不过三数。❸

《陈书·王通传》记载：越中（岭南）饶沃，前后守宰例多贪纵，（王）通独以清白著闻。❹

针对地方机构管理对外贸易时出现的敛财、渎职等情况，中央政府在对外贸易管理方面，主要承担监督职责，将地方官员的贸易管理权纳入法律规制范畴。东晋南朝时期的史料就有关于中央政府监督权行使的记载。

《宋书·刘道产传》记载：（刘道锡）元嘉二十一年，迁扬烈将、广州刺史。（元嘉）二十七年，坐贪纵过度，自杖治中荀齐文垂死，乘舆出成行与阿尼同载，为有司所纠。❺

《陈书·王通传》记载：时河东王为广州刺史，……王至岭南，多所侵掠，因惧罪称疾，委州还朝，（王）励行广东府事。❻

---

❶ （宋）范晔撰，（唐）李贤等注：《后汉书》卷三十一《列传第二十一·贾琮》，中华书局1965年版，第1111页。

❷ （唐）房玄龄等撰：《晋书》卷九十《列传第六十·吴隐之》，中华书局1974年版，第2341页。

❸ （唐）李延寿撰：《南史》卷五十一《列传第四十一·梁宗室上》，中华书局1975年版，第1262页。

❹ （唐）姚思廉撰：《陈书》卷十一《列传第十一·王通》，中华书局1972年版，第238页。

❺ （梁）沈约撰：《宋书》卷六十五《列传第二十五·刘道产》，中华书局1974年版，第1718页。

❻ （唐）姚思廉撰：《陈书》卷十一《列传第十一·王通》，中华书局1972年版，第238页。

综上，隋唐以前对外贸易管理是由边境、港口的地方官员具体执行中央政府的管理权，中央负责行使监督职权。监督的方式一般有两种：一种为临时性的巡视，即朝廷派官员临时出使岭南，其目的一是要监督地方官职责行使的情况，二是要对其对外贸易的利益进行瓜分。另外一种是起于汉代的"均输"❶制。均输制始于汉武帝时，是一项推行于全国的经济制度，即为一种由官方负责收购外贸货物，转而出售的盈利制度。当时西汉政府在中央大司农属下设置均输令、丞，在地方设置均输官，负责外贸物品、贡品的征收、管理、运输、销售。

2. 设立关闸对进出口贸易商人进行管理稽查

朝廷还在交通要道、边境出入的地方设立关、徼、障塞等关口守卫，管理、稽查出入商旅。在交通要道设立关口早在西周时期就有规定，汉朝则在内地的交通要道及与周边民族交界的地区广设关口，这种设立于内地的关口主要为了稽查不法人员。设在边境附近的关口，除防御外，还要检查对外贸易的商人，在汉代岭南地区设立的关口一般被称为徼或障塞，主要管理外国航海贸易商人进出关塞。依照法律，出入关塞要持有相关贸易凭证——"符传"，是由官府制作的贸易通行证，一式两份，一份留存于关口，一份发放给过关的商贾。没有符传出关

---

❶　该制度由桑弘羊提出，其解释为："往者郡国诸侯，各以其物贡输，往来烦杂，物多苦恶，或不偿其费，故郡置输官，以相给运，而便远方之贡，故曰均输。"参见：（汉）桓宽：《盐铁论·本议第一》。何怀远、贾歆、孙梦魁主编：《四库精华》第十五册《盐铁论》，远方出版社2006年版，第11页。

的在法律上称为"阑",即"无符传出入为阑"❶。这种对陆路贸易和海上对外贸易实行的关禁符传制度,在三国时期还有使用。据《三国志·魏志·仓慈传》记载:"魏明帝太和中,仓慈为敦煌太守,西域杂胡欲来贡献,……慈皆劳之。欲谒洛(阳)者,为封过所。"❷此处"过所"就是符传的别称。此种在陆路关口和岭南港口所执行的关禁制度,通过颁发符传等进出凭证,达到对过往商人及进出货物的稽查征榷,有类似海关的作用。

3. 严禁违禁物品进出

关于违禁物品的规定,是对外贸易法律中一项不可或缺的重要内容,我国各朝各代都根据当时的政治、经济状况,在对外贸易过程中对进出口的货物进行了限制性的规制。从汉朝开始这些规定就存在于历代的律典之中了,其中规定比较详尽的一般为关乎生产生活、国防的重要物品,如铁器、马匹;还有一些是王室的奢侈品,如珠宝、名贵的玉品等也被列为违禁物。

铁器在春秋时期已经得到广泛的使用,特别是作为武器使用的铁器兵器已经广泛使用,所以垄断铁器的销售,对于一个国家的军事是非常必要的。汉律则规定,"胡市,吏民不得持兵器及铁出关"❸,禁止铁器在外贸市场中交易。马匹也是古代社会一种高效的生产工具和战争利器,禁止马匹的销售也无可厚

---

❶ 指无凭证擅自出边关。后泛指不受约束,擅自出疆界。《史记·汲郑列传》记载:"愚民安知市买长安中物而文吏绳以为阑出财物于边关乎?"裴骃集解做注:"应劭曰:'阑,妄也。律,胡市,吏民不得持兵器出关。虽於京师市买,其法一也。'瓒曰:'无符传出入为阑。'"参见汉典对"阑出"一词之注解。

❷ (晋)陈寿撰,(宋)裴松之注:《三国志》卷十六《魏书十六·仓慈》,中华书局 1959 版,第 512 页。

❸ 程树德:《九朝律考》卷一,汉律考,商务印书馆 2010 年版,第 96 页。

非。《汉书·景帝纪》记载："御史大夫（卫）绾奏禁马高五尺九寸以上，齿未平，不得出关。"❶吕后时期，还将能繁殖的母马列为违禁出口之物。对于珠玑等禁止出口的记载早在秦代就有了："盗出朱玉邦关及买（卖）于客者，上朱玉内史，内史材鼠（予）购。"❷汉代至三国时期一直延续这种规定，对于过往商人进行严格检查，发现夹带珠玑等物的，将予以严惩。还有一些不符合礼法礼教的货物也在违禁之列，如宗庙之物等。除禁止出口物品外，隋唐以前对外贸易法制还规定了禁止进口的物品。根据《史记》记载："宋子惠侯许瘛。孝景中元二年，（嗣）侯九坐买塞外禁物罪，除国。"❸可见对购买塞外违禁物品惩罚极其严格，即使是贵为侯爵，也要受到法律的严厉制裁。

4. 建立市、关市等固定交易场所

隋唐以前的各朝代建立了以市、关市为中心的外贸货物交易制度，即将对外贸易的买卖双方限制在固定的场所进行交易，以方便朝廷对交易集中管理。市是指自战国一直延续到唐代，官府在城镇内规划出的专门进行贸易的特定场地。许慎《说文解字》解释"市，买卖所之也"❹。汉朝的经济非常繁荣，除了像长安洛阳这样的全国经济中心，在各地都有重要的商业中心，如东北的蓟、邯郸，东部的临淄，中部的江陵、合肥、寿春、

---

❶ （汉）班固撰，（唐）颜师古注：《汉书·武帝纪》，中华书局1962版，第147页。

❷ 睡虎地秦墓竹简整理小组编：《睡虎地秦墓竹简》，中华书局1990年版，第126页。

❸ （汉）司马迁著：《史记·高祖功臣侯者年表》，北京燕山出版社2010年版，第245页。

❹ （东汉）许慎原、汤可敬撰：《说文解字今释》，岳麓书社1997年版，第715页。

宛，东南的吴，南部的番禺，西部的成都，西北的敦煌丝绸之路国际通道。据统计，到后汉时期，全国有 105 个郡，1180 个县、邑、道、侯，这些地方汉代政府一般都设有市等交易场所，"约略计算，两汉时期全国的大中小城市设有市肆和集市的，在 1400~1600 处。这可能是最低数字，实际数目可能比这个数多"❶。岭南地区的航海贸易也是非常繁荣，岭南的番禺和龙编二港是当时海上贸易中非常繁荣的中外贸易集市所在地，各地的外商包括罗马的商人纷纷自海道而来，携带珍奇与汉人贸易。岭南的日南郡还设有香市，这是针对当时大宗航海舶来品香料的交易而专门设立的，专供中外商人交易香料，互通有无。关市一般是指设立在边境关口附近的固定市集，属于国际贸易市场，方便汉人同周边少数民族进行贸易。隋唐前的法令中，有关于市、关市管理的制度规范。例如，市周围要有围墙似的建筑，以便与外界分隔；关市和市有固定的交易时间；有专人监督度量衡等器具的合规性；有专门评估物价的人；监督违禁品，不得在市场中进行交易。执行上述职权的人一般为市令、市丞、市掾等官员。

5. 对外贸易税收的征管

战国时期对于外贸征税就有制可循了。战国时期的楚国就对经过其境内江河的船只征税，但是具体的征税对象不可考。汉朝的税收已经具有制度性，对于对外贸易的税收也有规定，当时的税收称为"市租"，汉代的市租多数属于一种交易税，就是按照贸易成交的贸易额进行课征的税种。汉代的大中商业中心城市中设有主管市、关市行政和税收的官员——市吏、市啬

---

❶ 马大英：《汉代财政史》，中国财政经济出版社 1983 年版，第 83 页。

夫，他们主管整饬市容，维持秩序，负责市肆与市籍登记和市租的征收。征税的税率应该会根据商品的不同而不同，《汉书·食货志》有关于税率的记载："工匠、医巫、卜祝它方技商贩贾人坐肆列里区谒舍，皆各自占所为于其所在县官，除其本，计其利十一分之，而以其一为贡。"❶此项记载的税率为10%。

除交易税外，商船税也是汉代政府征收的税种之一，这是根据船只的大小而征收的一种税。《汉书·食货志》记载："商贾人轺车一算，船五丈以上一算。"❷这是指五丈以上的商船需要交商船税一百二十钱（一算）。商船税在汉代实行了一段时间，由于水上运输商人的消极抵制，在汉武帝时期就已经取消了。

还有过口税，过口税当时是专门针对岭南地区从事进出口贸易商人所征的过关税，因为这些商人贩运商品外销及进口外贸货物需要经过沿途的关口，所以称过口税。此种税即为古代关税的起源，即"关税起源于封建主对其领地上的过往客商所征收的捐税"❸。《汉书·武帝纪》记载："太初四年冬，徙弘农都尉治武关，税出入者以给关吏卒食。"❹自此，各关口开始征收关税，且税额比较重，大概可以达到总货物量的10%，这种税额一直延续到南北朝时期。"又都西有石头津，东有方山津，各置津主一人，贼曹一人，直水五人，以检察禁物及亡叛者，

---

❶（汉）班固撰，（唐）颜师古注：《汉书·武帝纪》，中华书局1962版，第1181页。

❷（汉）班固撰，（唐）颜师古注：《汉书·武帝纪》，中华书局1962版，第1116-1117页。

❸ 中共中央马克思恩格斯列宁斯大林著作编译局译：《马克思恩格斯全集》第三卷，人民出版社1995版，第65页。

❹（汉）班固撰，（唐）颜师古注：《汉书·武帝纪》，中华书局1962版，第202页。

其获炭、鱼、薪之类过津者，并十分税一以入官。其东路无禁货，故方山津检查甚简。"❶ 这是东晋时期设立的专门检查过往商贩、征收关税的机构，这样的关税机构一直延续到南北朝时期。

6. 专职主管航海对外贸易机构的出现——侯官

大概在汉武帝时期，汉朝在对外贸易港口之一的合浦郡徐闻县，设置了我国古代最早的对外航海贸易管理的专职官员，即侯官。据《舆地纪胜》记载侯官的设置："徐闻县，本汉旧县也，属合浦郡。其县与南崖州澄迈县对岸，相去约一百里。汉置左右侯官，在县南七里，积货物于此，备其所求，与交易有利，故谚曰：'欲拔贫，诣徐闻'。"❷ 侯官的职权大致为：首先，负责来访的外国使节及商人的接待和稽查；其次，主持对外贸易活动的具体交易，为政府征收外贸之利，可能会收取一些交易管理费之类等；最后，对民间商人对外贸易活动的临时监管。由于史料的限制，侯官的记载仅限在汉代，但是可以说是一种专职海外贸易管理机关的出现，也不失为一种对外贸易管理法制的进步表现。

隋唐以前，对外贸易管理制度主要包含以下内容：设立关闸对进出口商人进行管理和稽查；建立市、关市等固定交易场所以便贸易和管理；严禁违禁物品进出；建立健全税收征管制度。隋唐以后，对外贸易管理法律制度逐渐完善，出现了新的发展变化，在继承隋唐以前旧制的基础上，呈现出新的特征。

---

❶ （唐）魏征等撰：《隋书》卷二十四《志第十九·食货》，中华书局 1975 年版，第 689 页。

❷ （宋）王象之撰，李勇先点校：《舆地纪胜》，四川大学出版社 2005 年版，第 3797 页。

二、隋唐时期对外贸易管理法制的内容

古代对外贸易管理法律制度在历经了汉魏几代的发展，到了隋唐时期呈现新的变化，对外贸易法制在唐律中逐渐得到完善，中央加大了对外贸易管理的力度，唐代时期出现了专职管理航海贸易的市舶使官职，为古代市舶制度的源起。隋唐时期开启了对外贸易管理法制的新时期，也是发展时期。隋唐时代对外贸易管理内容的新变化有以下几方面内容。

1. 中央政府对外贸易管理的加强——直属机构交市监的设立

隋唐之前对外贸易及市场管理主要由地方官吏予以具体实施，中央没有专门负责对外贸易的机构，中央机构在此只起到一个监督地方官吏的作用，仅达到分配一部分地方外贸利益的效果。然而到了隋朝，这种情形发生转变，隋文帝设立了交市监，作为专门管理互市贸易的机构。起初交市监设置的时候，还是隶属地方行政管理的，《隋书》卷二十八《百官下》载："缘边交市监及诸屯监，每监置监、副监各一人。畿内者隶司农，自外隶诸州焉。"❶ 隋炀帝时期对此进行了改革。《隋书》卷二十八《百官下》记载："初炀帝置四方馆于建国门外，以待四方使者，……东方曰东夷使者，南方曰南蛮使者，西方曰西戎使者，北方曰北狄使者，各一人，掌其方国及互市事。每使者署、典护录事、叙职、叙仪、监府、监置、互市监及副、参军各一人。录事主纲纪。叙职掌其贵贱立功合叙者。叙仪掌小大次序。监府掌其贡献财货。监置掌安置其骆马船车，并纠察

---

❶ （唐）魏征等撰：《隋书》卷二十八《志第二十三·百官下》，中华书局1975年版，第784页。

非违。互市监及副，掌互市。参军事出入交易。"❶ 可见，隋炀帝时期将交市监纳入中央直属管辖范围内。除在中央设置交市监总管对外贸易外，隋炀帝为了进一步加大中央对外贸管理的力度，还经常任命大臣前往互市场地，直接主持中外互市贸易活动。所以隋朝时期对外贸易管理方面形成了严密的中央控制体系，从而有效地控制陆路、海上对外贸易。

2. 市的交易管理制度规范化

隋唐时期，作为对外交易的固定场所，市得到更深入的发展，唐代广州港口的贸易非常之繁荣。作为集中大宗贸易的市，成为中央政府关注的重点，有关市的规范制度更加完善了。例如，设市地点的限制，"景龙元年十一月敕：诸非州县之所，不得置市。其市，当以午时击鼓二百下，而众大会，日入前七刻，击钲三百下，散。其州县领务少处，不欲设钲鼓，听之。车驾行幸处，即于顿侧立市。官差一人权检校市事。其月，两京市诸行，自有正铺者，不得于铺前更造偏铺，各听用寻常一样偏厢。诸行以滥物交易者，没官；诸在市及人众中相惊动，令扰乱者，杖八十"❷；时间方面的限制，"两京诸市署：令一人，从六品上；丞二人，正八品上。……凡市，日中击鼓三百以会众，日入前七刻，击钲三百而散"❸；严格检查度量衡等量具的真伪，

---

❶ （唐）魏征等撰：《隋书》卷二十八《志第二十三·百官下》，中华书局1975年版，第798页。

❷ （宋）王溥撰：《唐会要》卷八十六《市》，上海古籍出版社1991年版，第1874页。

❸ （北宋）欧阳修、宋祁撰：《新唐书》卷四十八，志第三十八《百官三》，中华书局1975年版，第1264页。

"掌财货交易，度量器物，辨其真伪轻重"❶；每隔一段时间，市的官员要评估一次物价，"平货物为三等之直，十日为簿"❷。并且严厉打击破坏市秩序、哄抬物价等不正当行为，严查销售质次价高等商品。唐朝时期我国的对外贸易非常繁荣发达，使得市的交易时间延续到晚上，即出现了夜市，唐代时期著名的海上贸易港口扬州则出现了"夜市千灯照碧云，高楼红袖客纷纷"❸的繁荣景象。

3. 关津公验制度的制定

唐代仍保留了之前在交通要道和边境设立关口的制度，但是区分了关和津的设立地区。唐代一共设立了 26 个关，多位于京城的四周和西北、西南等内陆地区；在岭南不设立关，而是设立津。但是无论是海上贸易还是陆路贸易，都要经过关津的稽查和许可，才可进入城市贸易。进入关津之商人必须持有过所，作为贸易的凭证，过所也称公验，是从汉代符传演变而来的。是"隋唐时期官府颁发的一种纸质通行证"❹。下面转录一份唐代台州府颁发给日本僧人的公验。

1 台州牒
2 当州今月壹日，得开元寺主僧明秀状称：日本国
3 内供奉赐紫衣僧圆珍等叁人、行者肆人，都柒人

---

❶ （北宋）欧阳修、宋祁撰：《新唐书》卷四十八，志第三十八《百官三》，中华书局 1975 年版，第 1264 页。

❷ （宋）欧阳修、宋祁撰：《新唐书》卷四十八，志第三十八《百官三》，中华书局 1975 年版，第 1264 页。

❸ （唐）王建：《夜看扬州市》，《全唐诗》卷 301。

❹ 王杰：《中国古代对外航海贸易管理史》，大连海事大学出版社 1994 年版，第 44 页。

4 从本国来。勘得译语人丁满状，谨具分析如后：

5 僧叁人

6 壹人内供奉赐紫衣僧圆珍

7 壹人僧小师丰智

8 译语人丁满行者的良已上巡礼天

9 台、五台山及游历长安。

10 一僧小师闲静行者物忠宗、大全吉，

11 并随身经书，并留寄在国青寺。

12 本国文牒并公验共叁道。

13 牒，得本曹官典状，勘得译语人丁

14 满状称：日本国内供奉赐紫衣求

15 法僧圆珍，今年七月十六日离本国

16 至今年九月十四日到福州。从福州

17 来，至十二月一日到当州开元寺，称住

18 天台巡礼五台山，及游历长安。随

19 身衣钵及经书，并行者及本国行

20 由文牒等谨具。勘得事由如前，事

21 须具事由申上省使者。

22 郎中判具事由，各申上者，准状给

23 牒者。故牒。

24 大中柒年拾贰月叁日史陈沂牒

25 摄司功参军唐 ［员］❶

此公验中包含过关者姓名、身份、随身携带的物品，以及

---

❶ 《大日本佛教全书·游方传丛书》第一，转引自王杰：《中国古代对外航海贸易管理史》，大连海事大学出版社1994年版，第45页。

入关的意图，而且须具备办理人员的签名等，具有一定的程式化特征。唐朝为了方便过往商人简化出入关程序，只要在一个关口或是津口接受检查合格后，其他关口即可放行。唐代的公验制度还得到了国外学者的注意，《中国印度见闻录》如此记载：

> 如果到中国去旅行，要有两个证明：一个是城市王爷的（指当地节度观察使）证明；另一个是太监的（或指宦官监军使）证明。城市王爷的证明是在道路上适用的，上面写明旅行者以及陪同人员的姓名、年龄，和他所述的宗族。……而太监的证明上则注明旅行者随身携带的白银与货物，在路上，有关哨所要检查这两种证明。❶

4. 进出口违禁物品的规定

关于进出口违禁物品的规定，隋唐时期仍旧沿用汉时的做法，将影响国家政治、经济、军事利益的物品，禁止进出口贸易，并将这种限制性规定写在律典中。《唐律疏议》卷八卫禁律第八十七条规定：

赍禁物私度关

诸赍禁物私度关者，坐赃论；赃轻者，从私造、私有法。

【疏】议曰：禁物者，谓禁兵器及诸禁物，并私家不应有者，私将度关，各计赃数，从"坐赃"科罪。

【疏】议曰：依《关市令》："锦、绫、罗、縠、绸、绵、绢、丝、布、牦牛尾、真珠、金、银、铁，并不得度西边、北边诸关及至缘边诸州兴易。"从锦、绫以下，并是私家应有。若

---

❶ 穆根来、汶江、黄倬汉译：《中国印度见闻录》，中华书局1983年版，第18页。

将度西边、北边诸关，计赃减坐赃罪三等。其私家不应有，虽未度关，亦没官。私家应有之物，禁约不合度关，已下过所，关司捉获者，其物没官；若已度关及越度被人纠获，三分其物，二分赏捉人，一分入官。❶

根据律典规定，唐代将违禁物品分为两类，一类是私家不得拥有的违禁物品，一类是私家可以拥有但不得流通的违禁物品，根据违禁品种类的不同而处罚量刑不同。所以"凡携带违禁物非法度关的，以坐赃罪论处。如属私家可有之物，但法律规定不应度关而非法度关的，比坐赃罪减三等处罚"。❷唐朝的违禁品的范围比汉晋时期广泛，锦、绫、罗、縠、绸、绵、绢、丝、布、牦牛尾、珍珠、金、银、铁等都不可在市场进行自由买卖，也不可在对外贸易港口进行流通。所以关于违禁品规定的立法目的隋唐与汉代并无大区别，但隋唐法律将其予以明文规定，则为一种进步。随着对外贸易的逐渐扩大，来华贸易的商人也带来了大批马来西亚、印度等地的奴隶进行销售，唐政府认为这种人口买卖有碍国体，遂规定对外贸易中禁止人口买卖。《唐会要》卷八十六奴婢旧制："大中九年闰四月二十三日敕：岭南诸州货卖男女。奸人乘之，倍射其利。今后无问公私土客，一切禁断。若潜出券书，暗过州县，所在搜获，以强盗论。如以男女佣赁与人，贵分口食，任于当年立年限为约，不得将出外界。"❸

---

❶ 钱大群撰：《唐律疏议新注》，南京师范大学出版社 2007 年版，第 284 页。
❷ 钱大群撰：《唐律疏议新注》，南京师范大学出版社 2007 年版，第 284 页。
❸ （宋）王溥撰：《唐会要》卷八十六《奴婢》，上海古籍出版社 1991 年版，第 1864 页。

5. 市舶使的设立

唐代前期，在海上对外贸易的管理方面，地方官员又重新担负起管理职责。《旧唐书·王方庆传》记载武则天时期地方官管理海外贸易事宜："则天临朝，（王方庆）拜广州都督。广州地际南海，每岁有昆仑乘舶以珍物与中国交市。旧都督路元睿冒求其货，昆仑怀刀杀之。方庆在任数载，秋毫不犯。"❶ 高宗时期也有记载："显庆六年二月十六日敕：南中有诸国舶，宜令所司，每年四月以前，预支应须市物，委本道长史。舶到十日内，依数交付价值。市了，任百姓交易。其官市物，送少府监简择进内。"❷ 此时对外贸易船舶的税收征管等外贸管理事宜由地方官长史负责。

随着对外贸易特别是海上贸易的日益繁荣和发展，由地方官处理对外贸易一事则显得不合时宜，不能满足日益扩大的海外贸易的管理需求。于是专门负责对外航海贸易事务的官职——市舶使出现。据《旧唐书》卷八《玄宗上》记载："开元二年十二月，时右威卫中郎将周庆立为安南市舶使，与波斯僧广造奇巧，将以进内。监选使、殿中侍御史柳泽上书谏，上嘉纳之。"❸ 唐代市舶使一职在开元时期就已经设立。市舶使一职唐代仅设立于广州，专门负责海上对外贸易事宜的管理。市舶使当时的职掌为：接待到达广州的外国航海使团，如勘验外国使团的出使文件——"铜鱼"，为外国使臣提供生活必需品，

---

❶ （后晋）刘昫等撰：《旧唐书》卷八十六，列传第三十六《王方庆》，中华书局 1975 年版，第 2897 页。

❷ （宋）王溥撰：《唐会要》卷六十六《少府监》，上海古籍出版社 1991 年版，第 1366 页。

❸ （后晋）刘昫等撰：《旧唐书》卷八，本纪第八《玄宗上》，中华书局 1975 年版，第 174 页。

安排入京朝见的外国使团的具体人员等；负责广东一带外国侨民的管理，颁发外国商人、侨民入唐贸易的公验、过所，限制外国人与本国人通婚，负责外国商人死亡后遗产的代理代管；检查、登记外国商船；征收外贸交易等税收；负责搜集外国奇珍异宝进献给朝廷。

6. 税收征管

对国外来华的贸易的商人、货物、商船征税，是隋唐管理对外贸易的重要方面。隋唐时期的税种大概有三种：一为舶脚，即根据商船的吨位、大小征收的一种税，类似于吨税；二为收市，唐朝时期为了垄断外贸利益，唐政府会对某些外国进口的货物进行强制性限价购买，实质为一种变相市舶税收，类似于宋代的博买；三为进奉，即将外商手中的珍稀货物直接进贡给朝廷，这也是一种变相的税收制度，但这类物品一般由地方官员专使来进行征收。

隋唐作为中国封建社会发展的成熟时期，也是中华法系集大成者，所以对外贸易法制的发展也较汉晋时期进步和规范，市舶使制度成为后代市舶司制度的起源，后代逐渐将海上对外贸易的规范和管理集中在市舶司制度中统一予以规范。

三、宋代对外贸易管理法制的内容

两宋时期是我国对外贸易法律制度发展的重要阶段，特别是海上贸易管理体系迅速发展成熟，具有专门化的市舶机构，制定了系统而严谨的市舶法规和条例及征税标准，说明宋代时期经历了隋唐的草创时期，对外贸易法律已经逐步完善。在对外贸易立法方面，宋朝主要是通过市舶条法和单行法来加强对外贸易管理的。具体包括，对外贸易管理机构的设置、官员职责、海商出海贸易流程、货物的征税等内容，以下将具体论述。

1. 两宋时期立法理念及对外贸易立法的模式

两宋时期的对外贸易得到长足的发展，特别是海上贸易的繁荣，促进了对外贸易法律思想的形成。两宋时期对外贸易以"理财从政，莫先法令；招徕远人，阜通货贿；创法讲求，以获厚利"❶为立法思想，建立了比较完整的外贸法律体系，即以宋刑统为基础，单行法令、条规辅助的律令相结合的规范体系。宋刑统中增设"死商钱物（诸蕃人及波斯附）"一门，其中规定了外国商人死后遗产的处理："凡中外客商遗产，由其随行的父母、嫡妻及男、亲兄弟、未嫁姊妹、女、亲侄男继承。其中，如唯一继承人为妻或未嫁姊妹，只能继承财产的一部分，其余入官。如果没有随行家属和亲族，先由官府保管，待其继承人到达后奉还，如果无人继承，则入官府。"❷

随着南部地区的归顺统一，宋廷开始在广州、杭州、明州设置市舶司机构，逐渐颁布了单行的法令予以保障海外贸易的正常运行。主要内容为：其一，从事海外贸易的，无论官营、私营都要经过官府批准；其二，禁止官员直接从事、经营对外贸易；其三，禁止市舶官员以权谋私、收购外贸货物；其四，鼓励外商来华，鼓励对外贸易，怀柔远人。宋仁宗时期开始，伴随对外贸易的发展和繁荣，海外贸易促进了国家财政、经济的发展与稳定，所以宋廷编敕时对外贸易的规制成为其重点内

---

❶ 张晋藩、郭成伟主编：《中国法制通史》（第五卷），法律出版社 1999 年版，第 397 页。

❷ （宋）窦仪等撰，吴翊如点校：《宋刑统》，中华书局 1984 年版，第 199—200 页。

容。本书引用庆历、嘉□❶、熙宁编敕的内容予以说明。

一、《庆历编敕》：客旅于海路商贩者，不得往高丽、新罗及登、莱州界。若往余州，并须于发地州、军，先经官司投状，开坐所载行货名件，欲往某州、军出卖。许召本土有物力居民三名，结罪保明，委不夹带违禁及堪造军器物色，不至过越所禁地分，官司即为出给公凭。如有违约及海船无公凭，许诸色人告捉，船物并没官，仍估物价钱，支一半与告人充赏，犯人科违制之罪。

二、《嘉□编敕》：客旅于海路商贩者，不得往高丽、新罗及登、莱州界。若往余州，并须于发地州、军，先经官司投状，开坐所载行货名件，欲往某州、军出卖，许召本土有物力户居民三名，结罪保明，委不夹带违禁及堪造军器物色，不至过越所禁地分，官司即为出给公凭。如有违约及海船无公凭，许诸色人告捉，船物并没官，仍估纳物价钱，支一半与告人充赏，犯人科违制之罪。

三、《熙宁编敕》：客旅于海道商贩者，于起发州投状，开坐所载行货名件，往某处出卖。召本土有物力户三人结罪，保明委不夹带禁物，亦不过越所禁地分。官司既为出给公凭。仍备录船货，先牒所往地头，候到日点检批凿公凭讫，却报元发牒州，即乘船。自海道如界河，及往北界高丽、新罗并登、莱界贩者，各徒二年。❷

以上三个时期的编敕，内容大致是规定从事海上贸易的程序，规定基本一致。不允许商人到高丽、新罗、登州、莱州界

❶ 原书为"□"。——编者注
❷ 孔凡礼点校：《苏轼文集》第三册，中华书局1986年版，第888-890页。

经商贸易，则是出于国家政治、军事等方面的考虑。

除上述律典、敕令外，宋朝在元丰年间颁布制定了专门的市舶法规《广州市舶条法》，该法的详细内容已不可考，但是该法的制定丰富了宋代外贸法律的内容。

2. 市舶司的机构设置

宋代市舶司机构由主管官员、一般官员、公吏等组成。宋代时期市舶司的官员设置前后有不少变化。主管官员方面，北宋前期，市舶司的主管官员由当地的知州担任，即以知州来兼任市舶使。到了元丰三年（1080年），宋朝市舶体制改革，任命市舶所在地的路转运使兼任本路市舶主管，称为"提举市舶司"，管理一路的市舶事务。到崇宁初年，实行市舶司、市舶务两级管理体制，在各路设置专职"提举市舶司"，所以路一级的市舶主管由专人担任，不再使他官兼任。在路一级以下设立市舶务机构，市舶务主管由地方知州兼任，即兼职提举市舶务官衔。

市舶司除主管官员外，也设立一般官员，一般官员也分兼职和专职两种形式。兼任官员一般是州府所在地通判兼任市舶监官，也出现知县兼任的情况。专职官员的设置始于宋太宗以后，专职官员名为干办公事（路一级机构所设，辅助市舶提举官处理日常事务）、监官（多设置于州一级市舶机构，负责抽买舶货、收支钱物等具体业务）、监门官（负责看管市舶仓库门禁守卫事宜）。宋代市舶司内还有从事书写、账目等文职的办事人员，称为吏人；管理仓库、场务等日常事务的办事人员，称为公人。吏人具体而言，一为孔目官，掌管市舶机构的账目、公凭发放事宜；二为分手，职责不固定，以设立时分配的工作而定；三为书表司，负责市舶内部文书的抄写事务；四为贴司，也称书手，承担书写、造账等工作。公人具体而言：一为专称，也称官秤，掌管贸易货物的估价、度量衡的监管；二为专库，负责市舶仓库货物保管工作；三为客司，负责外国使节、外商等人的接待工作。

宋代市舶司的官员设置是系统、完善的，在宋代对外贸易管理方面充当了非常重要的角色。

3. 市舶机构的职掌范围

宋代的市舶司机构，作为对外贸易管理的机关，其职权范围比较广泛，并且具有条理性。其管理内容可分为船舶进出港管理、货物征税规范、稽查走私、外商管理等方面。

第一，外商船只入港、本国商船出港管理。宋代从事海外贸易有两类：一类是官府直接经营的、代表国家的官方贸易；另一类是私人经营的民间商人，即舶商贸易。但是无论哪类主体出海贸易，都要符合宋代相关法律的规定。宋代规定了比较详尽的商船出海的程序。首先，必须"召本土有物力户三人结罪保明"，即由当地资产丰厚的三人作保，保人对商船承担连带担保责任。其次，商船出海须"于起发州投状"，即向始发州县官府提出贸易申请，申请中写明出海人员、货物名称及种类、担保人的基本情况、去何处贸易等信息。再次，经审查，得到官府出具的"公凭"，即出海贸易许可文件。最后，出海时经检查没有携带违禁下海的物品等，方可下海经商贸易。上述出海程序并非市舶司一机构单独完成，先是由商人居住地的州郡官府对前三个程序中的内容进行初审，初审没有问题，向有权给发公凭的市舶机构出具检查合格的公函，市舶机构再重新核对货物种类、船员人数、航行目的地等情况，制作底簿，由相关人员签字画押后，市舶机构才会给发公凭。市舶司即负责颁发公凭、审查出海商船合规与否的机构。宋代有资格给发公凭的市舶机构一般是广州、福建、两浙三路的市舶提举司。出海的商船回港时也要遵守相关的规定，如要在规定的港口入港，接受市舶机构的检查，宋代法律规定可以入港的港口一般是市舶机构设立的港口，只有在海难的时候才可以停靠在没有市舶的港口，也即回港的商船受固定的航道限制。对于入港的外国商船也是如此，它们须经市舶机构的检查、抽分才可以入港贸易。

第二，稽查走私制度、严防偷税漏税。稽查走私制度体现在禁止非法航海贸易和严禁违禁物品进出口两方面。宋代法律规定两种非法海上贸易的情形：一为私自去往宋律规定的禁运国家，一为未经官府批准程序即私自出海的行为，统称非法贸易。对于这两种行为，宋代是严格禁止的。市舶机构要严格监督上述两种情况的发生，对违法人员进行稽查处罚。庆历、嘉□、熙宁编敕中规定，"客旅于海路商贩者，不得往高丽、新罗及登州、莱州界"，凡向此地发往贸易的，要受到严惩，即"船物并没官，仍估纳物价钱，支一半与告人充赏，犯人科违制之罪"，熙宁编敕规定要"徒两年"。可见，宋代对于非法下海贸易的行为予以严惩的态度非常明确，惩罚力度也很大。

除严惩非法出海行为外，依照宋代法律，商船出海不得携带违禁品，如马匹、书籍、兵器、铜钱、人口等都是违禁出口的物品。进口货物的限制一般为象牙、乳香、犀角等，外国商船若携带此类物品，宋代官府要强制收购，是属禁榷的物品，不准民间私自交易，也可以说是一种民间违禁贸易物品的规定。

无论是国内商人还是外商的船舶货物，贸易之前都要经过市舶机构的征税才可以进行自由买卖。宋代的海外贸易虽然发达，但是税收的比例非常高，使得海商们叫苦连连，所以不乏铤而走险的商贩偷税、漏税。宋代政府为了保证财政收入，对于偷税、漏税的行为也是严加惩罚，想方设法避免财政损失。例如，《宋会要辑稿》中提到"泉、广招买乳香，缘舶司阙乏，不随时支还本钱，或官吏除克，致有规避博买，诈作飘风，前来明、秀、江阴舶司，巧作他物抽解"❶。此处是说一些不法商贩为了规避博买，而将应该博买的物品换作其他的名字上报，从而达到逃税的目的。对于偷漏税行为，宋朝采取了很多措施。例如，太平兴国元年（976年）规定："敢与蕃货贸易，计其值满一百文以上，量科其罪过，十五千以上黥面、配海岛，过次数者押送赴缺。妇人犯者配充针工。"❷ 可见其惩罚力度之大。

第三，负责外商管理，招徕外商来华贸易。市舶机构还负责来宋贸易的外商及在华居住侨民的商业管理工作，如发生海难时给予及时救助，及时救助受难船只的货物，并安抚优待受难船员等。《宋史·食货志》记载："广南、两浙市舶司所发舟还，因风水不便，舶破樯坏者，不得抽解。"❸ 即对于商船来港受损的，免征税。

市舶机构也负责外商及侨民的日常管理工作。一般将外商和侨民安置在固定的地点、街道，称之蕃坊。宋代的广州、泉州等大型海港，拥有很多蕃坊。官府一般从商旅中选择一人作为外商及侨民的蕃长，代表宋代政府处理蕃坊内部各国侨民的各种事务。"广州蕃坊，海外诸国人聚居，置蕃长一人，管勾蕃

---

❶ （清）徐松辑：《宋会要辑稿·职官四四之一一》，中华书局1957年版，第3369页。

❷ （清）徐松辑：《宋会要辑稿·职官四四之一》，中华书局1957年版，第3364页。

❸ （元）脱脱等撰：《宋史》卷一百八十六《食货志下八·互市舶法》，中华书局1977年版，第4566页。

坊公事，专切招诱蕃商入贡，用蕃官为之。"❶ 蕃长多为资深的外国商人担任，其由宋政府任命，还穿着宋代官服。蕃长的职责为传达宋朝皇帝、政府的法律政策，依照当地法律和习惯处理蕃人之间的细小案件，但是蕃人与汉人之间的纠纷及大案件必须遵守宋代法律，由宋官员管理。

招徕外商是宋代一项基本立法理念。两宋时期为了鼓励外商来华贸易，市舶机构要依法对海外商人设宴款待，此乃是宋代一项制度性的规范，可见宋代对海外贸易的重视。《宋会要辑稿》中记载：

高宗绍兴二年（1132 年）六月二十一日广南东路经略安抚提举市舶司言，广州自祖宗以来兴置市舶，收课入倍于他路，每欲乞依广南市舶司体例，每年于遣发船舶之际，宴设诸国蕃商，以示朝廷招徕远人之意，从之。❷

宋代对于招徕外商有功的市舶官员予以提拔。"诸市舶纲首能招诱舶舟，抽解货物，累价及五万贯、十五万贯者，补官有差。"❸

第四，征收对外贸易税。按照宋代的法律，市舶机构每年必须完成一定数量的税收指标，这是市舶机构考课的重要内容之一。所以征收外贸税也就成了市舶机构的一项职责。征税的办法和方式笔者在第四章中详细说明，此处不赘述。

---

❶ （元）脱脱等撰：《宋史》卷四百九十一《外国史》，中华书局 1977 年版，第 14127 页。

❷ （清）徐松辑：《宋会要辑稿·职官四四之一四》，中华书局 1957 年版，第 3372 页。

❸ （元）脱脱等撰：《宋史》卷一百八十五《食货志下七·香》，中华书局 1977 年版，第 4537 页。

上述四项内容仅是市舶机构外贸管理的主要内容，除此之外，市舶机构还负责管理海上抢劫、海盗行为；处理外商交易过程中的纠纷；评估物价❶；负责押送外国商船入京等。市舶司的权力几乎涉及对外贸易管理的方方面面。

4. 外贸税收的征管

依照《宋史·职官志》："提举市舶司，掌蕃货海舶征榷贸易之事，以来远人，通远货。"❷ 对进出口货物进行征税是市舶机构的重要职责之一。宋代征税包括抽解、博买两项内容。

抽解是宋代时期对外国商船和货物征收的一种进口税。按照两宋市舶法律的相关规定，所有到港的货物不论是官营还是私营，都要经过市舶机构抽解才可以进入市场进行交易。抽解，也称抽分，就是从商船货物的总数中抽取一定比例作为国家的税收，是一种实物税制。《萍洲可谈》记载："凡舶至，师漕与市舶监官莅阅其货而征之，谓之抽解。未经抽解，舶者不得私取其货，违者，处罪。"❸ 但是两宋时期，关于抽解货物的比例和范围变化不一，有十取一、十取二等不同的比例，也有的时候根据货物不同而比例不同，这要根据当时统治者所采取的政策而定。概言之，两宋关于抽解的比例一直没有统一的规定。

博买，也称官市、和买，即宋代官府按照官方价格收购进口货物的一种制度。博买的价格往往很低，然后官府将其高价卖出，实际上是抢占部分外贸利润的方式，也是一种变相的税收制度。抽解和博买是同时制定实施的，具体程序是先抽解，

---

❶ 根据《宋会要辑稿》食货五六的记载，番货在进京之前，要由牙人前去就库编练，等第色额。讫，差南纲牙人等同市舶司看估时值价钱。

❷ （元）脱脱等撰：《宋史》卷一百六十七，志第一百二十；《职官七·提举常平茶马市舶等职》，中华书局1977年版，第3971页。

❸ （宋）朱彧撰：《萍洲可谈》卷二。

抽解后官府再强行低价收购。但不是所有进口商船的货物都要博买，种类范围是不同的，也是在变化的，一般来讲是象牙、珠宝等珍贵、利润较高的货物。北宋时期规定："广州市舶每岁商人舶船，官尽增常价，买之良苦相杂，官益少利。自今禁榷货外，他货择良者止市其半。如时价给之，粗恶者恣其卖勾禁。"❶ 所以像象牙这种统治者有较强需求的珍品经抽解后，全部都要博买。

货物经过抽解、博买后，方可进行自由贸易，商人可以选择在抽解当地进行销售，此时依照市舶法不再征税，但是若要运到其他地方销售的，要经市舶机构审核、颁发公凭，才可以前往销售。根据《宋会要辑稿》记载：

> （徽宗）崇宁三年五月二十八日诏，应蕃国及土生蕃客愿往他州或东京贩易物货者，仰经提举市舶司陈状，本司勘验诣实，给与公凭，前路照会，经过官司常切觉察，不得夹带禁物及奸细之人，其余应有关防约束事件，今本路市舶司相度申尚书省。先是广南路提举市舶司言，自来海外诸国蕃客将宝货渡海赴广州市舶务抽解，与民间交易，听其往还，许其居上，今来大食诸国蕃客乞往诸州，乞往东买卖，未有条约，故有是诏。❷

经过抽解后的博买之物，一般由市舶司挑选上等货色运到京城献给皇帝及王公贵族，剩下的货物一般有两种处理方式：一种是官府将其打包出售，称"依时价打套出卖"；另一种是让

---

❶ （清）徐松辑：《宋会要辑稿·职官四四之一一》，中华书局1957年版，第3364页。

❷ （清）徐松辑：《宋会要辑稿·职官四四之一一》，中华书局1957年版，第3367页。

商人缴纳一定金钱后，拿到市场上自由销售。❶ 可见，宋代的对外贸易税收征管制度是比较完善的，而且是统治者管理海上贸易并从中获利的重要方式。

通过抽解和博买，统治者保证了其奢侈享乐的需要，也增加了国家财政，更重要的是将这样的需要都纳入完整的法律当中，可以说在很多细节方面都有法可依。两宋时期的对外贸易法客观上促进了宋代商品经济的繁荣和社会的发展，宋代市舶立法承上启下，奠定了元代市舶制度及对外贸易法制的基础。

四、元朝对外贸易管理法制的内容

元朝虽然只存在九十多年的时间，但是其对外贸易法制在继承前代的基础上又进一步深化发展。元代的市舶制度在继承隋唐、两宋时期的发展成果的基础上，达到了成熟阶段，出现了适用于全国的市舶法规和统一的征税标准。就对外贸易法制方面而言，元朝占据了独特地位。元朝对外贸易法制也基本上蕴含在市舶制度中，其主要内容为以下五个方面。

1. 市舶管理机构的设置

市舶司是元朝管理海外贸易的机构，主要在福建、杭州、广州等沿海地区设立。市舶司机构人员的组成较宋代简单划一，为一级管理体制，没有常设的下属机构，只有派出的分支机构，所以很少出现机构重叠，到元世祖至元后期基本形成了市舶司主管全部由政府任命专职官员担任的局面。根据《元史·百官

---

❶ 张晋藩、郭成伟主编：《中国法制通史》（第五卷），法律出版社 1999 年版，第 426 页。

志》记载，市舶司设市舶提举两人、从五品，同提举两人、从六品，副提举两人、从七品，知事一人。可见当时官员设置人数品级都趋于固定化，避免了宋代市舶和机构设置中人员品级混乱的弊病。

2. 市舶立法的制定与修改

元代制定了适用于全国的市舶法规。一为至元三十年（1293 年）八月二十五日都省议定的《至元市舶则法二十三条》；一为延祐元年（1314 年）七月十九日修正后的《延祐市舶则法二十二条》。下面简述这两部市舶则法的内容。

《至元市舶则法二十三条》是我国目前现存最早的专门性海外贸易法律文件，其主要包括以下内容。①市舶税收的规定。该法第 1 条即规定"止依目今定例抽分，粗货十五分中一分，细货十分中一分。从市舶司更于抽讫货物内，以三十分为率，抽要舶税钱一分，通行结课"❶。该条规定了进口货物纳税的税率分别为十五分之一和十分之一，另外市舶司要取税物中的三十分之一作为舶税。②官吏、权贵的违法处分。该法第 2 条至第 5 条规定官吏等若不遵守市舶法等相关规定，要受到严惩，要没收其全部货物。③航行许可证书的发放。该法第 6 条、第 7 条规定了出海航行的程序：出航前，必须有保舶牙人作保，保人要对船上的人、货及到港地点承担连带责任。然后向市舶司申请，市舶司审查后，向市舶总司衙门申请公验、公凭。元代区分了公验和公凭的用途，公验是商舶大船装载货物时所用，公凭是柴水小船装载海上航行的日用品时所用。公验、公凭上面要填写目的地、出港人员详情、货物明细、船舶长宽高及特

---

❶ 陈高华等点校：《元典章》户部卷之八，典章二十二，《课程·市舶·市舶则法二十三条》，中华书局、天津古籍出版社 2011 年版，第 875-876 页。

征等内容，以便市舶人员查验。④稽查走私。该法第 8 条、第 9 条规定了走私、偷漏税的处罚办法。第 9 条规定："海商不请验凭，擅自发舶船，并许诸人告捕，犯人断罪，船物没官，于没官物内以三分之一充赏，犯人一百七下。如已离舶司，即于沿河（路）所在官司告捕，依上追断给赏。"❶ ⑤兵器管理。元朝政府为了保证商人的海上安全，在《至元市舶则法二十三条》第 10 条中规定，允许商人出海的时候携带自卫兵器，回航时交给市舶司暂管。"海商所用兵器并铜锣作具，随住舶处据数申所属，依例寄库，起舶日给。"❷ ⑥船员保甲法。第 11 条规定："海商每船募纲首、直库、杂事、部领、梢工、碇手，各从便具名呈市舶司申给文凭。船请公印为迁。人结五名为保。"❸ 船员每五人一保，有罪要连坐。这是让船员之间相互监督。⑦外国商人、货物的管理。第 19 条规定，外商来华要携带本国的许可，写明姓名、货物明细，在市舶司抽税后可以进入内地交易，返航时也要像本国人出海一样申请公验、公凭。元代对于海外贸易的商人不分国籍，是一视同仁的。⑧市舶机构的职责。第 20 条至第 22 条规定了市舶机构、市舶官员的职责。商船入港、返航季节，市舶司官员必须提前到港等候抽分、验收，这是为了避免不法商人趁机托换货物、隐藏货物、偷运货物等行为的出现。商船出港的时候，要由市舶正官亲临检查违禁物品，没有夹带方可放行，若渎职，要受到严惩。⑨保护舶商的规定。

---

❶ 陈高华等点校：《元典章》户部卷之八，典章二十二，《课程·市舶·市舶则法二十三条》，中华书局、天津古籍出版社 2011 年版，第 876 页。

❷ 陈高华等点校：《元典章》户部卷之八，典章二十二，《课程·市舶·市舶则法二十三条》，中华书局、天津古籍出版社 2011 年版，第 876 页。

❸ 陈高华等点校：《元典章》户部卷之八，典章二十二，《课程·市舶·市舶则法二十三条》，中华书局、天津古籍出版社 2011 年版，第 876 页。

元朝为了鼓励下海经商，在第 15 条中规定官府衙门不得侵占舶商利益，否则要予以严惩。由此可知，《至元市舶法则二十三条》的内容已很严密，可以说全面规范了海上贸易的各个环节，而且体现了体恤商贾、平等贸易的立法理念。

《至元市舶则法二十三条》实施后，经历了市舶机构的几经废立，元朝在延祐元年（1314 年）重开海禁，则在修订至元市舶法则的基础上，制定颁布了新的市舶法——《延祐市舶则法二十二条》。其内容较至元时期发生了变化，主要包括以下内容。①市舶税收的规定。《延祐市舶则法二十二条》第 2 条规定："抽分则例，粗货拾伍分中抽贰分，细货拾分中抽贰分；据舶商回帆已经抽解讫物货，市舶司并依旧例，于抽讫物货内以叁拾分为率，抽要舶税壹分，通行结课，不许非理刁蹬舶商，取受钱物。违者，计赃以枉法论罪。"❶ 延祐时期的税率比至元时期提高了一倍。也要从抽分后的货物中取一部分作为舶税，税率为三十分之一。②禁止官员、显贵等人逃税的规定。该法规定像诸王、驸马虽地位显贵，也要依法抽税，不得偷逃税收，否则予以严惩，刑罚由至元时期的没收全部货物，改为"诸王、驸马、权豪、势要、僧、道、也里可温、答失蛮诸色人等，下番博易到物货，并仰依例抽解。如有隐匿不行，依理抽解，许诸人首告，取问是实，钱物没官，犯人决杖壹佰柒下，有官者罢职。仍于没官物内壹半付首告人充赏。若有执把免抽圣旨懿旨者，仰行省、宣慰司、廉访司就便拘收"❷。对于豪权、显贵匿税的行为处罚加重了。③航行许可证书。

---

❶ 郭成伟点校：《大元通制條格》，卷第十八，《关市·市舶》，法律出版社 2000 年版，第 238 页。

❷ 郭成伟点校：《大元通制條格》，卷第十八，《关市·市舶》，法律出版社 2000 年版，第 239 页。

《延祐市舶则法二十二条》规定："每大船壹只止许带柴水船壹只、捌橹船壹只，余上不得将带。所给大小船公验公凭，各仰在船随行。"[1]《延祐市舶则法二十二条》法则增加了携带捌橹船的规定。在公验的填写上去掉了纲首，增加了碇手，并增加了"不得诡写管下洲岛别名"一项，更加注重现在商人的贸易航线。④严厉打击走私。《延祐市舶则法二十二条》对于走私行为的打击力度加大，区分了不同身份的人予以分别处罚。"舶商、船主、纲首、事头、火长各决壹佰柒下，同船梢水人等各决柒拾柒下。"[2]对于举报人的奖励比例提到了没收货物的一半。⑤严防违禁下海的行为。《延祐市舶则法二十二条》第 1 条规定："金、银、铜钱、铁货、男子妇女人口、丝绵、缎疋、销金绫罗、米粮、军器并不许下海私贩诸番。违者，舶商、船主、纲首事头、火长各决壹佰柒下，船物俱行没官。若有人首告得实，于没官物内，壹半充赏。重者，从重论。发船之际，仰本道廉访司严加体察。"[3]扩大了违禁下海物品的范围，增加了丝绸、粮食、兵器，并要对舶商、船主、纲首、事头、火长都要处罚，不仅仅处罚舶主；加大了惩罚力度和惩罚范围。⑥外国使节、商人、货物的管理。"番国遣使赍擎礼物赴阙朝见，仰具所赍物色报本处市舶司秤盘检验，别无夹带，开申行省，移咨都省。如隐藏不报，或夹带他人货物

---

[1] 郭成伟点校：《大元通制条格》，卷第十八，《关市·市舶》，法律出版社2000 年版，第 240 页。

[2] 郭成伟点校：《大元通制条格》，卷第十八，《关市·市舶》，法律出版社2000 年版，第 243 页。

[3] 郭成伟点校：《大元通制条格》，卷第十八，《关市·市舶》，法律出版社2000 年版，第 238 页。

不与抽分者，并以漏舶论罪断没。"❶ 即外国使节也要受到漏税罪的限制。⑦市舶司机构设置。延祐时期的市舶司由行省单独管理，不再实行行泉府司管理的办法了。

《延祐市舶则法二十二条》较《至元市舶则法二十三条》更进一步地规定了有关外贸管理的法律制度，结构、逻辑更加严谨，且更具可操作性，一些法律的规定更加细化、具体。

3. 进出港口之程序规定

按照上述市舶法则的规定，元代的商船出港具有法定的程序。首先，申请公凭、公验之前，海上必须找到专门的"保舶牙人"❷ 做担保，担保其船上人员的数量、货物，以及航道都要符合公凭、公验的记载。其次，海上将签有牙人担保字样的申请文书提交到市舶司，市舶司经审查无误，报送上级主管部门总司衙门，由总司衙门发放公凭、公验。再次，商船要招募纲首、直库、杂事等负责人员，这些人员也要向市舶司中报相应材料，其他船上劳务人员要五人结成一保甲，相互监督，市舶司审查相关材料及人员。最后，商船起航时，市舶司派市舶提举带领其他官员登船检查违禁物，没有违禁物的则下令起航。相比宋代的下海程序，元代更加明确、简单。

回航、进港程序，元朝时期的入港目的港必须为始发港，这更有利于市舶机构核查船舶。每到返航季风来临，各港口都会严阵待命，维护港口秩序，稽查各种不法行为。行省、市舶

---

❶ 郭成伟点校：《大元通制条格》，卷第十八，《关市·市舶》，法律出版社2000年版，第244页。

❷ 牙人是古时集市贸易中的中介人，以为买卖双方撮合交易、从中赚取佣金的从业者。元代时期牙人广泛存在于市场交易的各个方面，在元代的契约中，无论是房屋买卖、牛马买卖、雇佣等都有牙人在契约上署名作保。元代牙人已经是市场贸易中不可或缺的角色，牙人充斥在对外贸易中也是其重要的一方面表现。

司的官员在每年四月季风时期必须提前到港等待番舶进港、海商返航。首先，商船一下锚，市舶司官员马上登船封钉舱门，押送船只进入港口。❶ 其次，等到船舶入港靠岸后，另派市舶人员上船，上船检查船舱漏货情况，然后命令将商船货物搬到市舶仓库里。最后，对留在船上的所有人进行搜身，确定是否有夹带，没有夹带则放人入港，核对货物数量进行抽分，之后将税后的货物发放给商人，任凭自由买卖。由此可见，整个验收程序是相当严格的，市舶司已经具备了现代海关的特征。

4. 有关违禁物品的限制规定

元代时期关于违禁物品的种类规定有逐渐增多的趋势。作为出口产品起初有纺织品、陶器、瓷器、日常生活用品等，之后就将许多类纺织品列为违禁下海之列，至元二十年（1283 年）开始禁止金银出口，至元二十三年（1286 年）增加铜钱为违禁物，至元二十五年（1288 年）禁止米粮出海。至元三十年（1293 年）市舶法规定："金、银、铜钱、铁货，男子妇女人口，并不许下海私贩诸番。"❷延祐元年（1314 年）市舶则法则增加了"金、银、铜钱、铁货，男子妇女人口、丝绵、段疋、销金绫罗、米粮、军器并不许下海私贩诸番，违者，舶商、船主、纲首事头、火长，各决壹佰柒下，船物俱行没官"❸。而且元代还曾制定过某些货物禁止出口的单行法令。

---

❶ 元代规定的下锚的地方和港口之间的距离很远，为了预防船上人员与陆地接触，以防走私。

❷ 陈高华、张帆、刘晓、党宝海点校：《元典章》户部卷之八，典章二十二，《课程·市舶·市舶则法二十三条》，中华书局、天津古籍出版社 2011 年版，第 880 页。

❸ 郭成伟点校：《大元通制条格》，卷第十八，《关市·市舶》，法律出版社 2000 年版，第 238 页。

例如，至元二十五年（1288 年）禁止粮米下海贸易的规定。❶
元代违禁品的种类越来越详尽、处罚逐渐加重。

5. 征税办法

元朝取消了宋朝的禁榷和博买的变相征税方式，保留了宋朝的抽分实物税制，并增加了一项税种——舶税。抽分税制自不用细说，与宋代不同的是，抽分的比例由两则市舶法予以明确规定，至元、延祐时期都区分了粗货和细货，只是至元时期抽税的比例为十五分之一、十分之一，延祐时期为十五分之二和十分之二，延祐时期的抽分比例一直持续到元朝末年没有变化。与宋代相比，元代法律相对稳定，有利于市场、贸易管理的稳定执行。

舶税则是元朝独创实施的一种税种，就是将抽解后的税物的三十分之一作为舶税，该税种首先是在泉州推行实施的，后来推广到了所有的市舶司机构所在地港口，各地均要征收舶税。

总体看来，元代的对外贸易法律的规定比前代特别是宋代具有更强的稳定性，避免了法律朝令夕改的弊病。这说明到元代，古代的市舶制度、对外贸易制度已经到了一个成熟阶段。

小　结

综上，古代对外贸易法制自秦代产生之后，在经历了汉

---

❶ 郭成伟点校：《大元通制條格》，卷第十八，《关市·市舶》，法律出版社 2000 年版，第 245 页。

代、隋唐、宋元时期的发展演变，形成了比较完整的体系，构成了中华法系的重要组成部分。隋唐以前对外贸易管理法制的内容主要包括：对外贸易许可；在交通要道、边境出入的地方设立关、徼、障塞等关口守卫，管理、稽查出入商旅；限制违禁物品在市场的流通；建立市、关市等固定交易场所，方便中外商人外贸交易；建立独立的外贸征税体系，征收进出口关税。海上贸易制度和陆路贸易制度呈现平行发展，如设立侯官作为专职主管航海对外贸易机构等。隋唐时期则在此前的基础上逐渐完善外贸法制，如加大中央对外贸管理的力度，设立中央直属管理机构互市监，在对外贸易管理方面形成了严密的中央控制体系，从而有效地控制陆路、海上对外贸易。外贸市场的交易管理制度更加规范化，如规定设市地点的限制、市场开闭时间的限制，建立度量衡等量具真伪检查的制度，并且严厉打击破坏市场秩序、哄抬物价等不正当行为，严查销售质次价高的商品，这些都保证了外贸市场秩序的有效执行。唐代在继承前代关津、公验制度的同时，更加细化了关和津的分类，关主要集中在内陆，津则主要设立在沿海城市。在海上贸易制度方面设立了市舶使一职，而市舶使制度则成为后代市舶司制度的起源。两宋时期是我国对外贸易法律制度发展的重要阶段，特别是海上贸易管理体系迅速发展成熟，出现了专门化的市舶机构，制定了系统而严谨的市舶法规和条例，以及征税标准，对外贸易法律制度至此逐步完善。关于对外贸易立法，宋朝主要是通过市舶条法和单行法来加强对外贸易管理。两宋时期对外贸易以"理财从政，莫先法令；招徕远人，阜通货贿；创法讲求，以获厚利"❶为立法思想，建立了以宋刑统为基础，以单行法令和条规辅助的、律令结合的、比较完整的外贸法律体系。市舶司制度的完善是两宋外贸法制的重要特征，宋代市舶司对外贸易管理的范围比较广泛，并且具有条理性，依照其管理内容可分为船舶进出港管理、货物征税规范、稽查走私、外商管理等方面的内容。在外贸管理方面，两宋时期是非常成熟的。到了元代，虽然仅九十多年的时间，但是对外贸易法制在继承前代的基础上又进一步深化发展，元代的市舶制度在隋唐、两宋时期的基础上，更加成熟和完善，并且制定了适用于全国的市舶法规，建立了统一的征税规范。《至元市舶则法二十三条》《延祐市舶则法二十二条》，这两部市舶法律是对外贸易专门立法的典范，将对外贸易行为归纳到专门法律规制中，无疑是有法可依的重要表现，这彰显出元代对于对外贸易的关注及对外贸易本身对经济发展等具有非常大的促进作用。

---

❶ 张晋藩、郭成伟主编：《中国法制通史》（第五卷），法律出版社 1999 年版，第 397 页。

第二章

明代对外贸易管理机构及职官设置

第一节 海禁与外贸：明代对外贸易法制的演变

一、明代对外贸易法律思潮

（一）实行严格的海禁，禁止海上私人贸易

中国古代贸易法律制度到明代发生了很大的变化，明代的对外贸易法制是古代贸易法制的转折时期，经唐、宋、元发展成熟的市舶制度，在明代开始走向衰退，而以督饷馆外贸管理体系、澳门海外贸易管理法律体系取而代之，这成为明代对外贸易制度的一大特色。明代对外贸易的法制发展以地域不同而法律机制不同为特色，不再像元代那样具有一体化特征，而是各种地方外贸法律制度不均衡发展，地方特色浓厚。然而从明代初期至隆庆时期，明朝实行严格的海禁制度，长达200年的海禁，极大限制了私人海上贸易的发展，干扰了沿海地区人民的生活，更丧失了国家扩大对外交往的机遇，使明政府的经济、财政陷入危机，更影响了明代对外贸易法制的发展和完善。

明代初期，由于东南沿海的反抗势力还没有平息，朱元璋

推行"片板不许下海"的海禁政策，禁止一切民间对外贸易行为，仅允许官方控制的朝贡贸易。洪武四年（1371 年）"仍禁濒海海民不得私出海"❶。洪武期间海禁政策一直在强化，没有任何松动的迹象。海禁政策包含以下内容。一是规定海外贸易中的违禁品。《明太祖实录》记载，洪武二十年（1387 年）"禁番使毋得以麻铁出境。仍命揭榜海上，使咸知之"❷。洪武三十年（1397 年）"诏户部申严交通外番之禁。上以中国金银铜钱、缎匹、兵器等物，自前代以来不许出番；今两广、浙江、福建愚民无知，往往交通外夷，私易货物，故严禁之。沿海军民官司纵令相交易者，悉治以罪"❸。不仅如此，《大明律》明确规定："凡将马牛、军需、铁货、铜钱、缎匹、绸绢、丝绵，私出外境货卖，及下海者，杖一百。挑担驮载之人，减一等。物货船车，并入官。于内以十分为率，三分付告人充赏。若将人口军器出境及下海者，绞；因而走泄事情者，斩。"❹当时民间私人对外贸易是被完全禁止的，该规定适用到外交使臣都不许私自携带此类商品出口，更不用说普通商人了，而且处刑非常重。二是严惩沿海负责官员的渎职、违法行为。《大明律》规定："其拘该官司，及守把之人，通同夹带，或知而故纵者，与犯人同罪。失觉察者，减三等，罪止杖一百。军兵又减一等。"❺要求沿海地区的有权官员，要严格稽查，捉拿违禁下海等走私人员，若

---

❶ 《明太祖实录》卷七十。

❷ 《明太祖实录》卷一百八十一。

❸ 《明太祖实录》卷二百零五。

❹ 怀效锋点校：《大明律》卷第十五，《兵律三·关津·私出外境及违禁下海》，法律出版社 2000 年版，第 119 页。

❺ 怀效锋点校：《大明律》卷第十五，《兵律三·关津·私出外境及违禁下海》，法律出版社 2000 年版，第 120 页。

渎职故纵或本人私贩，要严格依法治罪。三是禁止民间使用外贸货品，从贸易的买方限制对外贸易的发展。《明太祖实录》记载："甲寅（1394年），禁民间用番香、番货。于是，上以海外诸夷多诈，绝其往来，唯琉球、真腊、暹罗斛许入贡。而缘海之人往往私下诸番，贸易香货，用诱蛮夷为盗，命礼部严禁绝之。敢有私下诸番互市者，必置之重法。凡番香、番货皆不许贩鬻，其见有者，限以三月销尽。民间祷祀止用松柏枫桃诸香，违者罪之。其两广所产香木听土人自用，亦不许越岭货卖，盖虑其杂市番香，故并及之。"❶ 可见，洪武期间的海禁制度非常严格。

明成祖即位后，依旧遵循祖训，继续执行海禁。但是到永乐年间海禁开始逐渐松弛，永乐三年（1405年）至宣德八年（1433年），明太宗派郑和下西洋，促进了中国与亚洲、非洲、欧洲的文化、经济交流。宣德时期，明政府对民间私人海上贸易采取默许的态度，但是没有法律规制的民间贸易产生了很多弊端，于是有了加强海外贸易的控制，但是严厉程度不能与洪武时期相提并论。嘉靖时期，海禁又开始严格。不仅禁止私人海上贸易的发展，而且禁止制造、使用航海大船；在惩治私贩商人的同时，还要连坐邻舍。并且，嘉靖时期专门制定了海禁条例：

各该沿海省份，凡系守把海防武职官员，有犯听受通番土俗哪哒报水分利金银，至一百两以上，名为买港，许令船货入港，串同交易，贻患地方，及引惹番贼海寇出没，戕杀居民，除真犯死罪外，其余俱问受财枉法满贯罪名，比照川广云贵陕

❶ 《明太祖实录》卷二百三十一。

西等处汉人交结夷人、互相买卖、诓骗财物、引惹边衅、贻患地方实例，问发边卫永远充军。子孙不许承袭。

凡夷人贡船到岸，未曾报官盘验，先行接买番货，及为夷人收买违禁物者，俱发边卫充军。若打造违式海船，卖与夷人图利者，以依私将应禁军器下海因而走泄事情律处斩，仍枭首示众。

官民人等擅造二桅以上违式大船，将带违禁物下海，前往番国买卖，潜通海贼同谋结聚，及为向导，劫掠良民者，正犯处以极刑，全家发边卫充军。若止将大船雇与下海之人，分取番货，及虽不曾早有大船，但纠通下海之人，接买番货者，俱问发边卫充军。其探听下海之人，番货到来，私下收买贩卖，若苏木、胡椒至一千斤以上者，亦问发边卫充军。番货入官。❶

很明显，嘉靖时期《问刑条例》对于违禁下海等私贩海上贸易行为的处罚比《大明律》更重。

（二）在法律范围内允许私人海上贸易

明代严格的海禁政策，到了中后期已经不能适应当时的国内形势。明朝当时出现了严重的财政危机，加上实行海禁以来，明政府内部开海禁、严海禁的呼声此消彼长，随着社会的发展，开海禁的思想逐渐占据主导地位。上述状态一直持续到隆庆时期，为了缓解财政危机、广开税源，明穆宗决定开海禁，准许民间海外贸易，海禁制度宣告废除。

自海禁打开，明朝的对外贸易发展蒸蒸日上，对外贸易法律制度也逐渐开始完善，并形成了自己的特色。

---

❶ 《嘉靖问刑条例·私出外境及违禁下海条例》，转引自张晋藩、怀效锋主编：《中国法制通史》（第七卷），法律出版社 1999 年版，第 377 页。

(三) 明朝对外贸易转变的原因

1. 海禁弊端逐渐显露，导致明朝中后期出现财政危机

明朝建立后，明太祖非常重视制定法律制度来巩固明朝统治，在承袭元朝法制的基础上，进一步加强中央集权。明太祖首先废除丞相制，皇权直接统帅五府、六部等机构，在政治上强化皇权对国家政权的完全控制。在经济上通过屯田重点发展农业，保障小农经济自给自足。在对外政策方面，明太祖想通过军事防御抵御倭寇、海贼、反明势力等，一反前代开放的态度，采取非常保守的对外政策，将对外贸易完全限制在国家控制的朝贡贸易体制下，实施海禁政策，还将海禁政策作为祖制，要求后世严格遵守。《皇明祖训》云："四方诸夷，皆限山隔海，僻在一隅。得其地不足以供给，得其民不足以使合。若其不揣量，来扰我边，则彼为不祥。彼既不为中国患，而我兴兵轻伐，亦不祥也。吾恐后世子孙倚中国富强，贪一时战功，无故兴兵，致伤人命，切记不可。但胡戎与西北边境，互相密迩，累世战争，必选将练兵，时谨备之。"朱元璋认为，对外交流频发，为了防备必然要加强军备，还不如不与之往来。他认为各夷国对明朝无益处，以大国身份自居，采取封闭政策，认为明朝可以自给自足。可见按照《明史》记载，"初，明祖定制，片板不许下海"，明太祖实施海禁是经过深思熟虑的，海禁政策一经提出便纳入《大明律》，归为后世遵守的祖制。为了配合海禁政策的实施，在对外贸易方面，明朝实施完全官方的朝贡贸易，严格控制对外贸易，不允许私人下海对外贸易。朝贡贸易在海禁的保护下曾一时繁荣，但是到了明朝中后期，朝贡贸易走向了衰落，且在"怀柔远人"思想的影响下，厚往薄来的朝贡贸易给

明朝带来了巨大的财政负担，明朝根本没有办法组织大规模的下海贸易。海禁实施后，违反经济规律的朝贡贸易不仅没有为明朝带来经济上的利益，反而造成了巨大的财政负担，违背客观规律的政策，必然发挥不到其预期的目标。海禁政策没有达到明朝统治者杜绝私人海上贸易的发展目的，反而促进了私人海上贸易和倭寇的联合，直到明朝中后期，明政府才开放海禁，允许私人海上贸易。

2. 海禁的实施，激化了倭患矛盾

明初实施海禁，加强海上防御，不允许私人海上贸易，强行推行海禁政策，实际上并没有杜绝海上私人贸易的发展。到了嘉靖时期，明政府实施了更加严格的海禁。沿海居民为了生计，海上走私集团为了获利，他们不惜违反律令进行贸易，为了保障贸易，则需要武装起来。因此在明朝海禁制度下，私人海上贸易呈现出亦商亦盗的特征，以武装的方式自卫并对抗朝廷的海禁政策。在严格的海禁政策下，倭患不仅没有得到遏制，反而有增无减。据《明世宗实录》记载，从嘉靖十二年（1533 年）开始到嘉靖三十六年（1557 年），重大倭寇事件将近三十起，仅嘉靖三十五年（1556 年）有记载倭患事件就有七次（表 2-1）。

表 2-1　明嘉靖三十五年倭患事件

时间	事件	出处
嘉靖三十五年正月	福建倭寇流入浙江界，与钱仓寇合❶	明世宗实录

---

❶《明世宗实录》，卷四百三十一。

续表

时间	事件	出处
嘉靖三十五年四月	东南自由倭患，王直、毛海峰以近年海禁大严，谋利不遂，故勾引岛夷为寇者❶	明世宗实录
嘉靖三十五年四月	倭船二十余艘，自浙江观海登岸，攻慈溪县破之，杀乡官副使王鈛、知府钱焕等大掠而出，军民死者数百人❷	明世宗实录
嘉靖三十五年四月	倭寇复攻慈溪，入之。时两浙俱被倭，而浙东则慈溪焚杀独惨，余姚次之。浙西柘林、乍浦、乌镇、皂林间皆为贼巢，前后至者二万余人，巡抚御史赵孔昭以闻。诏："总督胡宗宪，亟图剿寇方略，各处调兵，巡抚官有留滞不发者罪之"❸	明世宗实录
嘉靖三十五年八月	时浙东、浙西、桐乡二大寇……分掠海门，……官军进剿海寇徐海等于梁庄，大破平之。初海既缚献陈东等，退屯梁庄听抚。时索犒索赏，进退未决。其部众无所得食，稍稍出营卤掠。至是，官军四面俱集，……赵文华遂欲乘势剿海，执海众劫掠为词，使人责问之。海知有变，乃阻深堑自守，为迎战备。信好既绝，我师遂薄贼营。会大风，纵火，诸军鼓噪从之。海等穷迫，皆阖户投大中相枕籍死。于是浙、直倭寇悉平❹	明世宗实录

---

❶ 《明世宗实录》，卷四百三十四。
❷ 《明世宗实录》，卷四百三十四。
❸ 《明世宗实录》，卷四百三十四。
❹ 《明世宗实录》，卷四百三十八。

时间	事件	出处
嘉靖三十五年十月	巡按浙江御史赵孔昭奏："浙西倭寇虽宁，而浙东丘家洋余贼四百余人奔遁山峡，与舟山贼合党，宜敕守臣严为之备。兵部覆奏，从之"❶	明世宗实录
嘉靖三十五年十月	初，倭入慈谿，槐父子率兵追败之于王家团及横塘等处。海道副使刘起宗，因以便宜委之，防守余姚、慈谿、定海三县。未几，与贼遇于白沙，一日战十三合，杀贼三十余人，斩其一酋。槐亦数被创，堕马死。时文明别将兵击贼于鸣鹤场，斩白眉倭帅一级，从七级，生擒望斗帅、陈福二贼。贼惊遁呼为杜将军。已而复追贼，至奉化枫树岭，以兵少无后继陷没。至是，巡按浙江御史赵孔昭闻其事于朝，因有是命❷	明世宗实录

从表 2-1 中可以看出，嘉靖时期倭寇问题已经非常严重，倭患给沿海地区造成非常大的影响，也增加了明政府的军费开支。很多学者研究此时期倭患如此严重的原因，大多数认为是由于海禁政策违背客观规律。面对倭患问题，明政府开始反思海禁政策存在的弊端。

3. 沿海居民生计日益仰仗海上贸易，开海思潮不断发展

嘉靖时期，倭寇猖獗，更有葡萄牙、西班牙、荷兰等欧洲国家试图用武力打开明朝的通商之门，进行对外贸易。为了防御倭患，嘉靖时期实行更严格的海禁政策，由于沿海地区居民

---

❶ 《明世宗实录》，卷四百四十。
❷ 《明世宗实录》，卷四百四十。

难以像内地居民一样从事农业，尽管有禁令，但为了生计，民间的海上贸易一直存在。这从洪武二十三年（1390 年）颁布的诏谕中可窥见一斑，"诏户部申严交通外番之禁。上以中国金银、铜钱、段匹、兵器等物自前代以来不许出番。今两广、浙江、福建愚民无知往往交通外番，私焉货物，故严禁之。沿海军民官司纵令私相交易者，悉治以罪"。虽然，海禁严格，但是私人海上贸易仍然屡禁不止。洪武后期更是严重，据记载，洪武二十七年（1394 年）"禁民间用番香、番货。先是上以海外诸夷多诈，绝其往来，唯琉球、真腊、暹罗许入贡。而缘海之人往往私下诸番贸易香货，因诱蛮夷为盗，命礼部严禁绝之。敢有私下诸番互市者，必置之重法。凡番香、番货皆不许贩鬻，其见有者，限以三月销尽。民间祷祀止用松柏枫桃诸香，违者罪之。其两广所产香木听土人自用，亦不许越岭货卖，盖虑其杂市番香，故并及之"。可见，虽有海禁政策，却不能阻止私人海上贸易成为沿海居民的生活来源。"顾海濒一带田尽斥卤，耕者无所望岁，只有视渊若陵，久成习惯，富家征货，故得捆载归来；贫者为佣，亦博升米自给。一旦戒严，不得下水，断其生活，若辈悉健有力，势不肯抟手困穷，于是所在连结为乱，溃裂以出。"这是居民无视海禁政策根本的动因，也是"嘉靖倭乱"产生的根源。明中后期，海禁政策遭到各阶层的反对，"闽人资衣食于海，骤失重利，虽士大夫家亦不便也，欲沮坏之……纨执法既坚，势家皆惧。贡使周良安插已定，闽人林懋和为主客司，宣言宜发回其使……且曰：'去外国盗易，去中国盗难；去中国濒海之盗尤易，去中国衣冠之盗尤难。'闽、浙人益恨之，竟勒周良还泊海屿，以俟贡期"。

基于上述原因，嘉靖时期，明政府一些官员就开始反思海禁政策的得失，开海思潮得到发展，也得到了国家的认可。有些官员提出了开海禁的必要性，嘉靖时期的广东巡抚林富提出开海禁、允许海上贸易的四利说：第一，海上贸易合法化，国家可以对外贸货物和船只征税，增加财政收入；第二，可以利用进口的货物充军饷；第三，增加两广地区的财政收入，广东、广西可以互通有无；第四，可以让广东等沿海百姓自给自足、衣食无忧，防止百姓参加海盗或者倭寇组织。

历任右佥都御史王炉提出："国初立法，寸板片帆不许下海，百八十年以来，海滨之民，生齿蕃息，全靠渔樵为活。每遇捕黄鱼之月，巨艘数千，俱属犯禁，议者每欲绝之，而势有难行，情亦不忍也。与其绝之为难，孰若资之为用。合无容臣行两省守巡、海道等官，将前项船只，尽数查报，除小者不税外，其余酌量丈尺，编立字号，量议收税，民自乐从，既可稽考出入，亦得少助军饷。"

明朝中后期，面对民生等客观现实问题，明政府反思了海禁政策实施以来的弊端，以及开放海禁的优势，认为开放海禁利大于弊，开放海禁既能达到藏富于民、富国繁荣的效果，又有利于海防。因此，明朝逐步允许私人海上贸易，并制定相应的对外贸易法律制度，用法律规范对外贸易。

二、明代对外贸易的立法规范

明朝没有专门就对外贸易或者是海上贸易进行专门的立法，但是在不断修订完善《大明律》《问刑条例》及皇帝的诏敕中，有关对外贸易的法律规定、谕旨等，有的是针对全国范围适用的，有的是针对地方的。虽然根据不同时期具有不同的变化，但总体来说，明朝针对当时国内贸易的发展趋势，制定了相关的法律规范，将对外贸易逐步纳入法律规范的范畴。

1. 关于海禁的法律规范

在洪武时期和嘉靖时期，关于海禁的法律规范主要体现在《大明律·兵律》中的"关津"律条中。"关津"律条共7条，其中"私出外境及违禁下海"规定：

> 凡将马牛、军需、铁货、铜钱、缎匹、由紬绢、丝绵，私出外境货卖，及下海者，杖一百。挑担驮载之人，减一等。物货船车，并入官。于内以十分为率，三分付告人充赏。若将人口军器出境及下海者，绞；因而走泄事情者，斩。其拘该官司，及守把之人，通同夹带，或知而故纵者，与犯人同罪。失觉察者，减三等，罪止杖一百。军兵又减一等。纂注，军需铁货作一句读谓可为军需之铁货，未成军器者耳，因而走泄事情，承将马牛等物及将人口军器二项。言失觉察者，主拘该官司及守把之人，言夫马牛与军需铁货及铜钱段匹纳绢丝绵，皆中国利用之物，不可有资于外国者也；若有此等货物私出外国，境内货卖及私下泛海者，杖一百；其挑担驮载货物之人，减一等杖九十；所获货物船车并收入官，于货物内以十分为率，将三分给付告人充赏。若将兴贩人口与应禁军器出境及下海货卖者，向敌之心可恶，故坐以绞；若私将马牛等物人口军器出境下海之人，因而走泄中国事情于外夷者，与奸细之情不殊，故坐以斩。其出境下海犯人应该拘管之；官司及守把关津官吏军兵人等，如有通同夹带马牛等物，人口军器出境下海或知其出境下海而故行纵放者，并与犯人同罪，至死者减一等，杖一百流三千里；若失于觉察以致有人出境下海，拘该官司及守把之官减犯人罪三等，罪止杖一百，军人弓兵又减官军一等，通减四等，

罪止杖九十。❶

该条在《问刑条例中》增加了新的处罚规定：

（1）各边将官并管军头目、私役及军民人等，私出境外，钓豹捕鹿，砍木掘鼠等项，并把守之人知情故纵，该管里老、官旗、军吏扶同隐蔽者，除真犯死罪外，其余俱调发烟瘴地面。民人、里老为民，军丁充军，官旗、军吏带俸食粮差操。

（2）凡守把海防武职官员，有犯受通番土俗哪哒、报水分利、金银物货等项，值银百两以上，名为买港，许令船货私入，串通交易，贻患地方，及引惹番贼海寇出没，戕杀居民，除真犯死罪外，其余俱问受财枉法罪名，发边卫永远充军。

（3）凡夷人贡船到岸，未曾报官盘验，先行接买番货，及为夷人收买违禁货物者，俱发边卫充军。

（4）凡沿海去处，下海船只，除有号票文引，许令出洋外，若奸豪势要及军民人等，擅造二桅以上违式大船，将带违禁货物下海，前往番国买卖，潜通海贼，同谋结聚，及为向导，劫掠良民者，正犯比照谋叛已行律，处斩，仍枭首示众，全家发边卫充军；其打造前项海船，卖与夷人图利者，比照私将应禁军器下海，因而走泄事情律，为首者，处斩，为从者，发边卫充军。若止将大船雇与下海之人，分取番货，及虽不曾造有大船，但纠通下海之人，接买番货，与探听下海之人，番货到来，私买贩卖，苏木胡椒至一千斤以上者，俱发边卫充军，番货并入官；其小民撑使单桅小船，给有执照，于海边近处捕鱼打柴，巡捕官军不许扰害。

---

❶ 怀效锋点校：《大明律》卷第十五，《兵律三·关津·私出外境及违禁下海》，法律出版社 2000 年版，第 120 页。

（5）私自贩卖硫黄五十斤、焰硝一百斤以上者，问罪，硝黄入官；卖与外夷及边海贼寇者，不拘多寡，比照私将军器出境因而走泄事情律，为首者，处斩；为从者，俱发边卫充军；若合成火药卖与盐徒者，亦问发边卫充军，两邻知而不举，各治以罪。

（6）各边夜不收，出境探听贼情，若与夷人私擅交易货物者，除真犯死罪外，其余问调广西烟瘴地面、卫所、食粮差操。

（7）凡官员、军民人等，私将应禁军器卖与进贡夷人图利者，比依将军器出境因而走泄事情者律，斩，为从者，问发边卫充军。❶

2. 规范牙行、互市的规范

在《大明律·户律》中有关于规范牙人、市场交易的规范，适用于对外贸易。明朝在朝贡贸易时期和开海禁后，即使对外贸易得到许可，明朝政府对外贸易也严格限制在官府的管辖范畴，其中有关规定为：

（1）私充牙行埠头。

凡城市乡村，诸色牙行，及船埠头，并选有抵业人户充应。官给印信文簿，附写各商船户，住贯姓名，路引字号，物货数目，每月赴官查照。私充者，杖六十，所得牙钱入官。官牙埠头容隐者，笞五十，革去。

纂注有抵业人户，谓其人有家业、而可以抵当客货也。在城市、乡村买卖去处，则有牙行；在聚泊客船去处，则有埠头。此二项之人，凡客商、货物皆凭借以贸易者也，故有司必并选有抵业人户充应，取其有恒产、恒心之意也，官给印信、文簿，令其附写客

---

❶ 怀效锋点校：《大明律》附录，《问刑条例·兵律三·关津·私出外境及违禁下海条例》，辽沈书社 1990 年版，第 396-397 页。

商、船户、住贯、姓名并路引、字号及货物数目，每月将文簿赴官查考，防客商有越关、匿税之意也；其有牙行、埠头不由官选，而私充者，杖六十，仍追所得牙钱入官；若官牙埠头容隐私充者，笞五十，仍将各牙行、埠头名役革去，夫禁私充又恐其有罔利、害人之意也。

（2）把持行市。

凡买卖诸物，两不和同，而把持行市、专取其利，及贩鬻之徒，通同牙行，共为奸计，卖物以贱为贵，买物以贵为贱者，杖八十。若见人有所买卖，在傍高下比价，以相惑乱而取利者，笞四十。若已得利物，计赃重者，准窃盗论，免刺。

纂注，两不和同，买主卖主两不情愿之义；把持，把执、持定之意，二句语意相承，如俗所谓强买强卖而又不许他人买卖也；贩鬻谓贩买鬻卖而图利者也，在傍高下比价，如见人买卖诸物仍将己物诈称高下之价以比之，即以贱为贵、以贵为贱之意。此言凡城市、乡村买卖诸物，若买物人与卖物人两不和同，而任己把持行市，不许他人买卖，专自取其利息者，及贩鬻之徒通同牙行共为奸计，于卖己物则高其价，而以贱为贵；于买人物则低其价，而以贵为贱者，此二者一以强取人之物，一以计取人之利。于人则均也，故并杖八十，若见人有所买卖，在傍将所买卖货物故称高下而比拟价数，使买卖人不能专主定见，以相惑乱而以此求取余利者，此则虽非把持奸计者，比而其用心亦诈矣，故笞四十。凡此皆自未曾得利者言耳，若把持行市、通同奸计及在傍惑乱之人已得利物，而计赃重于杖八十笞四十者，则准窃盗论免刺。夫言计赃重者，准窃盗论，则虽已得利物而计赃轻者，此从本条可知矣。❶

---

❶ 怀效锋点校：《大明律》卷第十二，《户律》，法律出版社 1999 年版，第84—85 页。

明朝时期的互易行为需要通过牙行。明代对外贸易，"公者'贡舶''市舶'，私者'商舶''寇舶'。市舶之事，以'官设牙行'与民贸易。其时广东牙行独盛，广、泉、徽等商皆争趋若鹜。此种牙行之性质，初不过为官所设，任'与民贸易'之责。以系官设故，乃称'官牙'；而行商因而称为'官商'。以商人多自外省来集故，亦称'客店'。客店有'纲'有'纪'，为嘉靖年间所设，广东有三十六行者出，主持外舶贸易，市舶提举悉十取一，安坐而得，无簿书刑杖之劳。是为十三行之权舆"❶。上述条文中规定了牙人的门槛条件和违反律令的处罚，以及交易过程中把持行市的规定。

《大明律·户律》条例中规定了外贸互易的地点和条件。

凡夷人朝贡到京会同馆，开市五日，各铺行人等，将不系应禁之物入馆，两平交易，染作布绢等项立限交还，如赊买及故意拖延、骗勒夷人、久候不得起程者，问罪，仍于馆门，首枷号一个月，若不依期日及诱引夷人潜入人家，私相交易者，私货各入官铺，行人等照前枷号，通行守边官员不许将曾经违犯夷人起送赴京。

孝宗皇帝圣旨，迤北小王子等差使臣人等赴京朝贡，官员军民人等与他交易，止计光素红丝绢布衣服等件，不许将一应兵器并违禁铜铁等物，敢有违犯的，都拿来处以极刑，钦此。

甘肃西宁等处。遇有番夷到来，本都司委官关防提督听与军民人等两平交易，若势豪之家主使弟男子侄家人头目人等，将夷人好马、奇货包收，逼令减价，以贱易贵及将粗重货物并瘦损头畜拘收取，觅用钱方许买卖者，听使之人问发，附

---

❶ 梁嘉彬：《广东十三行考》，广东人民出版社1999年版，第23-24页、第45页。

近卫分充军，干碍势豪及委官知而不举、通同分利者，参问治罪。

宪宗皇帝圣旨，辽东开设马市，许令海西并朵颜等三卫夷人买卖，开元每月初一日至初五日，开一次。广宁每月初一日至初五日、十六日至二十日，开二次。各夷止将马匹并土产物货，赴彼处委官验放入市，许赍有货物之人入市与彼两平交易。不许通事交易人等，将各夷欺侮、愚弄亏少马价及偷盗货物，亦不许拨置夷人指以失物为由扶同诈骗财物分用，敢有擅放夷人入城及纵容官军人等，无货者任意入市，有货者在内过宿，规取小利、透漏边情，事发问拟明白，俱发两广烟瘴地面，充军，遇赦并不原宥，钦此。❶

《大明律·兵律》多支廪给律中，附例中有如下规定："各处地方，如遇夷人入贡，经过驿递，即便查照勘合应付，不许容令买卖，连日支应，违者重治，若街市铺行人等私与夷人交通买卖者，货物入官，犯人问罪，枷号一个月发落。"

明朝对外贸易的法律规范散见于律典、皇帝敕诏、地方规范中，虽然没有专门的对外贸易的立法，但是整体来看，明朝对于对外贸易的管理一直很重视，基本上形成了一套对外贸易管理规范，有一定的体系性。在《大明律·兵律》中的"私出外境及违禁下海"律条中，有很多关于对外贸易的法律规范，如明令禁止对外贸易，规定具有海防职责的官员相关执掌及违反规定的处罚方式。明朝建立了专门从事外贸活动的中介机构，也有关于固定的贸易场所的规定。虽然从刑律的视角予以规范，

---

❶　怀效锋点校：《大明律》卷第十五，《兵律三·关津·私出外境及违禁下海》，法律出版社 2000 年版，第 386 页。

与现代的行政管理法有很大不同，但是就当时明朝的国情来讲，无论法律本身善恶，其还是起到了规范对外贸易的作用。

第二节　对外贸易管理机构的设置

一、中央对外贸易管理机构的设置

早自汉朝开始，中央就已经设置对外贸易管理的机构了，这不仅是管理权集中的必要措施，也是与地方政府分配对外贸易利益的措施，更能防止地方贪腐。明朝时期不同的中央机构从不同层面参与对外贸易的管理。

（一）礼部

明史职官志记载，"礼部。尚书一人，正二品，左、右侍郎各一人，正三品，其属，司务厅，司务二人，从九品，仪制、祠祭、主客、精膳四清吏司，各郎中一人，正五品，员外郎一人，从五品，主事一人，正六品。正统六年增设仪制、祠祭二司主事各一人。又增设仪制司主事一人，教习驸马。弘治五年增设主客司主事一人，提督会同馆。所辖，铸印局，大使一人，副使二人。万历九年革一人"❶ 礼部主要 "掌天下礼仪、祭祀、宴飨、贡举之政令"❷。礼部主要负责朝贡贸易的管理工作，具体内容是制定朝贡蕃国的礼仪制度、款待宾客及的职掌是觐见

---

❶　（清）张廷玉等撰：《明史》卷七十二 "职官一"，中华书局 1974 年版，第 1746 页。

❷　（清）张廷玉等撰：《明史》卷七十二 "职官一"，中华书局 1974 年版，第 1746 页。

程序等。洪武时期礼部制定了两部蕃王觐见的仪制。

> 凡蕃王来朝，至龙江驿。驿官具报应天府，府报中书省及礼部，以闻，遣侍仪通赞舍人二员接伴，遣应天府知府至驿礼待。前期，馆人于正厅，陈设蕃王座于厅之西北，东向；知府座于厅之东南，西向。知府至馆，以宾主接见，具酒食宴待毕，知府还，蕃王送出门外。次日清晨，从官复伴送蕃王入会同馆，礼部尚书奉旨即馆中宴劳；尚书至，蕃王服其国服出迎，相见宴享如龙江驿，酒行作乐，宴毕，尚书及从官皆出，蕃王与其从官送至馆门外。明日，中书省奏知，命官一员指馆，如前宴劳。礼部告示侍仪司，以蕃王及其从官具服于天界寺习仪三日，择日朝见。前一日，内使监陈设御座香案于奉天殿，尚宝司设宝案于御座前，侍仪司设蕃王与其从官次于午门外，蕃王拜位于丹墀中道稍西……余如朝会仪。❶

洪武十八年（1385 年）在上述仪制上进行了完善。

> 蕃国初附，遣使奉表进贡方物，先与会同馆安歇。礼部以表副本奏知，仪礼司引蕃使习仪，择日朝见。其日锦衣卫陈设仪仗，和声郎陈大乐于丹陛，如常仪；仪礼司设表案于奉天殿东门外丹陛上，方物案于丹陛中道之左右，设文武百官侍立于文武楼南，东西相向。蕃使服其服，捧表及方物状至丹墀跪授，礼部官受之……❷

其中，礼部具体负责对外事务的是主客清使司和行人司。主客清使司负责国外使臣的接待、给赐、储存朝贡的贡物。

---

❶ 李东阳等撰，申时行重修：《大明会典》卷五十八《礼部·蕃国礼》。
❷ 李东阳等撰，申时行重修：《大明会典》卷五十八《礼部·蕃国礼》。

（礼部）提调主客，掌华夷朝贡往来宴赐之事，以赞尚书。凡蕃夷辨其五年、三年、二年、比年、年再至之贡，及其贡物、贡途、贡使、丰约、遥径、多寡之数。王若使至，宾待之；差其迎送、宴劳、赏责、庐室、幕帐、食料之等。请嗣王封者，使二人须册于其国，诸大首渠有保塞功授册印封之，以信符征勘合，以金敕谕差发，以通事译夷情，以开市平交易，以计折收番货，以刑典禁交通。凡赐均赏、特赏，皆有差。❶

行人司则是"职专奉使之事"。《大明会典》记载，"凡开读诏敕，奉使四夷、谕劳、赏赐、赈济、征聘贤才、整点大军及军务祭祀等事，例该本衙门司官差遣，不许别衙门侵夺。如临时乏人，方许别官兼差。嘉靖二十四年，令出使外国官，务选仪度修伟，不许一概轮差。或所用非人，著该科纠举"❷。

（二）兵部（会同馆）

兵部在明朝主要执掌国家的军事，但是也有一定的对外贸易管理的职能。《大明会典》载，"自京师达于四方，设有驿传，在京曰会同馆，在外曰水马驿，并递运所，以便公差人员往来。其间有军情重务，比给符验，以防诈伪。至于公文递送，又置铺舍以免稽迟，及应役人等，各有事例"❸。即兵部主要负责对外贸易管理的是会同馆。会同馆的职官设置与职掌为专门接待外国使节的中央驿站，"明初改南京公馆为会同馆。永乐初，设

---

❶ 郑晓：《皇明百官述》卷上。
❷ 李东阳等撰，申时行重修：《大明会典》卷一百一十七《南京礼部·行人司》。
❸ 李东阳等撰，申时行重修：《大明会典》卷一百四十五《兵部·驿传一》。

会同馆于北京。三年，并乌蛮驿入本馆。正统六年，定为南、北二馆，北馆六所，南馆三所。设大使一员，副使一员，内以副使一员分管南馆"❶。南北馆中的北馆负责吐鲁番、撒马尔罕、哈密等地使臣的接待，南二馆则负责海路前来朝贡的贡使及陪同人员。会同馆还配备医者、马匹、米粮、馆夫等以备接待，馆夫人数就多达 400 人。嘉靖元年（1522 年）兵部就会同馆医者还有专门的定制，"嘉靖元年准奏：历俸三年，与冠带。再三年，给食米一石。又三年，医治功多，升授吏目，仍在馆办事。其见役年久，未授恩典，而遭丁忧别故者，止令一人兼管。俱有事故，借拨一名，扣算役过月日，抵作本院实历之数，不许夤缘补缺"❷。

（三）鸿胪寺

鸿胪寺是明朝主管对外贸易的事务性机构。"四夷朝贡人员，进番字文书，俱本寺官接至西陛，授内官捧进……凡外夷进贡方物，本寺官引至御前，俟礼部官奏过，赞叩头，毕，举案至东陛，授内官捧进。凡赏赐外夷人员衣服彩段等件，本寺官举案，引至御前，俟礼部官奏过，赞叩头，毕，仍举案引出给散"❸。鸿胪寺是具体负责蕃国使臣觐见礼仪实施的机构。

根据《明史》记载，鸿胪寺的设置和职掌为"卿一人，（正四品）左、右少卿各一人，（从五品）左、右寺丞各一人。（从六品）其属，主簿厅，主簿一人。（从八品）司仪、司宾二署，各署丞一人，（正九品）鸣赞四人，（从九品，后增设五

---

❶ 李东阳等撰，申时行重修：《大明会典》卷一百四十五《兵部·驿传一》。
❷ 李东阳等撰，申时行重修：《大明会典》卷二百二十四《兵部·太医院》。
❸ 李东阳等撰，申时行重修：《大明会典》卷二百一十九《兵部·鸿胪寺》。

人）序班五十人。（从九品。嘉靖三十六年革八人。万历十一年复设六人）鸿胪，掌朝会、宾客、吉凶仪礼之事。凡国家大典礼、郊庙、祭祀、朝会、宴飨、经筵、册封、进历、进春、传制、奏捷，各供其事。外史朝觐，诸蕃入贡，与夫百官使臣之复命、谢恩，若见若辞者，并鸿胪引奏。岁正旦、上元、重午、重九、长至赐假、赐宴，四月赐字扇、寿缕，十一月赐戴暖耳，陪祀毕，颁胙赐，皆赞百官行礼。司仪，典陈设、引奏，外吏来朝，必先演仪于寺。司宾，典外国朝贡之使，辨其等而教其拜跪仪节。鸣赞，典赞仪礼。凡内赞、通赞、对赞、接赞、传赞咸职之。序班，典侍班、齐班、纠仪及传赞……洪武四年定侍仪使，（从七品）引进使，（正八品）奉班都知，（正九品）通赞、通事舍人"❶。

洪武四年（1371 年）增设的通事是朝贡使臣觐见朝贡的专门翻译人员，据明会典记载"总理来贡四夷并来降夷人，及走回人口，凡一应夷情译审奏闻"❷。据统计，明朝当时设置的通事就有 60 人。

除上述主要负责对外贸易管理的中央机构外，还有很多涉及对外贸易事务的部门机构，如户部专管对外贸易的课税职权，太常寺则是负责对外贸易中文化交流事务的，虽然不是对外贸易的管理机构，却是制定对外贸易管理机制非常重要的基础机构，其中太常寺设立的四夷馆，主要负责语言文字的翻译，特别是翻译蕃国的书籍，对朝贡国或者其他对外贸易往来的国家的历史、文化等典籍的翻译，可以更有效地管理蕃坊。四夷馆培养了很多通晓翻译语言的官员，这对进行对外贸易管理沟通

---

❶ 《明史》卷七十四《职官志·鸿胪寺》。
❷ 李东阳等撰，申时行重修：《大明会典》卷一百二十《礼部·各国额设通事》。

是非常重要的。可见，明朝中央政府对外贸管理是非常重视且是成体系的，也有能力进行有效的对外贸易管理。

二、地方对外贸易管理机构的设置

（一）市舶提举司

明代的市舶体制开始衰落，市舶机构不再是管理全国对外贸易的机构。史书载："夷货之至，各有接引之家，先将重价者私相交易，或去一半，或去六、七而后牙人的货报官……则其所存以为官市者，又几何哉？"● 明代近两个世纪的海禁，民间对外贸易被禁止，以及私营贸易逃税等对市舶制度的破坏，使得市舶机构也几经立废，明代在南京、浙江、福建、广东设立过市舶司机构，除广东市舶司外，其他地方的市舶机构在明代中后期都已经名存实亡。广东市舶司借助葡萄牙入居澳门，一直在广东地区存在并又逐渐发展起来。

1. 市舶司的设置

（1）太仓黄渡市舶司。太仓黄渡市舶司是明朝设立最早的市舶司，设立于吴元年（元至五十二年，1367 年），当时广东、福建还在元朝势力的控制下，为了控制对外贸易，明朝在太仓黄渡设立市舶机构。太仓黄渡靠近京师，容易起变，待明朝在广东、福建等地政权稳定后，于洪武三年（1370 年）罢黜该市舶司，重新在福建泉州、浙江宁波、广东广州设立三大市舶司。

（2）浙江宁波、福建泉州市舶司。洪武三年（1370 年）罢黜太仓市舶司不久就设立的浙江宁波市舶司，在洪武七年（1374

● 严从简：《殊域周咨录》卷八，暹罗按语。

年）又被罢黜，直至三十年后明成祖继位，于永乐元年（1403年）恢复了宁波市舶司的建制。派宦官出任提督市舶太监，代替皇帝主持、参与市舶工作。永乐三年（1405年）建立安远驿，安远驿归属市舶司管辖，接待日本朝贡国使团。直到嘉靖元年（1522年）倭患猖獗，朝廷认为倭患起于市舶，遂罢黜浙江宁波市舶司，一直持续到万历二十七年（1599年），仅复设一段时间，浙江宁波市舶司就自然消失了。

福建泉州市舶司早期的情形与宁波相似。只是其间为了方便管理，于成化十年（1474年）福建泉州市舶司曾迁移到福州，最后的命运也是到1599年后基本被废弃了，不再行使对外贸易管理职权。永乐九年（1411年）建立柔远驿，柔远驿归属市舶司管辖。

（3）广东市舶司。广东市舶司也是在太仓市舶司被罢黜不久设立的第二批市舶司之一，在洪武七年（1374年）暂时被罢黜，到永乐元年（1403年）恢复设立之后一直延续到明朝末年，没有再被废除过。相对于上述市舶机构而言，广东市舶司的建制稳定一些，市舶提举司的机构没有发生过地点的迁移，只是具体的外贸交易场所发生过变化。据《明熹宗实录》记载："先是，暹罗、东西洋、弗朗机诸国入贡者，附省会而进，与土著贸迁，设市舶提举司税其货。正德间，移泊高州电白县。至嘉靖十四年，指挥使黄庆纳贿请于上官，许夷侨寓蚝镜澳。"❶永乐四年（1406年）建立怀远驿，由于广东地区对外贸易繁荣，怀远驿各类房舍多达120间，其规模是浙江、福建、广东三大市舶驿馆中最大的。

（4）交趾市舶司。交趾市舶司是明政府在今越南境内设置

---

❶ 《明熹宗实录》卷六。

的市舶机构，设置于永乐六年（1408 年），主要接待西南诸国的朝贡国。《太宗实录》记载"永乐六年正月，戊辰，设交趾云屯市舶提举司，置提举、副提举各一员"，同年十月载"置云屯市舶提举、吏目各一员"❶，交趾市舶司设置在云屯，一直到了宣德二年（1427 年）该市舶司也随之废止，仅运行了短短 19 年就被罢撤。

2. 市舶司的职掌

市舶司又称市舶提举司，隶属于布政使司。每司设置提举一人，副提举二人，夷目一人。此外在市舶机构兴盛时期，还专门配置吏役，如浙江市舶司就曾配备司吏、弓兵、工脚、库子、秤子、行人等吏役。福建也曾配置祇候、工兵、门子、冠带通事、牙行、马夫、看场等吏役。随着朝贡贸易的衰落，福建、浙江宁波市舶司机构人员逐渐成为冗员而被裁撤。广东市舶司的命运则完全不同，在朝贡贸易衰退的情况下，广东自身开始开源节流，在明代中后期开始准许非朝贡国贸易形式的开展，特别是作为其外港的澳门，成为对外贸易的国际中转港，市舶机构的工作人员反而逐渐增多，很多福建人、浙江人都纷纷来到澳门，在市舶机构内充当牙人、牙行，主持、参与民间商人对外贸易管理。

当时设立市舶司的目的是管理来华朝贡的使节。"上以海外番国朝贡之使附带货物前来贸易者，须有官专主之。"❷ 其主要职权为："掌海外诸番朝贡市易之事，辨其使人、表文、勘合之

---

❶ 《明太宗实录》卷八十四。
❷ 《明太宗实录》卷二十。

真伪，禁通番，征私货，平交易，闲其出入而慎馆谷之。"❶ 按照法定的职权，市舶提举司除了管理对外贸易事宜，还需要履行监管市场交易的职权，如"禁通番、征私货"的职权。嘉靖中期，福建和浙江的市舶提举司可以说是名存实亡了，而广东的市舶提举司因为有海外贸易的管理权限而最终存留下来。市舶提举司在对外贸易中主要行使下列职权。

第一，确定朝贡船只的"勘合"。明朝时期有权享受朝贡贸易的国家都必须是明廷允许的，是通过勘合制度来确定的。为了防止其他国家冒名贸易，明朝给朝贡国家发放勘合，类似于对外贸易通行证。当时明朝与日本、朝鲜、大琉球国、真腊、暹罗、苏门答腊、览邦、爪哇、彭亨、安南、小琉球国、占城、锁里、百花、渤泥、三佛齐、淡巴 17 个国家建立过勘合朝贡关系。

第二，管理朝贡国的朝贡时间、期限、人数、航道。根据《大明会典》记载："安南、占城、高丽、真腊、爪哇等国三年一朝贡，琉球国两年一朝贡，暹罗是六年一朝贡，日本是十年一朝贡。"❷

第三，管理朝贡国所带货物的互市贸易。"海外诸国入贡，许附载方物与中国贸易。因设市舶司，置提举官以领之。"❸ 朝贡国带来的货物，市舶提举司查验后，进行抽分，方可以进行售卖。"永乐改元，贡献毕至，奇货重宝，前代所希。充溢库市，贫民承令博买，或多致富，而国用亦羡裕矣。"❹ 市舶提举

---

❶ （清）张廷玉等撰：《明史》卷七十五《职官四》，中华书局 1974 年版，第 1848 页。

❷ 申时行：《大明会典》卷一零五，《东南夷上》。

❸ 《明史》卷八一，《食货五·市舶》。

❹ 严从简《殊城周咨录》卷儿。

司也享有征税的权力，广东市舶司具有抽分权。"正统年该广东
镇巡等官都御史陈金等题，将暹罗、满刺加国并吉阐国夷船货
物俱以十抽三。"❶ 市舶司当时征收百分之三十的进口税，后来
减到百分之二十，"番商私货物入为易市者，舟至水次。悉封籍
之，抽其十二"❷。

（二）市舶太监及职权

市舶太监全名为提督市舶太监，是明朝为市舶机构专门配
备的宦官的职官名称，是明廷为了监督、管理市舶机构的对外
贸易管理而设置的亲信机构。《明史·职官志》记载："永乐
元年复置（市舶提举司），设官如洪武初制，寻命内臣提督
之。"❸ 市舶太监一直存续近一个世纪，凭借皇帝的信任和袒护，
在对外贸易管理方面不断扩张自己的职权范围。市舶太监大概
有以下职权：一是负责朝贡使团所携带的文件审查；二是负责
接待使团人员及检验船货❹；三是负责将外国使臣朝贡的上等舶
来品奉献给朝廷；四是参与朝贡贸易过程中番货的抽税工作。
在广东、澳门，曾多次出现市舶太监与地方官员争夺征税权力
的情况。

---

❶ 黄佐《嘉靖广东通志》卷六六，《外夷三》。

❷ 黄佐《嘉靖广东通志》卷六六，《外夷三》。

❸ （清）张廷玉等撰：《明史》卷七十五《职官志四》，中华书局 1974 年版，
第 1848 页。

❹ "嘉靖二年五月，其贡使宗设抵宁波。未几，素卿偕瑞佐复至，互争真伪。
素卿贿市舶太监赖恩，宴时坐素卿于宗设上；船后至，又先为验发。"可见，当时的
市舶太监具有宴请朝贡使团和检验船货的权力。参见：（清）张廷玉等撰：《明史》
卷八十一《食货志五》，中华书局 1974 年版，第 1980 页。

(三) 地方各级府官

明代对外贸易管理机构不再是专由市舶司担任，而是出现了多种管理机构并存的现象，而且呈现出每个机构在不同地区的作用、影响不同的趋势。地方各级府官也享有部分对外贸易管理的职权。比较有代表性的是广东—澳门二元机制，广东作为明代对外贸易管理的代表，对于澳门地区的对外贸易的管理，就是借助专职海上贸易巡查官员海道副使和府县官员相互合作，共同管理对外贸易。

1. 海道副使及职权

海道副使全称为巡视海道副使，隶属提刑按察使司，是明政府为了推行海禁、巡查、监管海上贸易而设置的职位。海道副使执掌的主要是维持海上治安，禁止非法的民间走私、海上贸易行为。海道副使还直接参与朝贡贸易的监督、管理。例如，朱纨担任浙江巡抚后规定，凡朝贡船只将货物报关后，由海道副使颁发许可信票，用以互市和贸易。广东地区的海道副使在广东、澳门的私人海上贸易管理中显得更加特殊。明朝时期，海道副使对于澳门管理有着非常重要的意义，作为正四品的朝廷命官，海道副使是专门管理澳门的官员。在澳门开埠之前，海道副使负责的是全广东地区的海上治安，稽查所有进入广东省的外国船只。大约在嘉靖十年 (1531 年)，朝廷罢黜了市舶太监一职，市舶司掌管市舶贸易的大权旁落在广东地方官员的手中，海道副使则开始管理澳门市舶的抽税工作。

2. 府县官员及职权

府县官员是指香山知县及澳门的守澳官。在澳门地区，除专职的对外贸易官员外，府县官员也参与澳门对外贸易活动的管理事宜。明朝时期，澳门为香山县管辖，香山知县则是主管澳门的行政长官。根据《明史·职官志》记载：

> 县。知县一人，正七品县丞一人，正八品主簿一人，正九品其属，典史一人。所辖别见。

> 知县，掌一县之政。凡赋役，岁会实征，十年造黄册，以丁产为差。赋有金谷、布帛及诸货物之赋，役有力役、雇役、借债不时之役，皆视天时休咎，地利丰耗，人力贫富，调剂而均节之。岁歉则请于府若省蠲减之。凡养老、祀神、贡士、读法、表善良、恤穷乏、稽保甲、严缉捕、听狱讼，皆躬亲厥职而勤慎焉。若山海泽薮之产，足以资国用者，则按籍而致贡。县丞、主簿分掌粮马、巡捕之事。典史典文移出纳。如无县丞。或无主簿，则分领丞簿职。县丞、主簿，添革不一。若编户不及二十里者并裁。❶

知县职掌主要如下：一是管理学校，"岁贡学生，听试于提学宪臣；三岁贡士，听选于乡试"❷；二是风俗公益，"凡养老、祀神、表善、赈饥、恤穷、通货之事时省而敦行之"❸；三是管理赋税，"民之赋役视丁产为差。赋岁二征，役岁一征。赋有粟赋、金赋、布帛及诸货物之赋，役有力役、雇役、借债不时之役，皆视其天时休咎、地利丰耗、人力贫富，必调剂而均节之。

---

❶ （清）张廷玉等撰：《明史》卷七十五《职官四》，中华书局 1974 年版，第 1848 页。

❷ （明）王圻撰：《续文献通考》，载中国第一历史档案馆、澳门基金会、暨南大学古籍研究所合编：《明清时期澳门问题档案文献汇编》，人民出版社 1999 年版，第 79 页。

❸ （明）王圻撰：《续文献通考》，载中国第一历史档案馆、澳门基金会、暨南大学古籍研究所合编：《明清时期澳门问题档案文献汇编》，人民出版社 1999 年版，第 79 页。

若岁大歉，请于府、于省、于抚按藩臬而时蠲焉。无幸福强而苦贫弱。"❶ 可见，香山知县是统管澳门的主要官员，处理澳门的日常事务，包括税收的监管和征收等。守澳官则是葡萄牙人入居澳门之前，明政府在澳门设立的基层管理机构，统称为"守澳官"，包括澳内提调、备倭、巡缉三行署。其中，提调主要负责查验商船，代为向海道副使申报手续征收关税，征收海舶商税，究问查办偷运逃饷等事；备倭负责追捕海盗、倭寇等事；巡缉主要负责缉捕走私。总的来说，守澳官掌管澳门的社会治安和防卫，并兼管对外贸易税收的相关事宜。

三、对外贸易管理机构运行机制事例

明朝对外贸易管理机制中，呈现出管理机构从中央到地方，不同级别、不同地域管理机关则不同，并存在管理权限交叉的现象。由于明朝时期不同地区主要的对外贸易内容不同，上述对外贸易管理机构在行使管理职权时，在一定程度上形成了管理体系，以朝贡贸易中勘合的管理为例，可见一斑。

由于明朝初期即开始实行严厉的海禁政策，使得在隆庆以前，合法的对外贸易被限制在官方之间的朝贡制度范围内，"今（明朝）贡舶与市舶一事也，凡外夷贡者，皆设市舶司以领之，许带他物，官设牙行，与民贸易，谓之互市，是有贡舶即有互市，非入贡即不许其互市矣"❷。明朝仅允许朝贡国与明朝政府之间的官方贸易，民间的私营对外贸易是违法的。朝贡贸易法

---

❶ （明）王圻撰：《续文献通考》，载中国第一历史档案馆、澳门基金会、暨南大学古籍研究所合编：《明清时期澳门问题档案文献汇编》，人民出版社1999年版，第79页。

❷ 《续文献通考》卷三十一，市籴考。

律制度是明代对外贸易法律制度的重要组成部分，朝贡贸易立法以勘合制度为中心对外国贸易团体作出规定，对贸易使团来华的人数、时间、行道、进出港口、文书填写、贡物种类都作出了详细的规定。

明朝为了防止国外的商人假借贡使身份来华贸易，所以创建了勘合制度。史料记载："洪武十六年，给诸番国勘合。上以海外诸国进贡，信使往来，真伪难辨。遂命礼部置勘合文簿发诸国，俾往来俱有凭信稽考，以杜奸诈之弊。但遇入贡，咨文俱于所经各布政司比对勘合相同，然后发遣。"❶ 勘合为一种长八十多厘米、宽三十多厘米的纸质文簿，上面盖着"×字×号"的骑缝公章，将其从骑缝处一分为二，一半称作勘合，另一半则称为勘合底簿。例如，给日本的勘合则印着"本字×号"的部分。

勘合起初应用于暹罗，后来逐渐普遍适用到所有朝贡国。例如，对于暹罗的勘合，就是将暹罗二字分开，制作成标有"暹"字的勘合、"罗"字的勘合各一百份，上面标注从壹到壹佰（如暹字叁号），一共二百道；又将一百份"暹"字勘合、"罗"字勘合制作成两个册子，共四册底簿。将"暹"字勘合一百道，"暹"、"罗"字底簿一册存在礼部；"罗"字勘合一百道、"暹"字号底簿一册，发给暹罗国；剩下的"罗"字底簿给广东布政司。贡使前来都是按照从壹到壹佰的顺序，将某号的勘合与港口布政司的底簿核对无误，才可进京。进京后礼部又重新比对由礼部保存的勘合与底簿，没有问题者，才允许进行朝贡贸易，用过的勘合由礼部收回。这一勘合比对程序是相

---

❶ 《皇明从信录》卷七，转引自张晋藩、怀效锋主编：《中国法制通史》（第七卷），法律出版社1999年版，第379页。

当严密的。

此外，勘合中还要记载来华人员的身份姓名、货物种类、船舶数量及特征等信息，以便各地官员审核。下面是一则日本曾使用的一道勘合。

> 日本国今填本字清号勘合一道为朝贡事。
> 今将本船装载方物并人员姓名开坐于后，须至咨者，今开
> 壹、表文壹道
> 壹、贡献方物
> 马贰拾匹撒金鞘柄大刀贰把
> 硫黄壹万斤玛瑙贰拾块
> 贴金屏风叁副黑漆鞘柄大刀壹佰把
> 枪壹佰柄
> 铠壹领砚台壹面并匣
> 扇壹佰把
> 壹、专使壹员
> 纲司居坐从僧士官通事从人船头壹名水夫
> 右咨礼部
> 景泰贰年捌月一日❶

勘合制度不仅适用于外国使臣来华贸易，也适用于明朝使团到其他国家贸易，否则港口稽查人员是不会允许商船下海的。这是对双方都有约束力的制度，明政府也一再强调若没有勘合中国商人到朝贡国，许该国将商人抓捕。这样可以限制国内的民间商人假冒使团下海贸易，从而达到限制民间对外贸易的

---

❶ ［日］释周凤撰：《善邻国宝记》卷下，神洛寿日本文政九年，第13-15页。

目的。

此外，对于来华贸易的朝贡船只的贡道、来贡时间、停泊港口、进出港程序等都有严格的限制。例如，占城、安南、高丽、真腊、爪哇等国，三年一贡；琉球两年一贡，每船百人；日本则十年一贡，最多仅限两艘船。关于停泊的港口，"宁波通日本，泉州通琉球，广州通占城、暹罗、西洋诸国"❶。归国港口仍为原进贡港口，不允许其在法律规定外的港口进出港。

关于进出港程序，每个港口的规定会略有差别。以福建为例，首先，当琉球船队进入闽江口，当地的巡检司就要向上级机构报告，通知地方衙门协助负责下锚地附近的看守巡逻，防止货物外流，并派专员驾驶战船去监督来贡船只，以防走私、停靠其他口岸。其次，接到申报后，承宣布政使司、都指挥使司、提刑按察使司各委派一名专员，会同市舶提举司掌印官，带领通事、工人等前往下锚地，检查来贡使团的文书，同时封钉船舱门，加上封条，记录人员要记录上述行为，已备案核查。再次，由在岸等待的另一批官员登船，启封，由专人将货物运至指定货船以备进贡，将搬运装载的货仓再次封钉，驶入进贡厂附近的码头，并将使团人员随身的衣物和行李搬运到柔远驿保存。最后，都察院、布政使司选定日期到进贡厂点验货物，市舶司官员必须在各个衙门的大小官员同时在场监督的情况下，方可指挥开仓，将货物搬入进贡厂。市舶司官员在贡使在场的情况下，分类记录进贡货物的种类、数量、成色等基本信息，之后由工人将盘验完毕的货物搬运到市舶司的仓库封存，准备押解上京。盘验当日一般要准备宴请、犒赏使团人员。有执行

---

❶ （清）张廷玉等撰：《明史》卷八十一《食货志五·市舶》，中华书局 1974 年版，第 1980 页。

人员，有监督程序，可见程序之严密。相比之下，浙江的程序就没这么严密，一般是先敲锣打鼓地迎接、招待使团，一番盛情之后，市舶司会同三司官员盘验货物，除进贡给皇上的贡物外，其他附带货物全部由市舶司给价收买。

归国时，由朝廷鸿胪寺派专员从京城沿途护送使团人员回到驿馆，市舶司核准其离港日期；出港前，市舶司会同布政使司人员对使团人员搜身查验后，使团人员方可下海回国。

对于朝贡所带的货物明朝一律免税，附带的贡货物由朝廷高价回赐。使团带来一些舶货（民间私货）则在市舶司官牙的主持参与下，允许其在市舶司所在地或京师的会馆自由买卖，但全程由官府监督方可进行贸易。

第三节　对外贸易中介机构

一、明代关于牙行的法律规定

明朝时期的商业贸易，一般是以设立官牙的形式进行。牙行本是一种经营中介业务的商行，该商行的人员为牙人，也称牙侩、牙郎、牙子、经纪、驵侩等。《史记》卷一百二十九《货殖列传》载："子贷金钱千贯，节驵侩，贪贾三之，廉贾五之，此亦比千乘之家，其大率也。"[1] 根据颜师古的释义：驵侩，就是所谓撮合两家买卖。唐时，此种居间商人的称谓改为牙人、牙

---

[1]　（汉）司马迁：《史记·南越尉佗列传》，北京燕山出版社 2010 年版，第1120 页。

郎。据《旧唐书·安禄山传》载："安禄山……为互市牙郎。"❶ 胡三省注释曰：牙郎，驵侩也，南北物价定于其口，而后相与贸易。也就是牙人还有评定物价的作用。元代则出现了"牙行"这一称谓，至元二十三年（1286 年）八月中书省咨文称："除大都羊牙及随路买卖人口，头匹，庄宅牙行，依前存设，验价取要牙钱，每两不过贰钱，其余各色牙人，并行革去。"❷

　　明代时期，商品贸易的迅速发展，该种居间商人的作用越来越重要。明代的牙行分官牙和私牙两种，官牙为明时的官僚及诸藩王设立在各地的官店。明初期，"京师军民居室皆官所给，比舍无隙地。商贾至，或止于舟，或贮城外。驵侩上下其价，商人病之。太祖乃命于三山诸门外，濒水为屋，名塌房，以贮商货"❸。"这些原为征收商税和充当塌房而设的店面后来逐渐发展为官牙。同时，为了管理对外贸易，明初在沿海地区设立了市舶司，并设有专门从事对外贸易的牙行。嘉靖时，广东市舶司中的客纲、客纪等都属于官牙。另外，在一些市镇中，地方政府为检查税收管理市场，也设有官牙。"❹

　　私牙一般是从牙人做起，先积累佣钱后，待资金雄厚再开设牙行；或是凭借家族的财富，出资建立牙行，聘请经验丰富的牙人为其工作。"明代的牙行以经营牲畜、农产品和丝绸布匹

---

❶　（后晋）刘昫等撰：《旧唐书》卷二百上，列传第一百五《安禄山》，中华书局 1975 年版，第 1174 页。

❷　黄时鉴点校：《通制条格》，浙江古籍出版社 1986 版，第 246 页。

❸　（清）龙文彬撰：《明会要》卷五十七，《食货五》，中华书局 1956 年版，第 678 页。

❹　周中云、曹君乾：《明代牙行法律制度考评》，载《晋中学院学报》2008 年第 1 期。

等手工业品为主；也有居间包揽水运雇船的，称埠头。"❶ 可以说，在明代的商业贸易中，牙行是无处不在的，渗透在商品贸易的各个环节。正如《扬州府志》载，"凡鱼盐豆谷，觅车船、雇骡马之类，非经纪关说则不得行""货物交易全凭牙行"❷。另据《安亭志》载，"举凡花布、柴、米、纱，下及粪田之属，皆有牙行"❸。明代牙行在商品贸易中所起的作用不容小觑，牙行是买卖双方不能缺少的中介组织。

牙行之所以盛行，可以从以下两方面来考察其原因。第一，牙人牙行熟悉市场行情，了解交易习俗，可以为客商提供比较专业的建议，降低交易成本。对于远途的商人进行大宗商品采购，如果派专人来收购，需要大量的时间了解某个地区的交易风俗、商品行情等，专人所需的花费无疑会增加交易的成本，采购商品还需要将货品存放等，都会是一笔不小的开销。若选择委托当地的牙人或牙行代其收购，虽然要支付佣金，但相对上述的花费来讲，投资成本小很多。第二，明代时的商品贸易较前代更有发展，在农产品商品化、专业化的过程中，小生产者不易全方位掌握各地市场经济的行情，如供求关系、商品价格，这样增加了交易风险，所以时常发生商人受骗之事，甚至有商人倾家荡产。在这样的市场经济的形势下，牙人、牙行"应运而生"，正适合当时的商品交易形势。明朝中期，明政府规定凡是有牙行的地方，商品买卖必须经过各自的牙行来进行，

---

❶ 周中云、曹君乾：《明代牙行法律制度考评》，载《晋中学院学报》2008年第1期。

❷ （清）雷应元纂修：《扬州府志》卷二《风物志》，中国书店出版社2002年版，第123页。

❸ （清）陈树德编纂：《安亭志》卷二《风俗》，上海古籍出版社2003年版，第324页。

不允许自行买卖。牙行制度在明朝的商品交易方面起到了非常重要的作用，因此非常盛行。

二、商业盖以官设牙行为媒介

明政府对牙行的管理，主要体现在由禁止性规范到逐渐放开的过程。

（一）洪武时期严禁牙行参与商品贸易

明朝建立初期，元朝的残余势力还危及着新生政权，明朝政府无暇顾及商品贸易中出现的这一组织，使得牙行中不法牙人操控物价、哄骗买卖双方，严重损害了交易当事人的利益，扰乱了商品经济秩序。出现了正如宋朝判官所写的局面："大凡求利，莫难于商贾，莫易于牙侩。（牙侩）及又从而欺瞒之，其不仁亦甚矣。"❶ 鉴于前朝之失及当时的历史情况，洪武二年（1369 年）发布事例："京城置塌房及畜物，停积客商货物及猪羊等畜，听其两平交易，革罢官私牙行，但收免牙钱一分。"❷ 为了防止牙行操控商业贸易，将商人聚集在塌房中，听其两平贸易。之后又规定："天下府州县镇店去处不许有官牙、私牙，一切客商应有货物照例投税，之后听从发卖。敢有称系官牙、私牙，许邻里乡孳获赴京以迁化外，若系官牙其该吏全家迁徙。

---

❶ 中国社会科学院历史研究所宋辽金元史研究室点校：《名公书判清明集》卷十一 "治牙侩父子欺瞒之罪"，中华书局 1987 年版，409 页。

❷ （明）申时行：《大明会典》卷三十二《户部·事例》，中华书局 1989 年版，第 226 页。

敢有为官牙、私牙两邻不首，罪同。"❶

以上为明太祖时期禁止牙行参与商品贸易的规定。但是该法律规定没有得到很好的效果，市场中还是需要牙人、牙行为买卖双方提供专业的指导，以及提供存货、运货的专业服务。私下的牙人牙行制度还是在缓慢地发展，私下交易中基于上述原因，买卖双方非常依赖牙人牙行，根本不能禁止牙人牙行的发展和存在。这样的规定在当时是违背市场运行规律的，不能得到有效的实施。

（二）允许牙行参与贸易并对其进行法律规范

鉴于以上客观原因，明政府对屡禁不止的牙行采取了将之予以法律规范的方式。洪武三十年（1397 年），《大明律·户律七·市廛》规定："凡城市乡村诸色牙行及船埠头，并选有抵业人户充应，官给印信文簿，附写客商船户住贯、姓名、路引字号、货物数目，每月赴官查照，私充者，杖六十，所得牙钱入官，官牙埠头容隐者，笞五十，革去。"❷ 该条文简单扼要，包含了关于牙行管理的四个方面的规定。

首先，规定牙行的准入资质。若要经营牙行、埠头，要符合"选有抵业人户充应"的条款，"有抵业人户"其实就是对牙行资金储备的限制，需要牙行具备一定的偿还能力，目的是保障买卖双方的经济利益。有所抵还的牙行，对牙行本身进行法律约束也比较容易。只有具备这样的资金条件，才有资格申

---

❶ （明）申时行：《大明会典》卷三十二《户部·大诰》，中华书局 1989 年版，第 227 页。

❷ 怀效锋点校：《大明律》卷十《户律七·市廛》，法律出版社 1998 年版，第 84 页。

请牙行、埠头。

其次，官府在审查之后，条件合格的才给予颁发"牙帖"❶。牙行、埠头的设立须经申请后，得到官府的批准，在缴纳帖价之后，获得牙帖，相当于现代的营业执照。得到牙帖后，官府会给牙行发放"印信文簿"，牙行就可以营业了。牙帖有一定的有效期限，有效期满后需要到官府充牙，在缴纳帖价，申请换帖，不愿再经营的直接缴帖即可，相当于注销牙行、埠头，有工商年审的意味。万历时"许穷民入市者告官给帖，过秋成纳谷一石，即换新帖，以来年凭据，不愿者缴帖"❷。

牙帖上包含明代关于牙行的法律规定、禁令、执掌等内容。杨其民在《两张新发现的明代文件——牙帖和路引》中记载了一份嘉靖三十五年（1556 年）的牙帖内容：

> 钦差总督漕运兼巡抚凤阳等处地方弊事，案奉大明律内一款："凡城市乡村诸色牙行及船埠头，并选有抵业人户应充，官给印信簿籍，附写往来客商船户住贯、姓名、路引字号、货物数目，每月赴官查照。私充牙行杖六十，所得牙钱入官；官牙容隐者笞五十，革去"。钦此钦遵施行，今奉前因，拟合就行，为此合行帖。仰本前地方往来客商到彼……等项，务要两平交易，不许高抬少估，亏商损民应……充……报……牙用，如违查出依律……须至帖者。
>
> 右帖下沙沟镇柴行牙人宋储收执准此
>
> 嘉靖叁拾伍年捌月十七日司吏丁嘉会

---

❶ "牙帖"是牙行经营时用的营业执照。明清时期，牙商要呈官府批准才能领取，领了"牙帖"才能营业。"牙帖"大致分为上、中、下三等，按时换领。

❷ （明）袁黄：《宝坻政书》卷十四"给帖入市示"，北京图书馆出版社 1992 年版，第 304 页。

……报伍年以苏困弊事（小字）

（年月上钤盐城县印）帖（大字）❶

从上述牙帖可以看出，明代当时的牙行制度是很完备的，具有程式性特征。

再次，对牙行的经营范围进行管理。根据《大明律》"私充牙行埠头"的规定，牙行主要是居间人，为买卖双方寻找合适的货品，帮人买卖。牙行在经营货品买卖的同时，还要履行政府规定的义务，即"牙行、埠头领取官府发给的印信文簿之后，要如实登记客商船户的身份和经商情况，每月要向官府呈报一次，对集市交易的客商有监督的责任。"❷ 若牙行、埠头隐瞒包庇非法经商者，将被处以笞刑，革职停业。这样方便官府对客商查询税务，也能知道牙行的客流量、收入状况，方便政府的管理和监督。

最后，对于牙行违法违例的行为，坚决予以惩处。除《大明律》"私充牙行埠头"条规定，"私充者，杖六十，所得牙钱入官，官牙埠头容隐者，笞五十，革去"外，还有很多规定。如《大明律·户律七》"把持行市"条规定："凡买卖诸物，两不和同，而把持行市，专取其利，及贩之徒，通同牙行，共为奸计，卖物以贱为贵，买物以贵为贱者，杖八十。"❸ 对于牙人与当事人一方私通，而损害另一方利益的法律规定将予以严惩。《问刑条例》规定："若牙行无籍之徒，用强邀截客商货物者，

---

❶ 杨其民：《两张新发现的明代文件——牙帖和路引》，载《文物》，1994年第4期。

❷ 张晋藩、怀效锋主编：《中国法制史通史》（第七卷），法律出版社1999年版，第363-364页。

❸ 怀效锋点校：《大明律》卷第十《户律七·市廛》，法律出版社1998年版，第85页。

不论有无诓赊货物，问罪，俱枷号一个月，如有诓赊货物，仍监追完足发落，若监追年久无从赔还，累死客商，属军卫者发边卫，属有司者发附近，俱充军。"❶ 该条是针对一些私牙损害客商利益，扰乱市场秩序的处罚规定。

（三）牙税的缴纳

除在领取牙帖时缴纳牙帖费外，明代的律令还规定了牙行缴纳牙佣、牙税的额度，即自身向官府缴纳的税额，相当于营业税。据《明世宗实录》卷四零九记载："牙税之银，如广东事例，每银一两抽牙银三分，一船可二十余两，一岁可二千余两，以二分增入课程，同余课银上纳，以一分给牙人，年终则牙行俱从官阄拨。"❷ 万历《大明会典》卷三十五《户部·商税》："务令牙人尽数开报收税，仍将收过数目，送赴监察御史、主事稽考。"❸

通过上述条文的引用和阐释，我们可以看到明政府对于牙行的管理是详尽和具体的，从侧面显示出牙行在明代市场商业贸易中所起的作用不容小觑。牙行基本上涵盖了商品交易的每个环节、每个行业，牙行在明代商品经济发展的过程中不断地发展、成熟、壮大。

---

❶ 刘海年、杨一凡总主编：《中国珍稀法律典籍集成》（第二册·乙编），科学出版社 1994 年版，第 499 页。

❷ 《明世宗实录》卷四百零九。

❸ （明）申时行：《大明会典》卷三十五《户部·商税》，中华书局 1989 年版，第 245 页。

三、牙行的业务经营范围

明代以前的牙行，传统的经营范围大多是介绍买卖双方交易、说和价格、鉴定质量、核实数量，所以也称"度市"或"合市"，主要是为了促成买卖双方交易成功，从中收取牙佣。牙行经营方式非常灵活，如替卖方代卖、替买方代买或代购代销，有时利益丰厚也直接囤积货品从事中转买卖。这种中介性质的交易方式，按照买卖的时间、地点、规模一般可分为三种，即季节性交易、集市交易、行栈交易。季节性交易主要针对的是那些按时令季节上市的商品，如茶叶、麻、蓝靛、烟、棉花、丝等，根据不同地点的成熟时令不同，外地商人来的时间就具有季节性，此种牙行在候商时，牙行的交易额随商品上季而增加。集市交易就是牙人在集贸市场中为买卖双方及时提供说合交易，这样的牙行因集市的不同而分类交易，如有鸡鸭市、牛市、茶市、竹市等，分类比较多。行栈交易是指牙人在牙行店内接受商人交易业务，这种交易方式有固定的地点，适合大宗商品交易，一般多存在于南方地区，如广东、福建、浙江等商品交易非常繁荣的地区。

与牙行并存的有两种行业。一种称邸，就是存放货物的场所。起初在固定坊市制度时期，邸多为官营，官营制解体后则多为私营。另一种为店，就是为客商提供居停食住的旅店。到了明代，商品经济进一步扩大，流通更为广泛，明朝政府一度试图控制商业的发展，因此一直尝试取缔牙行，并借鉴前代邸业官营的做法，设立集邸、店、牙三者为一体的官店——塌房，力图将商业交往控制在官方所设立的空间。但是这种做法没有成功，此举不但没有使牙行消失，而是使邸、店、牙一体的经营方式得到发展，牙行逐渐开始学着兼营邸、店业务。

牙行在集邸、店、牙为一身后，日常的业务范围开始扩大，不再局限于作为中间商、经纪人了，牙行还开始负责为商人雇用车船、提供落脚的旅店、存放货物等。牙行逐渐熟悉业务后，也开始自己经营旅店业、邸店业务，为客商提供食宿、存放货物。牙行业务范围增加的同时也增加了收入。牙行同时专营或兼营邸、店业务无疑是明代牙行的极大发展。明代牙行的经营活动具体来说主要有以下几点。

1. 上报客商的情况及货品的数量、类别

按照明朝法律的规定：牙行、埠头取得官府颁发的印信文簿之后，要如实地填写商人、船户的住址、籍贯、姓名、路引字号、货物数量、类别，将所有商人的信息和货品信息按月报给官府，以备查阅，即法律中所规定的"每月赴官查照"。如此一来，一是有利于社会治安的稳定，二是有助于官府征收及核查商税。《大明会典》记载："又议准、取回马驹桥副使巡栏。令张家湾宣课司、公同本司官、将南方贩到酒曲、务令牙人尽数开报收税。仍将收过数目、送赴监收御史主事稽考。除殼光禄寺酒醋面局额办酒曲外。其余俱收钱钞。"❶

2. 评估物价、代表客商买卖货物

代理客商进行买卖货物的活动，是牙人、牙行一项最基本的业务活动。牙人、牙行通过为买卖双方进行买卖，从中收取中介费用——牙佣。买卖形式上，有的会采用公开叫价的形式，

---

❶ （明）申时行：《大明会典》卷三十五《户部·商税》，中华书局 1989 年版，第 245 页。

哪个买家出价最高，货物就归谁所有。此过程中，牙行要保证货物的质量合格、价格合理，货币的成色符合标准。所以，牙行参与商业活动，对于买卖双方来说是在有利可图前提下的信用保证。

3. 安排客商的食宿

客商在通过牙行进行买卖的过程中，为了详细地了解市场行情、决定买入或卖出，需要有个过程与牙人、牙行进行详尽的协商。若牙行可以为客商提供一个稳定的食宿地点，对于客商，特别是远途客商来说，无疑方便了交易。并且，牙行可以通过此种途径招揽更多的顾客，额外增加了一项收入，也有了更多的买卖机会。

4. 为客商提供仓库、寄存货物

对于一些大宗货物来说，商人不能一下子脱手，常常需要寻找塌房、货栈等地代为寄存，特别是当商品滞销时，商人需要时间等待合适的时机出手，囤货就成了客商重要的需求。牙人、牙行就接揽了代客存货的生意，这样又可以招揽一部分客商。

5. 为客商雇用车马、船只、脚夫，保证其运输货物、装卸货物

对于长途贩运货物的客商来说，货物到达地点需要装卸货物，要雇用车马、船只、人丁等。在人生地不熟的地方，需要确保及时雇用到这些工具和人丁，雇价合理，运输可靠。牙人、牙行又充当了这样的角色，出现专门为客商寻找车船、人马的牙行，这种牙行一般就设立在水路码头埠口、海港等地，而且牙行有自己的资金积累，对客商而言有一定的保证。

6. 协助地方政府征收商税，管理市场等

该项职能上文中已经提到。牙行具有该项职能的时间大概是景泰二年（1451 年）。据明人杨嗣昌所记："景泰二年收税则例始有牙钱，而今官私牙启遍天下，府州县或一官一税，或一年一税……若通查牙税，每年定额解部，州县上者以八九百两为额，中者以五六百两为额，下者以三四百两为额。"❶

四、广东三十六行的兴起

自葡人租住澳门，澳门逐渐兴起，成为一个国际性的城市，成为中外商业贸易的中心、东西文化交融的中心。澳门是连接中日、中欧贸易的中转站。在日新月异的商业发展下，澳门成为中外商人会聚的集散地，这一新的现象，引起了明朝政府的关注，在逐渐地摸索下，形成了一套适应当时中外商业贸易的商业管理模式。起初是在广东设立官牙，经营对外贸易。自万历以后，广东、澳门逐渐出现了由牙行发展转化而来的专营对外贸易的"三十六行"。

有关三十六行的产生，先看以下史料。

嘉靖以后，以防倭故，市舶时置时罢，十四年（1535 年），市舶自电白移于濠镜（澳门，Macao），闽粤商人趋之若鹜。三十二年（1553 年），葡舶托言舟触风涛，愿借濠镜地，翌年海道副使汪柏权以濠镜海外浪白滘（浪白澳 Lampaçao）与之互市。又越二年，汪柏立"客纲""客纪"于广州，以广、泉、徽等商主之。至三十六年（1557 年），始许葡人借地之请。三十八

---

❶　（明）杨嗣昌撰：《杨文弱先生全集》卷一二，《恭承召问疏》。

年（1559 年），以海寇犯潮，禁外舶毋得入广州城。

万历间，荷、英、法等国商人相继东渡。时当西历 16 世纪、17 世纪，欧西盛行"专商"（Monopoly of trade）之制，各立东印度公司以经营东方。二十九年（1601 年），荷人求市于澳，葡人拒之，去而据台湾、澎湖；崇祯十年（1637 年），英人 Weddell（威忒尔）复率舰求市于澳，葡人又力拒之，进而迫虎门，遂得通商权利，然犹无安全根据地焉。

时倭寇频仍，闽浙未能通贩，澳门独为舶薮。葡人常携番货至广州市易，久之至于激变，遂行禁止。明末清初，禁葡人入省，止令商人载货下澳；又荷兰之入贡者，亦只令在广州舶所馆内贸易。然明代所谓禁止外人入广州者，系指禁止外人入广州城内而言，至城外西关十七莆（亦作"铺"）怀远驿旁舶所，及广州对江海珠岛，则亦时划为对外贸易地。

按有明一代，对外贸易盖以官设牙行为媒介，而牙行又以广东为盛，福、泉、徽商人皆争趋焉。万历以后，广东有所谓"三十六行"者出，代市舶提举盘验纳税。

……

明代对外贸易，公者"贡舶""市舶"，私者"商舶""寇舶"。市舶之事，以"官设牙行"与民贸易。其时广东牙行独盛，广、泉、徽等商皆争趋若鹜。此种牙行之性质，初不过为官所设，任"与民贸易"之责，以系官设故，乃称"官牙"；而行商因而称为"官商"。以商人多自外省来集故，亦称"客店"。客店有"纲"有"纪"，为嘉靖年间所设，广东有三十六行者出，主持外舶贸易，市舶提举悉十取一，安坐而得，无簿书刑杖之劳。是为十三行之权舆。❶

---

❶ 梁嘉彬：《广东十三行考》，广东人民出版社 1999 年版，第 23-24、45 页。

自海道副使汪柏于嘉靖三十五年（1556 年）立"客纲""客纪"及嘉靖三十六年（1557 年）允许葡人入居澳门进行海外贸易后，澳门的对外商业贸易逐渐繁荣兴旺起来。每年春夏期间是外国商船进驻澳门的时间，起初只有两三艘，而后来增加到二十几艘，甚至翻倍增加。随着广州专门从事对外商业贸易的商人越来越多，商人组织越来越严密，商人组织的权利也逐渐扩充，多数有政府为其撑腰，甚至一些官员提供一部分资金支持。没到开市的时候，一群群的商人来到澳门承买洋货，获利丰厚自不用多说。直至后来有三十六行出现，更甚至由其代替市舶司主持对外贸易，收缴贸易税。据明朝万历时期周玄暐❶著《泾林续记》记载：

　　……粤中惟广州府各县悉富庶，次则潮州，又次则肇庆，琼州虽称安富，而路遥阻海，其他府县，皆无足数者。广属香山（澳门）为海舶出入襟喉，每一舶至，常持万金，并海外珍异诸物，多有至数万者。先报本县，申达藩司，令舶提举同县官盘验，各有长例。而额外隐漏，所得不赀，其报官纳税者，不过十之二三而已。继而三十六行领银，提举悉十而取一，盖安坐而得，无簿书刑杖之劳，然尤不若盐课提举……❷

明朝时期出现的三十六行，是由我国传统的牙行制度转化而来，是专门承揽对外商业贸易的商业组织团体。明朝中期以后，随着海外贸易的不断发展，国内专营海外商业贸易的牙行也随之发展起来。三十六行的行商与明朝时期的其他牙行一样，必须由官府"准选有抵业人户充应，官给印信文簿"；由他们代

---

　　❶　周玄暐，为万历丙戌进士，为香山电白知县，《泾林续记》大约在 1600 年所著。

　　❷　（明）周玄暐：《泾林续记》，商务印书馆 1939 年版，第 178 页。

替市舶司长官提举主持海外贸易，可以说三十六行是当时在澳门官府控制下从事对外贸易的官商。清代十三行的设置也是沿袭了三十六行的设置。梁廷枬的《粤海关志》卷二十五《行商》中记载："国朝（清朝）设关之初……至则劳以牛酒令，牙行主之，沿明之习，命约十三行。船长曰大班，次曰二班，得停居十三行，余悉守舶，仍明代怀远驿旁建屋居番人制也……"❶ 据《澳门记略·官守篇》所述："国朝康熙二十四年设粤海关监督……岁以二十柁为率，至则劳以牛酒，牙行主之，曰十三行……"❷ 清代设立十三行经营对外贸易，主要原因就是由于"沿明之习"。吴仁安《明代广东三十六行初探》，认为广东三十六行取名沿用了明代的民间习俗，即对各行各业的习俗称呼，而实际上广东三十六行当时主要有十三家，明末人们也称其为十三行，清代因"沿明之习"之故，而索性把经营对外贸易的洋行统称为十三行。梁嘉彬先生也认为广东三十六行是清代十三行的前身。经营对外贸易的专业机构由明朝产生。

三十六行在保持原有牙行业务的同时，为应对澳门当时的对外贸易发展模式，在经营范围上有了新的发展。

（1）接受外商的大宗订货，按照约定代为加工制作符合外商（主要是葡商）要求的花样、款式等的瓷器、丝绸布料等。

（2）代理外商在内地购置大批量的货物，及时确保外商季风时节取货时的数量和质量。

（3）在广东交易会开办时，承担外商从澳门到广东的人员货物的往返运输，以及在夜晚时分承担外商在船舶上的食宿

---

❶ （清）梁廷枬等撰：《粤海关志》卷二十五《行商》，文海出版社1975年版，第1124页。

❷ （清）印光任、张汝霖：《澳门记略》上卷，《官守篇》，国家图书馆出版社2010年版，第71页。

问题。

（4）在广东交易会关闭时期，负责将大宗货品、生活用品运抵至澳门销售给外商。

五、牙行制度设立的意义

牙人、牙行制度的设立在明代具有非常重要的意义。牙人、牙行在商业贸易中产生了积极的影响。

首先，其积极影响体现在商业活动本身。牙人、牙行对于商品交换、商业活动的开展具有深刻意义。在明朝，特别是明朝中后期，牙人是商品经济活动中不可或缺的环节，可以说他们参与了当时绝大多数的商品交换。牙人、牙行有效地沟通了买方和卖方，促进商品信息顺利交流，加速了商品流通。当时的信息传播手段是比较匮乏的，卖方与买方往往彼此之间有嫌隙和防备，给交易带来了一定困难。对于外地商人来说，此种交易风险更为突出。生产者的商品出售、寻找好的卖方都是影响交易的重要环节，牙人、牙行正好迎合了买卖双方的需求。对于卖方来说，若有产品出售，第一个选择去通知牙人、牙行，告诉他们卖方所要出售的商品性质等信息。买方要是通过牙行将自己要寻求的商品告诉牙人、牙行，牙人就很快将所聚集的商品信息汇集起来，为买卖双方说合，令双方都找到合适的合作伙伴。牙人熟知货源的情况，可以迅速按照商人的要求报备商品，小生产者、农民可以随时将货物出售给牙行，牙人、牙行的存在最大程度减少商品滞留在生产者和商人手中的时间，使得商品投入市场的时间极大缩短，尽快促成了商品流通价值的体现。

牙人、牙行可以评定商品质量、调节价格，使买卖双方都有利可图，使交易顺利完成。评定物价一直是牙人、牙行的法定职能。在交易时，买卖双方一般并不直接商议价格，而是由牙人、牙行根据各种专业分析首先提出一个价格，如果这个价格双方满意，交易即可成功。若不满意，两方再向牙人、牙行提出看法，牙人、牙行再从中斡旋，直到双方满意，力争利益双赢。官府力求由牙人掌控价格，其出发点是维护商品贸易的正常、快速运行，减少争端，保障社会稳定。明朝时期在农村的集市上也设立牙行，以平物价，从而得到"贸易平而争者鲜少矣"的良好交易环境。在商品交易过程中，牙人、牙行可以及时地沟通客商、货物、市场信息，产生一个合理的价格，这样促进交易时间的简短化，与此同时，加速了商品流通的进程、更快地增加商品利润、促进市场繁荣。这一特性对于时效性商品的意义更为重大，如桑叶、水果、蔬菜等，由于对时间要求的紧迫，牙人、牙行的存在对此的价值体现更为明显。牙行也是商品流通交易发达的表现，商品交易越频繁、市场越繁荣，牙人、牙行所起到的作用就更加突出。

其次，对于商人的意义更明显。牙行是集客栈、仓库、居间为一体的中介机构，可以为客商提供非常周到的服务，满足商人的不同需求。可以减少商人受骗，维护商人的合法利益等。牙人、牙行在中介买卖中都有充当保证人的作用，对于商人来说，特别是"预买"时，就是指在商品上市之前，商人预先付款给牙人、牙行，等生产出来后再提货，比如像大批陶器、瓷器的定做，外国商人很多都是采用预买的方式进行的，外商没有机会在内地一直看守制造商生产，为防止卖方携款潜逃不付货物，牙人、牙行在此时就显得尤为重要，因为牙人、牙行是有充分的资金保障和信用的，可以充当为客商代为监督、提货的角色。预买可以防止在市场运作中的一些不确定因素，比如价格突然暴涨，预买的作用就是防止此风险的方式，牙人、牙行在此时的作用就是防止卖方违约、哄抬价格，减少主顾客商的损失。在代客买卖时可以减少客商因为不熟悉产品、行情、流程等因素所产生的很多潜在风险，如保证质量、货款及时支付，或是代客索要尾款等交易所产生的后续问题等。可以说，牙人、牙行对于买卖双方来说是方便有利的。

最后，牙人、牙行有效地连接了商人的相对方，即小生产者、农民等生产初级产品的人，使其有更多的机会参与到市场交换中来。在明中后期由于税制的改革，所有赋税都要折算成银两进行缴纳。农民不得不将自己的农产品、手工业品拿到市场上出售，以换取货币。对于更不熟悉市场、不善于贸易的农民和小生产者来说，将货物卖给牙人、牙行算是比较好的选择了。这样可以保证尽快出售产品，换取成色没有问题的货币。牙人、牙行所组织的商品交易，在交易时间和地点的选择方面也是有利于农民和小生产者的。牙人、牙行一般是在距离农村等地比较近且交通比较方便的地方进行大批量的收购，这样减少了他们的运输成本。另外，牙人、牙行向他们提供的商品信息正是他们的地点所不能及时从外界接收的、最新的市场需求信息，这可以让小生产者、农民生产和种植出符合市场需求的产品来。

可以说，作为中介商的牙人、牙行是市场贸易中有效地连接卖方与买方、商人与生产者的不可或缺的市场贸易的重要一环。牙人、牙行的角色既可以是中介，有的时候也可以充当商人的角色，所以他们就像专门为市场、为贸易而生的媒介，可以使市场的各个环节互通有无，促进信息交流和商品交换。在明代商品经济进一步发展的时期，牙人、牙行制度的不断发展，无疑是市场交易顺利进行的有效保障。

小　结

中国古代贸易法律制度到明代发生了很大的变化，明代的对外贸易法制是古代贸易法制的转折时期，经唐、宋、元发展成熟的市舶制度，在明代开始走向衰退，而以督饷馆外贸管理体系、广州澳门海外贸易管理法律体系取而代之成为明代对外贸易制度的一大特色。明代对外贸易的法制发展以地域不同而法律机制不同为特色，不再像元代那样具有一体化特征，而是各种地方外贸法律制度不均衡发展，地方特色浓厚。明朝初期至隆庆时期，明朝实行严格的海禁制度，长达两百年的海禁，极大限制了私人海上贸易的发展，干扰沿海地区人民的生活，更丧失了国家扩大对外交往的机遇，使得明政府的经济、财政陷入危机，更影响了明代对外贸易法制的发展和完善。明穆宗时期为了缓解财政危机、广开税源，海禁政策被废除，开始准许民间海外贸易。自海禁打开，明朝的对外贸易蒸蒸日上，特别是私人海上贸易合法化后，私人贸易的发展为明代对外贸易法制的完善提供了新契机，对外贸易法律制度也逐渐开始完善，并形成了自己的特色。明代对外贸易法制包括了海禁时期的朝贡贸易制度，以及中后期开海禁后的私人海上贸易管理制度，如福建泉州督饷馆制度的创立，以及广州澳门海上贸易管理制度的建立，这些都成为明代对外贸易法制不同于前代的重要内容。

早在汉朝开始时，中央就已经设置对外贸易管理的机构，除管理权集中的必要措施外，也是与地方政府分配对外贸易的利益的措施，更能防止地方贪腐。明朝时期不同的中央机构从不同层面参与对外贸易的管理。明朝时期商业贸易的进行，一般是以设立官牙的形式进行。牙行本是从事居间业务的商人，牙行制度在明代中后期更趋完善和成熟，明代规定凡有牙行的地方交易必须经过牙行才为合法。明政府通过法律规定牙行的资格准入、行为模式、经营范围等方式管理牙行及通过牙行进行贸易的商旅。根据明代的法律规定，"凡城市乡村诸色牙行及船埠头，并选有抵业人户充应，官给印信文簿，附写客商船户住贯、名、路引字号、货物数目，每月赴官查照，私充者，杖六十，所得牙钱入官，官牙埠头容隐者，笞五十，革去"。即若要经营牙行、埠头必须符合"选有抵业人户充应"的条款，经过官府的审查，条件合格者才可以充当牙行，而且还要履行政府规定的义务，比如要登记来往客商的详细信息、货物明细等。对于牙行违法违例的行为，法律也坚决予以严惩。牙行制度在明朝则呈现出更大的特色，除了要遵守明朝关于牙行的一般规定，也要遵守广东地区的地方性法规，比如在广东的牙行逐渐形成了专以经营对外贸易为业的洋行，当时称为三十六行。明朝时期出现的三十六行，是由我国传统的牙行制度转化而来，专门承揽对外商业贸易的商业组织团体。明朝中期以后，随着海外贸易的不断发展，国内专营海外商业贸易的牙行也随之发展起来。三十六行的行商们与明朝时期的其他牙行一样，必须由官府"准选有抵业人户充应，官给印信文簿"；由他们代替市舶司长官提举主持海外贸易，可以说三十六行是当时在广东由官府控制下从事对外贸易的牙商。明朝时期对外贸易管理形成了从中央到地方的官方管理体系，更有半官半商的社会中介机构牙行作为媒介，是明朝对外贸易管理与其他朝代不同的特征。

第三章

以"市"为中心的
中外货物交易管理体制

    自汉朝开始，各朝代就建立了以市、关市为中心的中外货物交易制度，即将对外贸易的买卖双方限制在固定的场所进行交易，以方便朝廷对交易集中管理。许慎《说文解字》解释："市，买卖所之也。"❶ 明朝沿海地区的航海贸易也是非常的繁荣，福建、浙江、广州是当时海上贸易中非常繁荣的中外贸易集市所在地，各国的商人纷纷自海道而来，携带珍奇与明朝人贸易。而市一般是指设立在对外贸易港口附近的固定市集，属于国际贸易市场。明朝对外贸易法制中的中外货物交易制度，是"市"为中心而展开的。明代建有一套较为完整、系统、严格的市场管理制度。《明史·食货志》在言及关税时说："关市之征，宋元颇烦杂，明初务简约，其后增置渐多。行赍居鬻，所过所止各有税。"❷

    明朝建立后，经过几十年的休养生息，社会经济得到稳定发展，到中期后，商业活动频繁，农业、经济、商业等都得到

---

    ❶ （东汉）许慎原、汤可敬撰：《说文解字今释》，岳麓书社 1997 年版，第 715 页。

    ❷ （清）张廷玉等撰：《明史》卷八十一《食货志五·市舶》，中华书局 1974 年版，第 1980 页。

长足发展。随着明政府开放海禁，对外贸易市场不仅规模大、国际货物交易品种多，而且明朝逐步制定了一系列政策措施，加强对市场的管理，加之市场本身在商品交易的实践中，也形成一套贸易双方必须遵守的规则，形成了一套比较完备的市场管理制度。

明朝市场管理机构很多，城市的市场由兵马司兼管。明太祖下令在外府州各兵马司也"一体兼领市司"❶。农村集市、城市集市的设立，集期的调整，集市的分管等，都须由当地官府管理。在明朝，官牙和私牙也参与市集管理，具体内容详见第二章。明朝时期对于对外贸易市场管理更是形成了专业的牙行作为中介管理，牙人、牙行活跃于城乡之间，市场参与人离不开这样的机构，因此明朝虽想取缔垄断市场却不可行，史载，"诸市皆官为校勘斛斗秤，又有牙役以分之，集头以总之。山市则县体亲往治焉"❷；"市之在乡者，恒有集头，以把持其中"❸。明朝关于市场管理的项目很多，主要包括：（1）度量衡管理制度；（2）物价管理制度；（3）商品质量管理制度；（4）货币规范制度；（5）对牙行的限制；（6）城乡市集管理制度；（7）商人、商店自定的经营管理制度；（8）交易税的征收等内容。本章从对外贸易市场管理部分，主要从对外贸易市集管理和商人自定的经营制度，以及违反市场管理为视角三方面阐述。

---

❶ 《明太祖实录》卷三十七。
❷ 万历《安丘县志》卷五《建置考》"街市"。
❸ 乾隆《夏津县志》卷二《建置志》"镇集"。

第一节 明代对外贸易市集的设置与管理

中外货物在缴纳相关税款后，需要到固定的市集进行交易。明朝关于市集管理的法律规定是非常严格的，有固定的地点、固定的时间等规定，市集是各地进行商品交易的主要场所。明代有代表性的对外贸易市集集中在港口，比如开放海禁的福建月港——出口贸易港，以及广东的广州和澳门——入口贸易港。

一、月港的开放与对外贸易管理

（一）月港开禁

明朝同意一定程度上开放海禁，主要原因仍然是经济问题，长期的海禁耗资过大，最终也未能禁止私人海上贸易，甚至引发海盗性质的贸易，使得倭患严重。明朝选择月港为出海港，不是随意设置。福建本身就是沿海集市，当地民众本就依海为生，"闽人滨海而居，非往来海中则不得食，自通番禁严，而附近海洋鱼贩一切不通，故民贫而盗愈起、宜稍宽其法"❶。因此海禁却出现"纵弗禁则法废，禁严则奸民失利而倖乱，往往导贼入，或且攘臂群起以张贼势，最号难治"❷。据统计，仅嘉靖时期上万倭寇中，福建人占比50%以上。福建巡抚陈子贞的奏疏可见一斑，"一旦禁之，则利源阻塞，生计萧条，情困计穷，

---

❶ 《明世宗实录》，卷五百三十八。

❷ 徐阶：《福建按察司副使卜君大同墓志铭》，载（明）焦竑撰：《国朝献征录》卷九十。

势必啸聚。况压冬者不得问，日切故乡之思；佣贩者不得去，徒兴望洋之悲。万一乘风揭竿，扬帆海外，无从追捕，死党一成，勾连入寇，空子所谓谋动干戈不在颛臾也"❶。因此，明朝当时的官员特别是福建官府多数主张开海禁，请求朝廷准许私人对外贸易，商人申请路引缴纳相关税收后进行海外贸易。而且开海贸易，还可以取得税收等利益，利大于弊，正所谓"得海上之税，以济海上年例之用，则一举两得，战守有赖，公私不困"❷。最终明朝同意开海禁，选择月港作为对外贸易港口，月港位于漳州南部，因地处偏僻，政府管理鞭长莫及，导致明朝时期月港海上走私贸易非常猖獗，广东的澳门、福建从事走私贸易的商人为了规避抽税，都从月港出海。朱纨出任福建巡抚的时候就采取高压手段严禁走私，但是效果甚微。明朝选择月港作为对外贸易港口，设官建集：于嘉靖三十年（1551年），在月港设置靖海馆，巡查海防管理对外贸易；嘉靖四十二年（1563年），更名为海防馆，设立海防同知一职。海禁效果不甚如意后，明朝因势利导，在福建海澄设县，并于隆庆元年（1567年）开放海禁，准许私人下海贸易。月港一经开放，私人对外贸易迅速蓬勃发展，月港成为中外货物进出口的主要集散地。《东西洋考》中描述，"我穆庙（隆庆帝）时，除贩夷之律，于是五方之贾，熙熙水国，船舶，分布东西路。其捆载珍奇，故异物不足述，而所贸金钱，岁无虑数千万。公私并赖，其殆天子之南库也"❸。可见月港当时在对外贸易中的重要地位。

---

❶ 《明神宗实录》，卷二百六十二。

❷ 唐枢：《复胡梅林论处王直》，载（明）陈子龙等选辑：《明经世文编》卷二十七。

❸ （明）张燮撰，谢方点校：《东西洋考·周起元序》，中华书局1981年版，第17页。

(二)月港对外贸易管理事例——督饷馆模式

明代中后期随着海禁的开放,福建在漳州月港建立了专门管理国内海商的机构——督饷馆,并制定了一套详细、严密的法律规则以规制对外贸易,市舶制度在福建基本没有了用武之地,逐渐衰落而最终消失。督饷馆的前身为海防馆,起初由漳州府的海防同知主持海防馆的工作,负责管理当地的海外贸易等相关事宜,直到万历二十一年(1593年)海防馆更名为督饷馆。更名后由福建选调官员专任督饷馆的管理工作,一般是由漳州府的清军同知、海防同知、督捕通判、督粮通判、推官五人轮流主持督饷馆工作,每一任期一年。除此外,督饷馆还配备饷吏二人、书手四人作为常务工作人员。督饷馆对外贸易管理制度包括商船进出港程序、航行运输禁令、税收征管三方面内容。

第一,引票制度——商船进出港程序。出港船只应当遵循下列规定:一是在有声望、资金富足的邻里担保之下,向督饷馆申请出海许可证书——船引。明朝时期,从事对外贸易必须先领取引票,就是出口贸易许可证。引票上要详细记载对外贸易商人的姓名、户籍、住址、相貌、年龄、商船等基本信息,预计出行线路,所要去往贸易的国家,回国期限,货品名称等信息。上述信息须经督饷馆审核,特别要审核记录人员信息、货品种类等内容,根据引票记载缴纳引票税,将船引即登记好的清单文簿一并发给海商,方可出行。二是起航时,海商携带上述文件,经厦门督饷馆公馆再次检查、核验,盖章放行。三是在航行途中,还要接受金门、东山两岛屿巡查哨兵的盘验,之后才可安心出海贸易。商船进港程序应当遵循:首先,返航时要按照官方事先指定好的航线进港，途中要有巡检司的兵船护航，以防走私、走漏货物；其次，沿途各个巡缉海上的官员都要严防私船接近回港商船，特别是厦门的督饷馆公馆；再次，待船入港后，等待岸上的官员立即封钉货舱，检查船上人员及船引、文簿；最后，督饷馆的官员打开启封货仓，清点货物，清点后，开具缴税票据，待商人缴纳税收之后，才允许将货物搬下商船，听凭贸易。

第二，关于航运禁令。明万历年间制定了《禁下海通番律例》，严令航海贸易的商民不得违背。其主要内容如下：

一、凡沿海军民私往倭国贸易，将中国违禁之物，馈献倭王及头目人等，为首比照谋叛律斩，乃枭首，为从者俱发烟瘴地面充军。

二、凡奸民希图重利，伙同私造海船，将丝绢等项货物，擅自下海，船头上假冒势官牌额，前往倭国贸易者，哨首巡获，船货尽行入关，为首者用一百斤枷号二个月。发烟瘴地面充军。为从者枷号一个月，俱发边卫充军。其造船工匠枷号一个月，所得工钱坐赃罪论。

三、凡势豪之家出本办货，附奸民下海，身不行，坐家分利者，亦发边卫充军，货尽入官。

四、凡关津港口巡哨官兵不行盘诘，纵奸民通贩倭国者，名以受财枉法从重究治。

五、凡福建、浙江海船装运货物往来，俱着沙埕地方更换，如有违者，船货尽行入官，比照越渡沿边关塞律问罪。其普陀进香入船，俱要在本籍告引照身，关津验明，方可放行，违者以私渡关津论。巡哨官兵不严行盘诘者，各与问罪。

六、凡歇家窝顿奸商货物装运下海者，比照盗窃主问罪，

乃枷号二个月，邻里知情与牙埠通同不行举者，各问罪，枷号一个月发落。❶

　　该项禁令主要是针对商民去日本贸易，其目的为严厉打击海上的倭寇行为，保护海防安全。

　　第三，关税的征收办法。督饷馆制度体制下实行饷银制，不再实行抽分制。对于出海商船征收的税收主要分为四类，引税❷、陆饷、水饷、加增饷。"凡船出海，纪籍姓名，官给批引，有货税货，无货税船，不许为寇。其征税之规，有水饷、陆饷、加增饷。"❸ 引税是商人出海前到督饷馆申请船引的时候，缴纳的税银。"商引俱海防官管给，每引征税有差，名为引税。"❹ 每个时期引税的税率不同，万历三年（1575 年）时期，到东西洋的每一引税为白银三两，鸡笼、淡水白银一两。之后也增加到东西洋白银六两，鸡笼、淡水每引二两。❺ 具体内容详见第四章。

二、广州的开放与对外贸易管理

（一）广州港的兴起和历史地位

　　明代中后期开放私人海上贸易后，广东成为当时海外贸易

---

❶ （明）王在晋撰：《海防纂要》，载《续修四库全书》第七百四十册史部。

❷ 根据税饷考的记载，除了水饷、陆饷、加增饷外，还有引税，参见（明）张燮撰，谢方点校：《东西洋考·税饷考》，中华书局 1981 年版，第 132 页。

❸ （明）张燮撰，谢方点校：《东西洋考·税饷考》，中华书局 1981 年版，第132 页。

❹ （明）张燮撰，谢方点校：《东西洋考·税饷考》，中华书局 1981 年版，第132 页。

❺ （明）张燮撰，谢方点校：《东西洋考·税饷考》，中华书局 1981 年版，第132 页。

最繁荣的地区，广东拥有很多的港口，开放给国外的商人贸易。广州也称"番禺"，因为番禺两座山而得名，是我国历史上资格最深的对外贸易港口，也是秦汉以来中国最大的港口和最早设置市舶司的管理对外贸易的港口。早在汉朝时期，岭南地区与海外各国的航船进行"交市"贸易，甚至罗马商人就从海上来与中国贸易，所谓"其国人行贾，往往至扶南、日南、交趾"描述的就是外国商船到岭南进行对外贸易，中外货物交易的地点就是在沿海港口的"市"进行。汉朝时诸"市"中最著名的是南海郡的番禺和交趾郡的龙编，《史记·货殖列传》中就提到番禺是全国九大都会之一，其"市"是对外贸易最繁荣的，此处"番禺"就是广州。可见广州在对外贸易史上的地位是非常重要的。

广州的对外贸易在唐朝的时候更为兴盛，据《新唐书·王綝传》载，"武后时，累迁广州都督。南海岁有昆仑舶，市外区琛琲"❶。《新唐书·王锷传》载，"迁岭南节度使。广人与蛮杂处，地征薄，多牟利于市，锷租其廛，榷所入与常赋埒，以为时进，衰其余悉自入"❷。可见唐朝时的广州港口的对外贸易的"市"已经是相当繁荣的。唐朝时期，对于"市场"的市场管理制度更加完备，比如在时间上《唐六典》记载"凡市，日中击鼓三百以会众，日入前七刻，击钲三百而散"；地点上唐前期规定"诸非州县之所不得置市"，后期则规定："中县户满三千以上，置市令一人、史二人，其不满三千户以上者，并不得置市官。若要路须置，旧来交易繁者，听依三千户法置"。其他还有关于度量衡、物价、货物质量、禁卖品上市等的规定，作为

---

❶ 《新唐书》卷四十一。
❷ 《新唐书》卷九十五。

对外贸易的货物也是在"市"中进行，要符合总的市场交易管理制度。广州被阿拉伯人称为"Khanfou"，是唐朝主要的对外贸易港口，据考，唐朝的市舶使就设立在广州。唐朝时期，就有很多外国商人定居在广州，与汉人通婚，唐政府将广州外国商人划定固定的区域进行居住管理，将外国人居住的地方称为"蕃坊"，唐朝蕃坊最繁荣的时候外国商人多达十几万人。"蛮声喧夜市，海色浸潮台""常闻岛夷俗，犀象满城邑"的诗句就是描写广州的繁荣景象。唐朝时期的广州就已经开辟了广州—南海—波斯湾的海上丝路航线，当时的广州港舶船 4000多艘，可谓"万舶争先""大舶参天"之景象。广州的对外贸易收入"抽分、禁榷"两项就相当于当地两税的收入，可见广州对外贸易对财政的作用。《旧唐书》记载："南海有蕃舶之利，珍货辐辏，旧帅作法兴利以致富，凡为南海者，靡不捆载以还。"❶

宋代基本继承了唐代的对外贸易管理制度。到了宋代对外贸易更加重要，宋政府更加依赖对外贸易的发展，解决其财政方面的问题，顾炎武"南渡后，经费困乏，一切倚办海舶"。开宝四年（971年），宋太祖在广州设立了第一个市舶司——广南路市舶司，其是历史上第一次设立专职的对外贸易管理机构。宋高宗指出："市舶之利最厚，若措置得宜，所得动辄以百万计。"《宋会要》记载"广州自祖宗以来兴置市舶，收课入倍于他路"。可见，宋朝关注对外贸易的发展，逐渐恢复广州的建制。宋朝时期，改变了历史上交广两州并立岭南的局面，广州一跃成为宋朝最大的对外贸易港口和交易中心。阿拉伯人伊本·白图泰所写游记如此记载："广州是世界大城市之一，市场

---

❶ 《旧唐书》第一百一十七卷。

优美，为世界各大城市所不能及。"元代时期广州港虽不及泉州，但也是元朝重要的对外贸易港口之一。

到了明朝，洪武七年（1368 年）在广州设置市舶司，并在广东西南地区建怀远驿，作为外国商人对外贸易的居住地。当时广州的税收基本全部依靠对外贸易，虽然明代很多官员主张海禁，关闭广东市舶司，但是由于财政和军费需要，一直不能真正在广州实施；虽然福建浙江市舶司几经罢黜而后重新设立，但是广州的对外贸易一直持续到明朝末年未曾动摇。到万历年间，广州就出现了官办的牙行，由市舶司管理的对外贸易中介机构，明代种类大概有十三种，称为广州三十六行，也有私牙从事对外贸易中间业务。一般情况下，在广州进行中外贸易的商船是不能直接驶入广州，而是停靠在固定的地点，大概是距离广州约 20 英里的岛上，葡萄牙当时就最终经过允许停靠在澳门港。但是澳门葡商与广州港其他商人的对外贸易管理仍旧有很大的差别，也就是明朝时期，对外贸易管理呈现因地制宜的特征。即在明中央政府统一管辖之下，在承认明政府主权的情况下，允许地方有一定的变通适用，这就成就了在广东地区对外贸易管理呈现广州与澳门二元体制的管理模式，各行其是，又互相联系。

（二）广州港对外贸易管理事例——广东贸易会

1. 广东贸易会的运行机制

（1）广东贸易会运行制度的形成。关于广东贸易会运作的具体情况，我们看以下史料。

葡萄牙商人已经养成了一年举行两次集市的习惯。一次是在 1 月，展销从印度来的船只所携来的货物，另一次是在 6 月末，销售从日本运来的商品。这些集市不再像从前那样在澳门或在岛上举行，而是在省城之内举行。由于官员的特别允许，葡萄牙人获准溯河而上至广东省壮丽的省会作两天旅行。在这里，他们必须晚间待在他们的船上，白天允许他们在省城的街上进行贸易……其次，当他（罗明坚）离澳门到省会去参加集市时，他在家里所做的工作就因缺乏替身而中断。这自然意味着对事业的巨大损失，因为两次长期的集市要花费差不多半年时间。❶

广州城每年9月至10月的集市（fiera o mercato）出售送往印度的商品，送往日本的商品是在4月至5月。这些商品主要是生丝（sete crude），每次航海可运送70000至80000里弗尔，每里弗尔相当于20盎司，被称为"catti"（斤）。被带到日本的数量极大的各种织物（quantia di drapperie de Verse）和大量的铅，价格如上所记，每100里弗尔为2至3斯格特。此外水银、铅丹（minio）的数量也同样很大，还运送质量不太好的麝香（musco in vesciche）。这一切都在日本被日本人所消费。葡萄牙人还将其他大量物品送往日本，例如杂货（droghe）和各种陶制器皿，尤其是大型器物。此外还常常运送黄金，黄金（交易）可获得70%~80%的利益，发生战争时还可以更多……当运往日本的货物送抵澳门后，每次航海按10%的比例支付给船长（capitão 加比丹）运费。因此，虽然船队一再面临危险，但船长只要花费20至25天时间将商品运送日本，可获得40000至50000斯格特的报酬，船长6月份从中国出发，翌年3月返回中国，所以有8个月的时间看不到此船。同年10月返航也时有发

---

❶ ［意］利玛窦，［比］金尼阁译：《利玛窦中国札记》，何高济、王遵仲、李申译，中华书局1983年版，第144页。

生。这是为了用前往日本之船运送在同月召开的前述广州集市上购入的、即将送往东印度的商品。

......

代表们被中国的船送往广州，他们可随意携带现金用以购物，但通常只带去价值250000乃至300000斯格特的现款，或者来自日本和印度的银锭。他们乘坐的船被称为龙头划（Iantee），与日本船（funee）一样摇橹前行（但橹比日本船大得多，酷似我们莱拉galera船，但比它更为轻快）。

代表们被允许白天上岸，观赏广州市容，交易商品，看货或决定价格，其他时间不准离船。决定价格被称为"给予一击"（dare la Pancada），每个人可以按比例价格购买自己想要的东西。但在上述被选为代表的商人决定价格前，任何人不准购物。在随后的夜晚，所有人返回兰特，进餐睡觉。❶

麦安东神父的信件记载，明政府在广东交易会设有固定的街区："葡萄牙人在划分成十至十二个区域中从事买卖，很少需要去陆地上买东西，这里可以找到一切，鸡买二十至三十铜钱一只，鸭子的价钱不一，有贵有贱。❷

明朝王临亨在《粤剑篇》中也记载了当时广州贸易会的情形："西洋古里（指葡属印度），其国乃西洋诸番之会。三四月间入中国市杂物，转市日本诸国以觅利，满载皆阿堵物（指钱，一般为白银）也。余驻省时，见有三舟至，舟各赍白银三十万

---

❶ 转引自［日］榎一雄：《榎一雄著作集》卷五《东西交涉史Ⅱ》，汲古书院1993年版，第190页。

❷ ［意］利玛窦：《利玛窦书信集》，刘俊余、罗渔译，光启出版社、辅仁大学出版社1986年版，第481页。

投税司纳税,听其入城与百姓贸易。❶

十六世纪末在澳门的旅行家卡勒其记录广州贸易会当时的运行方式,还有代表买卖等信息:"特许这位首领(葡人首领)在该年(大概1598年末至1599年初)备船前往日本,其他无此特权。船载本城居民发往那里的货物,这些货物都是一年分两次在举行交易会的广州市购买的。这些货物在9月、10月运往东印度的货物广州交易会或集市的时间来临时,我把我的现金交给了代表们。从澳门市民中选出4人、5人,任命他们以大家的名义去购货,以便货物价格不出现变化。代表们乘中国人的船被送到广州,携带着想花或可以动用的钱,一般是相当于25万至30万埃斯库多的雷阿尔❷或来自日本及印度的银锭。这些船名叫龙头船(Lantee),一类同日本的黑船,以桨航行。葡萄牙人不得离开这些船只。只有白天允许他们上岸行走,入广州城商讨价格,观看货物,商定价格。定价称作拍板。之后,可以这一价格购买各人欲购的货物,但在商人代表订立合同前,任何人不得采购。入夜后,所有人返回龙头船上进食休眠,一边购货,一边根据葡人的需要将其龙头船运至来自印度的大舶或澳门。❸

广东贸易会的开放和关闭,是明代管理澳门贸易的重大事件,在对广东贸易会的经营和管理下,明政府逐渐形成了一种

---

❶ (明)王临亨:《粤剑篇》卷三《志外夷》,载中国第一历史档案馆、澳门基金会、暨南大学古籍研究所合编:《明清时期澳门问题档案文献汇编》,人民出版社1999年版,第369页。

❷ 埃斯库多(Es cudo),葡萄牙的货币单位;雷阿尔(Real),葡萄牙、西班牙货币,一般用美洲白银铸造而成。

❸ [葡]卡勒其:《周游世界评说(1594—1606)》,转引自汤开建著:《委黎多〈报效始末疏〉笺证》,广东人民出版社2004年版,第75页。

常设性和制度性的贸易形式，促进了中外交流，增加了财政税收，同时也丰富了明代对外贸易管理法制的经验。广东贸易会基本是由明政府主导的政府行为，形成了一定的规则。首先，根据葡人季风贸易、海上贸易的特点，分别开展夏季和冬季两场贸易会，这是根据贸易事实指定了比较固定的而且可行的贸易时间。其次，葡人上省贸易的日常事务、程序严格地掌握在华人手中，比如必须乘坐华人的船只来省，这是对进省航线的控制，而且从另一个意义上讲，从事这种运载客货的生意留给了本地人来经营，无疑增加了华商的收入。再次，葡人只准白天上省贸易，晚上必须居住在龙头船上，这是便于中国官员管理葡人，更重要的是防止葡商与民众接触较多而滋生事端，防止民夷交往，有害风俗，这也是明政府对外夷堤防态度的重中之重，所谓"有害风化"。最后，葡人的交易被限定在固定的地点，以及上文中提到的"十至十二个区域"，其实就是霍与瑕所述的"濠畔街"和《日本一鉴》中的"卖麻街"❶，这也是便于管理，集中贸易之规定。同时也节省贸易双方的成本。明政府关于广东交易会的管理基本上采用的是固定时间、固定地点、固定入省程序的策略，不失为一种合理的贸易管理方式。

（2）广东贸易会促进对外贸易商品经济的发展。开展近半个世纪的广东贸易会，由于葡萄牙人的参与，大大促进了当时社会商品经济的发展，可以说是盛况空前。而且在这种模式的对外贸易中，明朝处于对外贸易的优势地位。明朝在广东贸易会中有大量的丝绸出口到欧洲，"帝国全境有大量的丝绸，多从

---

❶ "岁甲寅，弗朗机夷船来泊广东海上……同市广东卖麻街。"见（明）郑舜功：《日本一鉴》卷六《海市》，载中国第一历史档案馆、澳门基金会、暨南大学古籍研究所合编：《明清时期澳门问题档案文献汇编》，人民出版社1999年版，第152页。

广州城运往葡属印度，每年3000多公担（每公担59公斤），另外，运往日本的许多公担没算在内，还有通常开往吕宋群岛的15艘船所载及其他国家的人拿去的大量丝绸都未计算在内"。❶从丝绸的价格中我们可以窥见在广东交易（贸易）会中从事对外贸易的中国商人的获利情况，货品已经走俏的情形："在中国丝绸分为三类：一类叫南京（Nanquim），最上乘者；一类叫佛山（Fuh-sjan），也不错；第三类最差，名叫南航（Nankhang）。除了这些，也有其他的丝绸品种。未成线的叫生丝，还有单股丝和多股丝（sedatorcida），后者葡萄牙人称其为丝线（retrós）。每担（pico）南京素色生丝一般价值145至150八雷阿尔银元（reais-de-oito）或同值的塔勒雷斯（táleres）。每担佛山素色生丝价值140至145八雷阿尔银元。每担南航素色生丝价值70至80八雷阿尔银元。每担南京素色丝线或多股丝价值160至170八雷阿尔银元。每担佛山或四川素色或有色丝线或多股丝价值130至135八雷阿尔银元。每担广东（或广州，cantão）素色丝线或多股丝价值55至60八雷阿尔银元，其他色多股丝价值相同。每担广东彩色生丝价值55至60八雷阿尔银元。14尺（côvado）长的素色细绸，按照不同的年份，每百匹价值55至60八雷阿尔银元……"❷

由此可见，葡商为获取大量的中国丝绸，当然需要拿出大量的白银，正如《日本天正遣欧使节团》记载："葡萄牙人为了采购货物，每年运到那个叫作广州的城市的白银，就至少有四

---

❶ ［西］罗耀拉（MartinLgnáciodeLoyola）："自西班牙至中华帝国的旅程及风物简志"，陈用仪译，载澳门《文化杂志》编，《十六和十七世纪伊比利亚文学视野里的中国景观》，大象出版社2003年版，第141页。

❷ 转引自汤开建：《明中后期广州交易会始末考》，载《学术研究》2005年第五期。

百个塞斯特尔休，但一点儿白银也都没有从中国流出境外"❶。龙思泰在其著作中也记载："这种贸易甚至在从 1578 年开始，葡萄牙人载有 200 到 600 和 800 吨货物的船只驶入广州之后，还在继续。他们从欧洲带来毛织品，从印度运来琥珀、珊瑚、象牙、檀香、银子、香料等等，但最大宗的是胡椒。《葡属亚洲》一书断言，他们每年的出口达 5300 箱精制丝绸，每箱包括 100 匹丝绸、锦缎和 150 匹较轻的织物（卫匡国在他的《中国新地图集》中说有 1300 箱）；2200 锭或 2500 锭黄金，每锭重 10 两；还有 800 磅麝香；此外还有珍珠、宝石、糖、瓷器和各种小件物品"❷。

明朝的广东交易（贸易）会的开展，是商品经济发展的必然趋势，明政府似乎并没有看到重大商机背后的经济发展会给国家带来的更大效益，而是更关注蛮夷是否会危及明朝政权的发展，正统文化是否得到传承等。中国古代传统的重农抑商文化，加之宗教问题、传统习俗等，深深桎梏了商品经济的发展，因此不难理解明政府在面对澳门葡商由此带来的巨大的文化冲击的面前，采取了保守的政策，禁止澳门葡商进入广东贸易会。

2. 允许葡人上省参加广东贸易会

澳门葡商能够与代表王权的加比丹·莫尔讨价还价，签订利益均沾的商务契约，所依仗的并不仅是所谓的自治政体，也是由于澳门地理位置的特殊优越性所带给葡萄牙商人的天时地

---

❶ ［葡］孟三德（DuareedeSande）："日本天正遣欧使节团"，陈用仪译，载澳门《文化杂志》编，《十六和十七世纪伊比利亚文学视野里的中国景观》，大象出版社 2003 年，第 154 页。

❷ ［瑞典］龙思泰：《早期澳门史》，吴义雄、郭德炎、沈正邦译，东方出版社 1997 年，第 100 页。

利人和。具体而言，也就是葡萄牙商人与中国内地的丰富货源的亲密关系，使得葡商有最优越的机会获得物美价廉的商品，所以加比丹·莫尔必须妥协才可以从海外贸易的大蛋糕中分一杯羹。

身居澳门的葡商经过多年与中国人的交流交往，很熟悉中国商业状况和商业惯例，葡商可以非常容易地与中国商人交易。澳门葡商与中国商人交易是一个逐渐成熟的过程，其中广州贸易会的逐渐制度化，是明政府在逐渐探索管理澳门贸易方式成熟的标志。允许葡商参加广东贸易会也是深受澳门葡商欢迎且比较固定的购货渠道与方式，一般是由葡商组织派代表参加贸易会，代表们为所有葡商购置海外所需的各样商品。

针对葡商的广东贸易会制度也是经历了产生、发展、成熟的阶段，期间也受到了很多因素的影响，如海盗的影响而出现暂时关闭，但是总体上葡商大多数时间可以获取在广东贸易的机会，因为广东相对于澳门来说，物资、物价都更加有利可图。广东贸易会的形成和发展大致经历了"开放—关闭—再次开放—最终关闭"的过程，其过程比较复杂，而且具有非常深刻的历史、政治、经济等原因。广东贸易会的开放和关闭也是中葡关系好坏的晴雨表，也影响着葡商的经济利益。关于广东交易会的进程我们看下面的史实和资料。

葡人起初来到中国就看准了广东优越的市场地位，一直想尽办法与中国贸易，更想进入明朝的朝贡贸易体系，但始终没有如愿。但这无意中开启了明朝与朝贡贸易媲美的民间贸易形式，也算是明朝经济贸易制度的一大改良和发展。中葡在正德十六年（1521 年）时爆发了屯门之战，明政府一直坚决断绝与葡萄牙的官方贸易，这种断绝合法通商贸易的政策一直持续到

1554 年末至 1555 年初（嘉靖三十二年与汪柏议和的时间），之前葡萄牙人不得不退而求其次，在上川、浪白等地与华人私下贸易，但是进入广州城是明政府明令禁止的。正如 1552 年沙勿略所述：

> 上川港距广州三十里路，许多商人从广州赶来此地与葡萄牙人交易。葡萄牙人不断与他们打交道，看看是否有人愿意带我去广州城。众人一致拒绝，他们说若广东督臣得知带我入城，他们的性命及财物将遭受极大的危险。因此，不管我开多大的价，他们也不敢让我随他们的船去广州城。❶

到 1554 年年末至 1555 年年初，索札与广东海道副使汪柏签订和解协议后，葡商获地方汪柏的许可可以进省贸易，于 1555 年 1 月份参加了冬季广东交易会，大批葡商购置了他们远洋贸易的货物，满载货物、满载喜悦而归。荷兰殖民档案馆藏《葡萄牙 17 世纪文献》记载："1555 年，（葡萄牙人）被获准前往参加广州的交易会进行贸易和纳税。"❷

索札说："于是，在华商务出现了和局，众人得以高枕无忧做生意，赚大钱。许多葡萄牙人前往广州及其他地方行商。"❸

耶稣会士佛罗伊斯在 1555 年 12 月份的信中称："去年，当我们获悉葡萄牙人得允进入广东后，罗尼士·巴瑞托神父显得

---

❶ 汤开建著：《委黎多〈报效始末疏〉笺证》，广东人民出版社 2004 年版，第 68 页。

❷ 金国平编译：《西方澳门史料选萃（15—16 世纪）》，广东人民出版社 2005 版，第 273 页。

❸ 金国平：《中葡关系史地考证》，澳门基金会 2000 年版，第 40 页。

非常感动。"❶

克鲁士在《中国志》中也记载:"因为自 1554 年以来,莱昂尼·德·苏萨婚于察兀尔任少校,和中国人订立条约说我们要向他们纳税,他们则让我们在他们港口贸易。从此后我们便在中国第一港口广东作贸易。中国人带着丝绸和麝香上那儿去,这是葡人在中国购买的主要货物。"❷

刚刚参加广东交易会大约 5 年的时间,葡萄牙人在广东交易会方面又遇到了困境,可谓好景不长。嘉靖三十八年(1559年),由于广东海面海盗抢掠案件经常发生,使得明政府采取了非常严格的禁海政策。

嘉靖《广东通志》记载:"洪武初,令番商止集舶所,不许入城,通番者有严禁,正德中始有夷人始筑室于湾澳者,以便交易,每房一间,更替价至数百金。三十五年,海道副使汪柏乃立客纲、客纪,以广人及徽、泉等商为之。三十八年,海寇犯潮,始禁番商及夷人毋得入广州城……"❸

郑舜功《日本一鉴》也记载:"嘉靖己未(三十八年),巡按广东监察御史潘季训禁止佛郎机登陆至省,惟容海市。"❹

---

❶ 张信增:《明季东南中国的海上活动》,台北东吴大学 1988 年版,第 248页。

❷ [英] C. R. 博克舍编注:《十六世纪中国南部行记》,何高济译,中华书局 1990 年版,第 131 页。

❸ (明)黄佐撰:(嘉靖)《广东通志》,卷六十八《外志》五,载中国第一历史档案馆、澳门基金会、暨南大学古籍研究所合编:《明清时期澳门问题档案文献汇编》,人民出版社 1999 年版,第 179 页。

❹ (明)郑舜功:《日本一鉴》卷六《海市》,载中国第一历史档案馆、澳门基金会、暨南大学古籍研究所合编:《明清时期澳门问题档案文献汇编》,人民出版社 1999 年版,第 152 页。

由于嘉靖三十八年（1559 年）广东地方遭到海盗的严重骚扰，为了完全禁止海盗，明朝政府实行严厉的海禁政策，下令禁止葡萄牙所有商人去广州贸易。这一次的禁令一直维持了很久，具体什么时间解除禁令待考。葡萄牙人一直努力与广东政府协商，希望早日重开广东贸易会。最早的重开记录约在隆庆末年（1571—1572 年），记载葡萄牙商人又活跃在广东交易会了。正如马托斯在其文章中所述："1571 年或 1572 年，当葡萄牙人前往广州参加交易会时，官员按照惯例，身着红袍，出大门来收葡萄牙人的税金。"❶ 所以，从 1571 年前后，葡商又可以在广东贸易购货了。

罗明坚于万历八年（1580 年）的一封信中有如此的表述："治理广东的官吏们准许住在澳门的全体居民，不论住在何区，不论任何身份，不论何天皆可去广州经商，不必要求特别许可，什么时候离开任便，但为避免拥挤，产生混乱，每条船只准乘坐五位葡萄牙人。这样的新措施为他们葡人太方便了，从此可以更方便、更自由地和中国人交易了；因为以往一年只准一次前往经商。"❷

同时期的中国人霍与瑕有类似的记录："近日闽浙有倭寇之忧，海防峻密，凡番夷市易皆趋广州，番船到岸，非经抽分，不得发卖。而抽分经巡抚海道行移委官，动逾两月，番人若必俟抽分乃得易货，则饿死久矣。故令严则激变之祸生，令宽则接济之奸长。进来多失之宽，恐侮敌玩寇，闽浙之祸将中于广

<hr>

❶ 金国平：《中葡关系史地考证》，澳门基金会 2000 年版，第 128-132 页。

❷ ［意］利玛窦：《利玛窦书信集》，刘俊余、罗渔译，光启出版社、辅仁大学出版社 1986 年版，第 425 页。

州也。广州隔海不五里而近乡名游鱼洲，其民专驾多橹船只，接济番货。每番船一到，则通同濠畔街外富商搬瓷器、丝绵、私钱、火药违禁等物，满载而去，满载而还……番夷市易将毕，每于沿海大掠童男童女而去。"❶

　　上述记载表明在重开广东贸易会之后，葡人仅被允许每年一次上省贸易，随着贸易的发展，从 1580 年（万历八年）开始，广东贸易会向葡人开放，每年两次。龙思泰所著《早期澳门史》记载："……，开始时市场每年开放一次，但从 1580 年起，根据两次不同的季候风，每年开放两次。贸易的经理人，从 1 月份起采购运往印度和其他地方的货物，从 6 月份起采购运往日本的货物。每年两个月，三个月，有时是四个月。"❷ 利玛窦在其给罗马教会总会长的信中称："我相信他们也会写信给您报告，这次旅行需三个月，希望能在那些地方建立新会院，每年两次在广州举行商展，借此商展让麦（安东）神父一块前来比较安全。我们已致书印度，要省会长范礼安神父派助手前来，因为我们有很多计划，要为其他地方的民众服务。"❸

　　自广东贸易会重新开放之后一直到 1631 年，广州贸易会一直是一种常设性、制度化的贸易会，为中葡交易提供了非常便利的环境。但其间也出现过短暂关闭的情形。如 1606 年郭居静

<hr />

❶ （明）霍与瑕：《霍勉斋集》之《上潘大巡广州事宜》，载中国第一历史档案馆、澳门基金会、暨南大学古籍研究所合编：《明清时期澳门问题档案文献汇编》，人民出版社 1999 年版，第 290 页。

❷ ［瑞典］龙思泰：《早期澳门史》，吴义雄、郭德焱、沈正邦译，东方出版社 1997 年版，第 108 页。

❸ ［意］利玛窦：《利玛窦书信集》，刘俊余、罗渔译，光启出版社、辅仁大学出版社 1986 年版，第 69 页。

事件❶的发生，导致了广东贸易会的暂时关闭。

天启年末，葡萄牙人在澳门的规模日渐强大，修筑了很多军事防御工事，使得明政府对澳门葡人的态度比较紧张，怀疑葡人有扩张领土之野心，朝廷中对葡贸易的反对声音越来越多，加之明末地方势力争夺之影响，一些官员对上广贸易的葡商进行阻挠，葡萄牙商人逐渐开始选择委托中国商人为其代办贸易事宜，这些代理商多为福建人，也就是在文献中反映诸多的"闽揽"。"因为他们开始筑城等工事，中国人开始怀疑，担忧会像侵入马六甲一样侵入中国。后来葡萄牙人在广东的年集里被中国人和官吏虐待，遭到损失和困难，因而逐渐退出，由别人代理贸易。"❷ 在下文《盟水斋存牍》索引案件中，有很多涉及闽揽走私、漏税的，他们这种行为遭到广东地方官的强烈不满，广东地方政府在1631年完全关闭了正常意义上的广东贸易会。

尽管中国地方官一再规劝那些走私者（指葡萄牙代理商），因为他们既不交纳船钞，也不交纳进出口货税，许多葡萄牙船只还是在海岸徘徊，一旦有什么人被逮住，这些外国人就向省政府官员大声抱怨，遁词狡辩，说该政府无权惩治这些闯入者……这种纷扰争吵的局面，以1631年向葡萄牙关闭广州港口

---

❶ 1606年初，澳门传出流言说，耶稣会士勾结葡萄牙人、荷兰人和日本人，要杀在澳的中国人，然后用武力征服中国，并拥戴郭居静为皇帝。导致澳门得不到粮食，很快就出现严重的粮荒，并且关闭广东贸易会，澳葡当局急忙派出一个"最谦恭"的代表团，去向戴耀表白并无入侵之事。"郭居静事件"是明政府对澳政策的转折点。这一事件缘起于在澳修道士的钩心斗角。这一事件，造成两广地区的动乱，还使许多居民无家可归，引起了当地民众的强烈愤慨。

❷ ［瑞典］龙思泰：《早期澳门史》，吴义雄、郭德焱、沈正邦译，东方出版社1999年版，第107页。

而告结束。❶

澳葡当局一直也没有放弃申请重开贸易会的希望,一直从中周旋此事。直到 1637 年,比较隆重地派遣了由 6 名绅士组成的代表团,去与广东政府协商恢复贸易会事宜,但是得到的是来自中央政府的最后通牒,明朝中央政府在 1640 年正式宣布关闭对葡的广东交易会。

1637 年,从澳门派遣一个有六名绅士组成的代表团到广州,他们受命前来谈判恢复这里的贸易,但没有成功。广州的高级地方官员不胜烦扰,又不会接受他们的要求,便向皇帝上了一道奏折说:"澳门从前是个繁华之地,现在变成了一个独立王国,有很多炮台,以及为数众多、傲慢蛮横的人口。应该问清葡萄牙人需要多少大米酒水,并向他们供应,但让他们来广州互市是不合适的。"皇帝同意了这 -建议,他的最高命令于 1640 年 6 月 11 日发到澳门。❷

3. 针对中国商人下澳贸易的澳票制度

明政府除了允许澳门葡商上省进行贸易,还允许中国商人到澳门与葡人交易。对于下澳贸易的中国商人实行"澳票"制度。澳票类似于当时官方许可中国商人到澳门从事对外贸易的行政许可,只有获得澳票的商人,才有资格随着市舶司等验税官员来到澳门经营对外贸易,购买葡商从欧洲、日本等地进口

---

❶ [瑞典] 龙思泰:《早期澳门史》,吴义雄、郭德焱、沈正邦译,东方出版社 1999 年版,第 101 页。

❷ [瑞典] 龙思泰:《早期澳门史》,吴义雄、郭德焱、沈正邦译,东方出版社 1999 年版,第 101 页。

的货物，并销售中国的货物，当然也负责葡商的商品购销和定做。这些下澳的商人需要缴纳明政府规定的商税，以及遵守澳门其他行政管理方面的规定。当时除下澳经营对外贸易的商人外，还有下澳经营米面等生活用品的商人，这是明政府供应澳葡日常生活的贸易管理方式。下澳的商人是在规定的时间和地点来到澳门与葡商贸易的。关于澳票的史料记载并不多，具体制度的实施情况不能详细呈现出来，但可以从以下的史料中得到一些简单的关于商人下澳以及澳票的记载。嘉靖末年霍与瑕写道：

> 大约番船每岁乘南风而来，七八月到澳，此其常也。当道诚能于五月间，先委定广州廉能官员，遇夷船一到，即刻赴澳抽分，不许时刻违限，务使番船到港，不俟申复都台而抽分之官已定；番货在船，未及交通私贩而抽分之事已完，所谓迅雷不及掩耳。此当预者一也。于六月间，先责令广州府出告示，召告给澳票商人。——先行给与，候抽分官下澳，各商亲身同往，毋得留难，以设该房贿穿。此当预者二也。❶

由于此时不允许葡商上省贸易，参加广东交易会，针对葡商的贸易要求，广东政府委派廉洁的官员到澳门抽盘。并责令广州府告知华商下澳贸易，给发澳票，与收税的官员一起到澳门与葡商贸易。华商下澳是由于当时广东沿海海盗之事以及明朝中央一直对澳门的开放和贸易有着不同的呼声，即海禁派和开海派，双方声音此起彼伏。隆庆三年（1569 年）十月辛酉，

---

❶ （明）霍与瑕：《霍勉斋集》卷十二《书》，载，中国第一历史档案馆、澳门基金会、暨南大学古籍研究所合编：《明清时期澳门问题档案文献汇编》（五），人民出版社 1999 年版，第 290 页。

工科给事中陈吾德上疏，对澳门提出"禁私番"一事称："满剌加等国番商素号犷悍，往因饵其微利，遂开濠镜诸澳以处之。致趋者如市，民夷杂居祸起不测，今即不能禁绝，莫若禁民毋私通，又严饬保甲之法以稽之，遇抽税时，第令交于澳上，毋令得至省城，违者坐以法。"❶ 该提议获明政府批准实行，也说明澳门当时的对外贸易政策深受明朝中央政策变化的影响。

明政府对澳门的对外贸易管理已经形成相对稳定的管理模式，澳门葡商参加广州贸易会和中国商人下澳销售，都为葡商提供了非常稳定的货源供应，为其海外贸易的稳定发展奠定了物质基础。

三、澳门的开放与对外贸易管理

（一）澳门开埠

1. 澳门开埠的时间

澳门开埠前，"在 1557 年葡人入居澳门之前，有记载其时澳门半岛上居住着少量从事渔农业的华人居民，并形成原始村落，或许在行政之本原意上，那时就有以长老统治为特征的中国传统自治型村落行政"。❷

关于澳门开埠的时间，历史学界还是有很多的争议，集中在 1535 年、1553 年、1557 年的时间分界点。根据金国平老师的

---

❶ 《明穆宗实录》卷三十八。

❷ 娄胜华："混合、多元与自治：早期澳门的行政"，载吴志良、金国平、汤开建主编：《澳门史新编》（第一册），澳门基金会 2008 年版，第 129 页。

《澳门源考》● 中考证：1535 年市舶司移至澳门，是澳门开港成为舶口的时间；中葡和议谈妥的时间在 1553 年 2 月前，所以 1553 年是中葡停息干戈的时间；1553 年议和后，葡萄牙商人只能在贸易季节内，在澳门搭建简陋的临时草棚进行贸易，1555 年在海道汪柏的允许下，前往广州城经商交易，面对澳门逐渐复杂的海外贸易，明政府加强了对澳门的商贸管理，在 1557 年守澳官迁往澳门港，此标志为澳门正式开埠的事件，也是澳门正式开埠的时间。

下面为一份 1622 年的葡语文献对此所作的说明：

为了双方和好，各自得益，我从此处（澳门）的长者、故人及其他人那里仔细询问到过去和现在的事情。我得到的情况如下：首先，大约 104 年前，葡萄牙人开始与华人贸易。这在 1518 年左右，当时的正德皇帝是万历皇帝的曾祖父。起初的 47 年，部分时间在上川，部分时间在其他港口，一直缴纳常规的船税。此后，在浪白滘交易。1555 年，被获准前往参加广州的交易和纳税。时至今日，已经 67 年。1557 年，中国国王（皇帝）的执法官（Magistrados）迁往澳门（porto de Machao）。65 年来，给了他们（葡萄牙人）地方居住。从此，（葡萄牙人）每年两次前往广州缴纳船税和为印度与日本的贸易参见交易会，并向（中国）国王缴纳本城每年的 500 两地租银。从那时起至今，我们一直缴租。104 年来，葡萄牙人与华人交易，从未对（中国）国王做过坏事，也从未让人怀疑他们的忠诚。众所周知，葡萄牙人居留澳门之后，也多次表示对（中国）国王

● 金国平："澳门源考"，载吴志良、金国平、汤开建主编：《澳门史新编》（第一册），澳门基金会 2008 年版，第 49-56 页。

及其官员的忠诚和效忠,因而中国官员不仅对他们赞赏有加,还给予他们优惠和自由,向他们提供日常生活必需品、住房以及本城贸易的各类货物。❶

　　费尔南·平托的《远游记》也记载了该时间:"1557 年,广东官员在当地商人的要求下,将澳门港划给葡萄牙人做生意。"❷《耶稣会会士在亚洲》:"是年(1557),广东的官员将这澳门港给了葡萄牙人居住。他们先是在上川,然后在浪白滘。在这些岛屿,他们同华人和日本人做了几年的生意。"❸《葡萄牙17 世纪文献》:"直至 1553 年,葡萄牙与华人在上川岛进行交易。华人于 1555 年将他们由此移往浪白滘,并于 1557 年迁至澳门,官员将此港给他们进行贸易。葡萄牙人为中国立下汗马功劳,确认了澳城其港、其地的让与这功劳便是歼灭了骚扰广东的巨盗。为此,华人将葡人迁至距广州较近的这一港口。"❹《16世纪澳门史资料》:"该城居民于 1557 年击溃横行中国沿海的漳州巨盗,所以从伟大的中国国王处获一'chapa(札)',将他们现居住的港口及其地赐给了他们。"❺《1644 年前日本纪事》:

　　❶ [葡]高美士:《荷兰殖民档案所藏葡萄牙 17 世纪文献》,载《贾梅士学院院刊》(第九卷),1975 年第 4 期,第 40—41 页。
　　❷ [葡]费尔南·门德斯·平托:《远游记》,金国平译,葡萄牙航海大发现事业纪念澳门地区委员会、澳门基金会、澳门文化司署、东方葡萄牙学会 1999 年版,第 698 页。
　　❸ 阿儒达宫图书馆:《耶稣会会士在亚洲》Cód. 49-Ⅳ-66,f1.46,载吴志良、汤开建、金国平主编:《澳门编年史》(第一卷),广东人民出版社 2009 年版,第 113 页。
　　❹ 荷兰殖民地档案馆藏:《葡萄牙 17 世纪文献》,第 12—13 页,载吴志良、汤开建、金国平主编:《澳门编年史》(第一卷),广东人民出版社 2009 年版,第 113 页。
　　❺ Jordão de Freitas;Macau:Materiais para a Sua História no Séulo XVI,p. 20. 转引载吴志良、汤开建、金国平主编:《澳门编年史》(第一卷),广东人民出版社 2009 年版,第 113 页。

"1557 年时，有若干中国叛人凭据澳门，抄掠广州全境。省中官吏不能剿灭盗贼，求助于上川的葡萄牙人。葡萄牙人为数仅400，赖天主及圣方济各之助，击散群盗。中国奖其功，许葡萄牙人在澳门停留居住，惟不许筑城置炮。"❶ 可见，自 1553 年与海道副使汪柏议和后至 1557 年之前，葡萄牙只是将澳门作为临时的贸易港，在 1557 年开始才正式以澳门为固定贸易点，也可以说澳门贸易开始，以及明朝对澳门贸易开始集中管理可以定位为1557 年。虽然这一允准并未得到明朝中央政府的承认，但也可以将这一年视为澳门建城的开始。并且这一年澳门的执法官（指提调、备倭、巡缉三职）前往澳门，这是澳门最早有职官管理记载的。在康熙《香山县志》卷十载，"按：澳门旧有提调、备倭、巡缉行署三所，今惟议事亭"❷，以及清朝时印光任、张汝霖的《澳门记略》："前明故有提调、备倭、巡缉行署三。"❸

澳门自开埠后，取代了较早的双屿（Liampó）、上川（São João）和浪白滘（Lampaçau）等处，成为果阿—马六甲—日本贸易航线的新兴中转港，其中具有很深的社会、历史及现实原因。

澳门开埠的原因总结起来可以说是内因与外因相结合的结果，内因为主导，外因为辅助。明政府根据黄庆的建议，在1535 年就将澳门开放为国际贸易港，是为了接待暹罗、占城的船只停泊贸易，当时澳门港是作为这些国家临时的停靠港的。期间澳门作为贸易港已经得到明政府的正式许可。自 1553 年中

❶ ［葡］嘉尔定（António Francisco Cardim）：《1644 年前日本省报告》第一部分，第 6 页。载吴志良、汤开建、金国平主编：《澳门编年史》（第一卷），广东人民出版社 2009 年版，第 113 页。
❷ （清）申良翰：《香山县志》卷十《澳彝》。
❸ （清）印光任、张汝霖：《澳门记略》卷上《形势篇》。

葡和谈序幕拉开,澳门逐渐成为一处专供葡萄牙商人租住和居住的港口,明政府的准许是主导的内因。明政府允许葡商在澳门定居贸易基于两个前提条件:葡商必须遵守明政府的法律规范;必须按照中国的惯例缴纳 20% 的关税。此外,明政府是谨慎考虑了明朝当时内忧外患的政治、经济环境,相关法律是由政治动因和经济动因共同促成的,从而作出了允许葡商来华贸易的决定。明中期出现了北虏南倭❶的政治紧急局面。为应付上述危机,明政府需要支付庞大的军费开支,国库已经空虚,明政府陷入了严重的财政危机。广东政府当时针对情势,允许葡人互市,扩大对外贸易,可以增加中央和地方财政收入,而且,葡人为了维护互市的成果势必与广东政府联合对付倭寇,即采取"抚夷治寇"的办法,事实上葡萄牙曾多次协助广东政府剿灭倭寇,事实证明该方法很有效。对于中葡互市,以商税充军饷,在当时的情形下无疑是非常现实的决定。另一个促使明朝政府同意葡商入澳的因素是龙涎香,明朝皇帝对龙涎香的需求为葡商提供了天赐良机。正德十二年(1517 年)五月,因缺乏上供香料(主要为龙涎香)及广东军饷,广东左布政使司吴廷举首倡立番舶进贡贸易之法,番国进贡并装货泊船,不拘年份,至即抽货,榷十之二。《明武宗实录》记载:"命番国进贡并装货船舶,榷十之二,解京及存留饷军者,俱如旧例,勿执近例

---

❶ "南倭北虏",即东南沿海一带倭寇的侵扰和北部边境蒙古骑兵的袭扰,是长期困扰明朝廷的两大问题。嘉靖年间,明王朝面临空前的边疆危机。北方的蒙古各部落统一后,势力强大。嘉靖二十五年,俺答称汗,遣使议和,求通贡市,世宗不许,屡请屡拒。嘉靖二十九年六月,俺答率军侵大同,后退兵开市。一直到嘉靖三十二年,北部边境蓟辽地区滋扰不断。在东南沿海边境,日本封建割据造成大批武士流亡,与海商和中国境内反海禁的私贩集团结合成武装力量,侵扰浙江、福建一带,即称"倭寇",屡禁不止。二者造成的嘉靖年间的边疆危机,合称"南倭北虏"。参见(清)张廷玉等撰:《明史·卷九十一·志第六十七·兵三·边防海防》。

阻遏。先是，两广奸民私通番货，勾引外夷与进贡者，混以图利，招诱亡命，掠买子女，出没纵横，民受其害。参议陈伯献请禁治之，其应供番夷，不依年份，亦行阻回。至是，右布政使吴廷举巧辩与利，请立一切之法，抚按官及户部皆惑而众之。"❶ 对于龙涎香的寻求自早就有，特别对于体弱无子的嘉靖皇帝更是意味深长，所以葡萄牙人也抓住了这一契机，为寻香的官员提供大量的龙涎香，以示友好。除了内在动因，葡萄牙人所具有的超出其他任何一个国家的远洋国际商贸的实力，是明政府非常看重的外在原因。最后，澳门具有特殊的地理环境，明政府容易限制居住该地的居民，若有异动，即可断水断粮，易于管理。以上内因、外因促使明政府开放澳门为国际贸易港口，从整个贸易的繁荣和贸易法制的完善来讲，明政府的决定是适当的。

2. 以澳门为中心的国际三角贸易网

作为最先进驻澳门的葡商来说，澳门优良港口的特质无疑为他们未来顺利进行海上贸易提供了天时地利，当然这也为澳门融入国际海上贸易提供了契机。当时在澳门进行贸易的主体大体分为两部分，一部分是葡商，另一部分是以广东商人为代表的（包括牙人）唐商。整个贸易的过程很复杂，当时形成了以澳门为中心，沟通亚洲、欧洲、美洲的三角贸易网。"从1544年开始，葡萄牙人航行日本的次数剧增，很快形成了一个十分盈利的三角贸易，连接马六甲与中国港口，然后再与日本港口连接起来。当时贸易的主要货物是马来群岛的胡椒，用以交换中国的丝绸，再以中国的丝绸交换日本的白银，继而再用白银

---

❶ 《明武宗实录》卷一百四十九。

交换丝绸，用丝绸交换胡椒。当时贸易的货物还包括硫黄、硝石、水银、麝香、武器、扇子及其他产品。当时在最东方的航线上经商的多数是葡萄牙私商，也有葡萄牙王室的船只。他们是葡萄牙人在亚洲的重要部分。正是有这种三角贸易的繁荣，为解决从马六甲到日本这一长距离航行中的实际困难，就迫切需要在中国沿海有一个安全的港口，可供葡萄牙人在那里等候季风，以完成各个航段的航行；同时使他们有更多的贸易机会，因为他们可准时进行贸易交易而无须依赖死板的航行日期。"❶澳门有利的地理条件，成为这种三角贸易最有利的港口选择。在逐渐发展的海上贸易中，以澳门为中心形成了几大主要的航线。

第一条为澳门—日本航线。葡萄牙对日贸易主要是出口中国的生丝，从而换取日本的白银。这项贸易自 1550 年开始就由葡萄牙王室所专营。❷ 该航线的具体行程是果阿—马六甲—中国（澳门从 1557 年加入）—日本。❸ 参与该航线贸易的除王室外，澳门的葡商通过缴纳吨位费也可以染指利润，一些宗教组织、慈善机构也有机会参与这场利润大餐。这是澳门贸易兴起的良好契机。第二条为澳门—马六甲—果阿—里斯本航线。航线通过好望角向欧洲提供亚洲的产品，此条航线连接的是以果阿为总部的葡属印度与里斯本，航线除运送商品外，还承担着运输

---

❶ ［葡］罗理路：《葡萄牙人寻找中国：从马六甲到澳门（1502—1507）》，载吴志良、金国平、汤开建主编：《澳门史新编》（第一册），澳门基金会 2008 年版，第 25 页。

❷ 吴志良、金国平、汤开建等主编：《澳门史新编》（第二册），澳门基金会 2008 年版，第 401 页。

❸ 吴志良、金国平、汤开建等主编：《澳门史新编》（第二册），澳门基金会 2008 年版，第 401 页。

行政、政治及军事官员，运送邮件等，将商品销往欧洲、非洲、阿拉伯、印度、中国、日本。第三条航线是澳门—马尼拉航线。"澳门—马尼拉航线是远东利润最高的航线之一，16 世纪最后 25 年及 17 世纪前 40 年，对澳门贸易发展来说，具有根本意义……在 1634—1637 年，澳门—马尼拉贸易的利润约为澳门海外贸易的 50%。每年高达 400 万金克鲁扎多❶，这意味着澳门商人可获得 100% 的利润。"❷ 该航线一直是西班牙予以力争的贸易航线，该航线的重要性从下列例子中可以得到印证。"对澳门—马尼拉贸易作一比较分析可以看到，货物来自华南、印度及日本，然后汇集到马尼拉城……马尼拉是挽救澳门和支撑澳门的根基。但愿上帝不要让澳门城消亡，否则陛下会损失富庶的印度的最佳贸易，没有中国便没有富庶的印度。"❸

当时葡萄牙依托广州、澳门，借助有利的国际贸易形势，以及明政府对外贸易政策的改变和广州、澳门在对外贸易方面的地位变化，以澳门为中心开拓的这些航线，实际上各条海上贸易航线并非孤立的，而是一条相互连通、循环式的海上航线。

正如徐萨斯所描述的："欧洲于东洋贸易，全归我国独占。我们每年以大帆船与圆形船结成舰队航行至里斯本。满载上毛织物、绯衣、玻璃精制品、英国及弗兰德尔出产的钟表和葡萄牙的酒而到各地的海港上换取其他物品。船从果阿航行至柯钦

---

❶ 克鲁扎多（Cruzado），汉籍中称之为"十字钱"，为葡萄牙在 1457 年起所铸造的金币。1 克鲁扎多相当于中国白银一两（Tael），是当时葡萄牙比较流行的货币，与葡萄牙的一种古金币杜卡多（Ducado）的价值相等。参见吴志良、汤开建、金国平主编：《澳门编年史》（第一卷），广东人民出版社 2009 年版，第 26 页。

❷ Os portugueescs co Sultanato de Macaçar no século XVII, pp. 228–230.

❸ 吴志良、汤开建、金国平主编：《澳门史新编》（第二册），澳门基金会 2008 年版，第 403 页。

得到香料与宝石，又从柯钦至马六甲，更得到香料与大吕宋岛的白檀。其次，再把这些物品在澳门换取绢丝货加入船货。最后，又把以上货物运到日本换成金银块，可得到投下资本的二三倍利润。然后，再在澳门滞留数日，则又可满载金、丝、绢、麝香、珍珠、象牙精制品、精细木制品、漆器以及陶瓷而返回欧洲。"❶ 曾在澳门居住的探险家卡利特（Carletti）对此更是了解详细："装在澳葡大帆船上的那些商品都是从广州每年两次的交易会上买的，买来的商品每年9月、10月运往印度，每年4月、5月运往日本。运往日本的商品主要是生丝，每次运去六万磅到八万磅。此外，还运去大量的各式各样的花瓶、大量的铅和麝香及其他药物。船八个月后才返回澳门，即6月份离开中国，第二年3月返回，但通常当年10月便回来，以便在当月参加广州交易会，让运货去日本的船再去东印度。在广州，日本的白银换成了丝绸和瓷器，可赚取4~10倍的利润。丝绸主要运往印度、中东和欧洲市场，其他商品，如花瓶、瓷盘则准备在占婆（印支半岛）、暹罗、文莱和印尼的港口进行交易，更精细的则通过霍尔木兹市场运到印度和波斯，还有一部分运到东非，但最上好的则运往里斯本市场。"❷ 英国学者博克（C. R. Boxer）也有类似的记载："每年四五月份，大帆船装载1000吨以上的货物离开果阿，满载着布料、棉花、玻璃器皿、时钟和葡萄酒。船进入马六甲海峡，就会把部分货物交换成香料。抵达澳门之后，通常要在这里逗留10~12个月，因为令人垂涎的中国丝绸只能在广州每半年一次（1月或6月）的集市上才能

---

❶ ［葡］徐萨斯：《历史上的澳门》，黄鸿钊、李保平译，澳门基金会2000年版，第40页。

❷ 邓开颂、吴志良、陆晓敏主编：《粤澳关系史》，中国书店1999年版，第119页。

买到。大帆船在下一年有点季候风的 7 月前后启程前往日本，航程要花上 12~30 天。从 1571 年起，长崎是唯一的停靠港。回程在 10 月份，当东北季候风开始的时候动身，每次都满载白银，在 3 月份到达澳门。在澳门，大多数银子被卸下来，用于购买下一年的货物——丝绸。然后装载黄金、丝绸和布匹返回果阿。假定一趟要花三年时间完成，航行日本的大帆船的船长们通常有两年（有时甚至是三年）的时间在中国海峡航行。"❶

从上述航线可以看出，葡萄牙以澳门作为中转港，形成了一个非常庞大的国际贸易网络。获取其利润最大的中国货销往日本、欧洲等地。澳门是葡萄牙海外贸易中最重要的补给。

（二）澳门对外贸易管理事例——双重管理模式

明政府为了更好地管理澳门的对外贸易，维持葡商和华商的交易秩序，促进中外交流和外贸利润，针对澳门的特殊情势设置了两种外贸交易市场，这种分别管理的模式本书称为"双重管理模式"，即在加强澳门行政管理的同时，给予澳门葡人一定的自治权，并制定相应的市场交易规则和管理制度。

1. 加强澳门行政管理借以规范交易市场

据明嘉靖时期的《香山县志》记述，嘉靖二十六年（1547年）以前明朝对澳门没有行政设置，但澳门一直有华人居住。"在葡萄牙人抵达澳门之前，澳门望厦地区已有华人居住，并且大多是福建移民，澳门半岛的南部，也有一些人居住。"❷ 澳门

---

❶ C. R. Boxer：Fidalgos in the Far East（1550—1770），Oxford University Press1969, pp. 15-16.

❷ 汤开建：《明代澳门地区华人居住地钩沉》，载《澳门开埠初期史研究》，中华书局 1999 年版，第 254 页。

开埠后,各国商人开始在澳门停泊贸易,之前在浪白等港口停泊的外国商人(葡商居多)也都逐渐迁进了澳门,开展海外贸易。随着贸易的发展,澳门在几十年之内,就迅速发展成为一个繁荣的国际贸易港口。正如葡人所述:

该聚居点在很短的时间内就扩大起来,现在超过两千户人家……今后,聚居点必将陆续扩大,因这个岛屿是由印度前往中国与日本及东方其他各地的货物以及这些地方运往印度所必需的中转站。因为凡是开到广东省的外国船舶都必须在这个澳门岛的港口停泊,然后同陆上的人进行贸易,不准再深入。而由于外商纷至而来,中国内地其他省份也就运来各种各样的货物,结果是这个聚居点就在贸易上十分出名,东方各地各式各样的货物大批聚集于此。这一方面由于这里进行大量贸易,另一方面也由于这片土地十分安宁,它的人口规模也就不断增加。可以预料,不久之后,他将成为这一带最繁荣的城市之一。❶

澳门城市迅速发展,越来越多的中外商人来到澳门居住、经商。"闽粤商人,趋之若鹜",大批华人来到澳门经商甚至移民居住。华夷杂(葡人主导地位)居的社会状态逐渐形成。葡人为了方便贸易和生活也需要更多的华人来澳门,所以设立很多固定的贸易摊点,吸引华人来澳,特别是精通各种技艺的能工巧匠,在澳门是供不应求。葡萄牙一位史学家如此描述:

葡萄牙人是在明嘉靖三十五年,开始在圣拉萨罗城墙外建立第一座教堂,至今仍然存在,以作为后人纪念。从教堂开始

---

❶ [葡]佚名《市堡书》,载张海鹏主编:《中葡关系史资料集》,四川人民出版社1999年版,第129页。

到万历年间建设大围墙，确定葡萄牙居住地界，经过了 16 年时间。其间葡萄牙人一直与中国交往，但没一个中国人居住在大围墙门之内。两国人民六天进行一次交易，第七天，大围墙门打开，一部分中国人进入，同葡萄牙人交换下周的生活必需品。随着时间的推移，由于形势的变化，大围墙门始终开着。中国人纷纷到葡萄牙居住地进行贸易。在大围墙城墙附近的一个地方形成一个商业中心，主要向葡萄牙人提供食品。但市场难以控制，产生许多不便。议事亭拿出钱建一些摊点，邀请中国人前往贸易。❶

"大约到了隆庆末万历初，随着入澳的华人增多，澳门北部的望厦村一带聚集了大量的福建人，或贸易，或耕种，作为村落的望厦俨然已成。"❷ 虽然明政府一直想方设法限制华夷接济，但是到明中后期，华人华商在澳门定居人数已然不是个小数字。这些华人华商除部分农耕外，大多是从事与葡贸易。此时来到澳门贸易的华人商人我们一般将其分为三种。

第一种，占多数的是官商。1371 年，明朝政府已经在广州设立了一个市舶提举司，作为管理广东对外贸易的专门机构。明朝中期以后，葡人通过贿赂广东地方官而入澳，使得对于澳门的对外管理和征税多数由地方官员掌控，实际上市舶提举司的职责为"掌海外诸蕃朝贡市易之事，辨其使人表文、勘合之真伪，禁通蕃，征私货，闲其出入，而慎馆谷之制"。❸ 因此，

---

❶ ［葡］萨安东《中葡关系史资料汇编》卷一，澳门基金会 1996 年版，第290 页。

❷ 林广志：《晚清澳门华商与华人社会研究》，暨南大学博士学位论文 2005年，第 10 页。

❸ （清）印光任、张汝霖：《澳门记略》上卷，《官守篇》，广东高等教育出版社 1988 年版，第 42 页。

明前期很长一段时期，民间私自贸易是被禁止的，明朝当时的贸易官府仅承认在官方操控下的官控贸易。当时在广州、澳门有很多官府设立的"客纲""客纪"之类的牙行，管理主持澳门的对外贸易。"洪武初，令番商只集舶所，不许入城，通番者有严禁。正德中，始有夷人始筑室于湾澳者，以便交易，每房一间，更替价至数百金。嘉靖三十五年，海道副使汪柏乃立客纲、客纪，以广人及徽、泉等商为之。"❶

第二种为民商。除官府设立的官商外，澳门还存在着民商这一群体，他们大多是辗转到澳门经商或定居，并以对外贸易为生的小商人。虽然明前期民间私人贸易通商为法律所禁止，但利益的驱使、法律执行不严、市场作用的调整等诸多因素，使澳门的民商贸易屡禁不止，在夹缝中平稳发展，且稳中有升。明中后期开放海禁，私人贸易得到认可，民商的发展也开始繁荣。民商是澳门商业中不可或缺的一类团体。

第三种则为走私商，即从事非法的走私贸易的商人。明朝时期法律严格禁止走私，在律典中不乏打击走私的规定。可律典虽严，却屡禁不止。走私对于明朝政府来说是非常头痛的事情。这种走私商一直伴随着澳门的海外贸易不曾停止，朝廷对此也是绞尽脑汁。可能当时的社会发展永远如此，而不会尽如皇帝之愿。

因此，针对华夷杂居的客观情况，明朝在澳门开埠后，加强了对澳门的行政管理、军事防范。澳门对明朝可以说是狭小之地，但是明朝在澳门本地就设置提调、备倭、巡缉，在其主管县设置海道副使、海防同知、市舶提举、关闸把总、香山参

---

❶ （明）黄佐：《（嘉靖）广东通志》卷六十八《外志》五《杂蛮》，中国书店1992年版，第243页。

将等，层层监管，可见明朝对澳门非常重视，原因之一就是澳门是明朝对外贸易的窗口，当然也是明朝被外侵扰的关口，明朝在此设立严密的监管，也是情理之中。但是从上述各级官员的职权来看，实际存在着职权的交叉，权力交叉的结果要么是争权、要么出现渎职，由于职权不明确，界限不清，明朝对澳门的管理相对清朝政府则显得杂乱无序，中央对澳门的政策，不能在地方贯彻实施。自澳门开埠之后，大量葡萄牙人涌入澳门进行对外贸易，经过长达百年的发展，澳门也出现了土生澳葡人，明朝政府在澳门开埠后，加强了对澳门的管理，形成了独具特色的中外贸易区域管理制度。明朝不承认澳门葡人的自治，在澳门设立了完备的管理机构，对澳门进行管理，在澳门内部和外部，明朝设立各级官员，目的是完全掌握澳门的治理权，因为明朝中期对外贸易的开放可以说是不得已而为之，所以非常重视对于澳门葡人的军事防范。明朝关于澳门治理的模式有很多的争论，明政府最终采用了霍与瑕提出的治理澳门的"上策"，即"建城设官而县治之"。

明朝之所以建立澳门行政管理制度，主要有以下三个原因。

第一，治理澳门葡人的走私行为。明朝对于澳葡不承认其自治，加强防范的原因是："三十二年，蕃舶托言舟触风涛，愿借濠镜地暴诸水渍贡物，海道副史汪柏许之。初仅茇舍，商人牟利者渐运瓴甓椽桷为屋，佛郎机遂得混入，高栋飞甍，栉比相望，久之遂专为所据。"[1] 来澳的葡人不久就达上万人，在澳门恣意妄为，目无法纪。葡人对外贸易不按照明朝的法律规定，参与走私和逃税，郭尚宾《防澳防黎疏》上书言奏，"不特官澳

---

[1] 印光任、张汝霖：《澳门记略校注》，赵春晨校注，澳门文化司署 1992 版本，第 65 页。

运济，而私澳之贩米於夷者更多焉"，❶ "我设官澳以济彼饔飧，彼设小艇于澳门海口，护我私济之船以入澳"。❷ 这种勾结内地不法商人、贿赂官员等行为，受到明朝官员非常强烈的指责。王以宁的《条陈海防疏》记载："尔年夷情渐狡，私济渐多，税且有时而缩，如（万历）三十九年，仅得九千余两，而我添兵设垒，岁费万金有余，业已得不偿失。"❸ 可见，澳门葡人的走私给明朝的税收造成的影响是非常大的，走私使得原来澳门葡人每年缴纳的两万两赎金几乎减半。

第二，防范澳门葡人"蓄养倭奴以为奸"。王以宁在《请蠲税疏》讲到"诸夷互市于澳门……藉口防番，收买健斗倭夷以为爪牙，亦不下二三千人"，葡人蓄养倭奴的危害，两广总督张鸣岗认识比较深入，提出"澳夷盘踞内地，近且匿养倭奴以为牙爪，则驱逐之难"❹。"粤东之有澳夷，犹疽之在背也；澳之有倭奴，犹虎之傅翼也。万历三十三年，私筑墙垣，官兵诘问，辄被倭抗杀，竟莫谁何？今此倭不下百余名，兼之畜有年深，业有妻子庐舍，一旦摈逐，倘有反戈相向，岂无他虞。"❺ 因此明政府一直加强对澳门的军事防范，设关闸把总和前山参将。

第三，防止葡人拐卖人口。叶权在《游岭南记》记录了当时澳门人口贩卖的惨象："余在番人家见六七岁小儿啼哭，余问通事，'番心所生耶？'曰：'非'。是今年人从东莞拐来卖者，思父母哭耳。番人多者养五六人，女子多者十余人，俱此类也。男子衣服如其状，女子总发垂后，裹以白布，上衣西洋布单衫，

---

❶ （明）郭尚宾：《郭给谏疏稿》，岭南遗书本，卷一。
❷ （明）郭尚宾：《郭给谏疏稿》，岭南遗书本，卷一。
❸ （明）王以宁：《东粤疏草》，广东中山图书馆抄本，卷五。
❹ 《明神宗实录》，卷五百零九。
❺ 《明神宗实录》，卷五百二十七。

下以布横围，无内衣，赤脚。时十二月甚寒，亦止衣此。岛中男女为夷仆妾何下千数，悉中国良家子，可恨可叹!"❶ 澳葡将贩卖来的妇女、儿童强迫其做奴仆、妻妾，也会贩卖到国外。

面对上述驻居澳门葡人的恶行，广东官绅非常愤慨，多次上书朝廷，要求进行严惩，也提出了治理澳门的很多建议。有主张用石填海的，有主张烧毁澳葡的居所将澳葡彻底驱逐出澳门的，也有主张设关卡抽税后听凭贸易的。比较有代表性的建议是嘉靖时期广东御史庞尚鹏提出的建议，也是最早提议明朝廷加强澳门治理管制的人。庞尚鹏描述澳门当时的情况："（葡人）诡行异服，弥满山海，剑芒耀日，火炮震天。喜则人而怒则兽，其素性然也。奸人且导之，凌轹居民，藐视澳官，渐不可长。若一旦豺狼改率，不为狗鼠之谋，不圆锱铢之利，拥众入据香山，分布部落，控制要害，鼓噪直趋会城，俄顷而至，其祸诚有不忍言者，不可逆为之虑耶。"❷ 他认为用石填海耗资太大且不治根本，烧毁居所驱逐澳门葡人，这样的办法已经试过多次，并没有驱逐澳门葡人，且激化了矛盾，造成澳门地区局势动荡；设关建城，恐怕澳门地区明朝军事派驻薄弱，反而成了澳门葡人抗拒明朝的关隘。因此他在《抚处濠镜澳夷疏》提出："臣愚欲将巡视海道副使移驻香山，弹压近地，明谕以朝廷德威，使之撤屋而随船往来，其湾泊各有定所，悉遵往年旧例。"❸ 霍与瑕在《处濠镜澳议》向两广总督提出建议"建城设关而县治之"。

倘其哀启存留，愿为编户，乃请于朝，建城设池，张官置

---

❶ （明）叶权：《贤博编》，中华书局1987年版。
❷ 《明经世文编》卷三百五十七《题为陈末议以保海隅万世治安疏》。
❸ （明）庞尚鹏：《百可亭摘稿》。

吏，以汉法约束之，此谓用夏变夷，故曰上策。又言驱逐澳门葡人居留地的二大不便：两广百年间，资贸易以饷兵，计其入可当一大县，一旦弃之，军资安出？一不便也；香山海洋，得澳门为屏卫，向时如老万、如曾一本、如何亚八之属（按：均是葡人参剿的海岛），不敢正目而视，阖境帖然，若撤去澳夷，将使香山自为守，二不便也。今设城池，置官吏，以柔道治之，不动而安，诚策之得。计筑城工费不过万金，设官柴马，不过千金，是税课五分之一耳。香山旧以澳夷在镜，加编民壮三百名，今若建县（按：当为城之误），就以为城守之役，仍查备倭兵船近香山地方者，付与县官，清其虚冒，简其游惰，足其衣粮，习其技艺，高樯大舶，张形式之制，与崇城表里，为国家威严，广州永无虑矣。知人虑之，权以通之，不戮一人而措海滨之安，故曰上策。❶

霍与瑕提出的在澳门设官建城，制定适合澳门的管理制度，是大多数明朝官员的意见。两广总督张鸣冈采纳了上述谏言，在万历四十二年（1614 年）上书进言，提出以汉法治理澳门的策略方针："粤之有澳夷，犹疽之在背也。澳之有倭贼，犹虎之傅翼也。今一旦驱斥，不费一矢，此圣天子威德所致。惟是倭去而番尚存，有谓宜剿除者，有谓宜移之浪白外洋就船贸易者，顾兵难轻动。而壕镜在香山内地，官军环海而守，彼日食所需，咸仰于我，一怀异志，我即制其死命。若移之外洋，则巨海茫茫，奸宄安诘？制御安施？似不如申明约束，内不许一奸阑出，外不许一倭阑入，无启衅，无弛防，相安无患之为愈也。"❷ 张

❶ （明）霍与瑕：《勉斋集》卷十九，《处壕镜澳议》。
❷ 《明史·卷三百二十五·列传第二百十三·外国六·佛郎机传》。

鸣冈上书得到神宗的允许，"居三年，设参将于中路雍陌营，调千人戍之，防御渐密"。❶ 最早乃万历十七年（1589 年）、二十一年（1593 年），萧彦、陈蕖先后任两广总督，制定并推行治理澳门的保甲制度："近者督抚萧、陈相继至，始将诸夷议立保甲，听海防同知、市舶提举约束。陈督抚又奏，将其聚庐中有大街，中贯四维，各树高栅，榜以'畏威怀德'四字，分左右定其门籍，以《旅獒》'明王慎德，四夷咸宾，无有远迩，毕献方物，服食器用'二十字分东西为号。"❷

万历三十六年（1608 年），蔡善继是香山县令，他制定的《制澳十则》是澳门地方性管理规范。"（蔡善继）甫履任，侦知澳夷情形，条议'制澳十则'……未几，澳弁以法绳彝目，彝叫嚣，将为变。善继单车驰澳，数言解散，缚悖彝至县堂下笞之。故事彝人无受笞者，善继素以廉介为彝人所慑，临事控制有法，彝遂俯首帖耳受笞而去。"❸ 《制澳十则》的具体内容已经不可考证，但是明政府致力于治理澳门的制度却是不断更新完善的。两广总督张鸣岗曾在澳门议事亭晓喻澳门居民："倭性狡惊，向不通贡，轻入内地者必诛。朝廷法制甚严，乃澳夷歹蓄之为奴，养虎遗患者。将道奉受事，凭借两台制驭巡澳，察夷遣散倭奴，凡九十八人还国贼，尔等市夷，遂得相安乐土。此后市船不许夹带，澳诸夷亦不许再蓄幼倭。违者，倭与夷俱登时擒，两院定以军法处治。王章有赫，共期祗承者。皇明万历四十一年，岁次癸丑七月朔（以下之字不清楚）钦差整饬广

---

❶ 《明史·卷三百二十五·列传第二百十三·外国六·佛郎机传》。
❷ （明）郭棐：（万历）《广东通志》卷六九，《外志·番夷》。
❸ （清）暴煜修：《香山县志·蔡善继传》。

州兵巡事务、视海道兼市舶、广东布政使司右侍郎、按察司命。"❶ 并制定了《澳夷禁约》，内容如下：

一、禁蓄养倭奴。
二、禁买人口。
三、禁兵船骗饷。
四、禁接买私货。
五、禁擅自兴作。❷

《澳夷禁约》虽然仅五条，但是主旨明确，针对澳门存在的问题而制定，禁止澳葡蓄养倭奴、拐卖人口等，为了防止澳葡人扩张势力，不允许澳葡擅自大兴建筑。可见，明朝并不承认澳葡人对澳门的管理权限，将澳门的行政管理权紧紧地掌握在明政府的手中。正因为有对澳门的行政管理，在此基础上也形成了澳门对外贸易的管理，逐渐制定了澳门对外贸易法律规范。

2. 明朝管理澳门对外贸易的职官及职责

守澳官员。据史料记载，最早管理澳门的职官应该是提调、备倭、巡缉。汤开建先生指出，提调就应当是澳门的守澳官，具体负责澳门的管理，主要职责是驻守澳门，管理当地的民众，也负责与澳门葡萄牙人的沟通。备倭的职官根据《明史·职官志》记载"备倭为一不定品级、不设定员的武职官员。又称，凡镇戍将校五等：曰镇守，曰协守，曰分守，曰守备，曰备倭"❸。备倭主要是负责澳门的巡防，防范海盗，并享有一定的

---

❶ 转引自陈文源：《明清政府立法治澳之探讨》，《暨南学报（哲学社会科学版）》，2000 年第 1 期。

❷ （清）印光任，张汝霖：《澳门记略》，澳门文化司署 1992 年，第 69-70 页。

❸ （清）张廷玉：《明史》卷七二《职官一》。

对外贸易的管理权限。根据霍韬《霍文敏公文集》记载："若欲知备倭以下官贤否，观其处置番夷入境，略见之矣。"❶ 可见一斑。

海道副使驻守香山。除了上述最早的澳门管理人员，海道副使驻防香山，是明朝加强澳门行政管理的重要体现。海道副使是管理澳门事宜级别很高的一级官员，主要职权是管理澳门进出口税收的征缴。正如田生金《条陈海防疏》中提到"至于海道巡历最为吃紧，前海道喻安性亲履其地，宣布朝廷之恩威，晓谕目前之祸福，此辈博心揖志，且惧且怀，命之散倭归国，令之转送闽奸史玉台，无不唯唯听命"❷。

关闸把总与前山参将。据史料记载大概在万历二年（1574年），明政府在澳门设立把总一职，根据施白蒂《澳门编年史》记载："1573年，中国官员以黑人去那里偷盗为由，第一次禁止葡萄牙人进入香山岛，于是，地峡上出现了关闸，起初每星期仅开一次，后来改为天天早上开放，晚上关闭，设把总一员，第二天早晨将关闸上贴的六张封条取下。"❸ 把总应该是驻守澳门的守澳官中级别最高的，负责澳门港口的关闸，统领600兵士。万历二十四年（1596年），又在香山设参将，加强对澳门的军事管理。

市舶提举驻守香山。据《广东通志初稿》载："我朝互市，立市舶提举司以主诸番入贡，……若国王、王妃、陪臣等附至货物，抽其十之五入官，其余官给之直。暹罗、爪哇二国免抽，其番商私赍货物入为市易者，舟至水次，官悉封籍之，抽其十

---

❶ （明）霍韬：《霍文敏公文集》卷十《两广事宜》。

❷ （明）田生金：《按粤疏稿》卷三《条陈海防疏》。

❸ ［葡］施白蒂：《澳门编年史》（中译本）之《十六世纪澳门》，澳门基金会1995年版，第17页、第28页。

二,乃听贸易。"❶ 澳门主要是海上贸易,澳门开埠时期,朝贡贸易已经没落,因此虽然市舶提举司在澳门仍然开设,但是职权已经开始旁落,被海道副使取代,市舶提举在澳门也是征收进出口税的"抽分官"。

(三) 澳门市场管理法制的运行方式

首先,澳门市场的管理出现了双重效忠下的双重管理模式。澳门葡商在澳门经商因属地原则必须遵守明代的法律,然而葡商作为葡萄牙的国民也必须服从葡萄牙的法律规定。华商到澳门贸易,也是在固定的时间和地点进行,葡商为了吸引华商到澳门贸易,以及为了方便买卖,在澳门建造了很多铺摊,买卖双方在固定的地点进行商品交换。所以澳门市场的初建是由澳门葡商完成的,而且形成了一定的规模。市场的日常事务起初是由葡商负责的,在明政府加强澳门的管理之后,明政府将保甲管理制度适用到澳门,规范澳门的市政管理,当然也包括澳门当时用来交易的市场,所以从市场规范的管理主体、被管理者角度而言,澳门市场管理法具有双重管理的特点。

其次,澳门市场在具体运营过程中产生了代表贸易模式。葡萄牙商人在交易商品时所采用的是代表贸易的方式,我们从下面的例子来看代表贸易的特征。

不问大商人或小商人,人人限量装运。这一契约被称为Armação。分配给每个人生丝数量被称为 baque,这种方法已经实行多年。治理该市的市政委员按时召集大多数市民,在此时还选举三名代表,让他们作为居民代表,与航海的加比丹·莫

---

❶ (明) 戴璟:《广东通志初稿》卷三十《番舶》。

尔缔结契约，并负责与此契约有关的其他事务。这些代表，为居民的利益负责上述契约的各项事务，有时市政委员本人也担任此职。

……这三名代表向居住在该市的全体葡萄牙人以及中国等若干他国人，分配这 2000 担生丝。按照各家各户的财产及生活水平，将适当份额、即 baque 分配给个人。通常，这些代表有权根据自己的经验，将一年间养家糊口所必须的充分收益分配给各人。

阿尔马萨代表掌握着生丝在日本有利销售的相关情报，与装运货物的定期船的船长缔造契约，即 2000 担或公担的契约，并按照若干件支付 1/10 的运费。这些条件之一是加比丹·莫尔不可、也不能用自己的船运送超过 2000 担以上的生丝。如若违反，将受到某种惩罚。除 2000 担的运费之外，如生丝装运一切如愿，还要支付 3000 两（白银）或者克鲁扎多作为预计利润的奖赏。其次，如果澳门居民的生丝存货达不到 2000 担时，也必须支付运送 2000 担时相同的运费。❶

葡商选择代表贸易是迫于当时海上贸易的特殊形势。明政府在管理市场的时候，特别是葡商上省贸易时，不允许所有葡商前往广东进行购货和销售。所以葡商不得不选举自己的代表，以澳门葡商整体的名义进行采购、销售。再后来产生阿尔马萨同业行会后，这种代表贸易模式实行得更加稳定。基本上是葡商内部契约所起到的作用，代表们以自己的信仰忠诚为前提签订代表协议，本着善良忠诚的义务，保证整体葡商的利益。另

---

❶ ［葡］Jose Alvarez-Taladriz：“1610 年关于澳门、长崎间贸易船 Armação 契约资料”，野间一正译，载《基督教研究》，第 12 期，吉川弘文馆 1967 年版，第 360-361 页。

外，明政府为了防止突变，一般不与巡航首领正面交涉，澳门自治组织的检察官才是明政府与葡商交涉的中介，所以阿尔马萨可以更有资本地与巡航首领进行契约合作，由阿尔马萨的代表们为巡航首领购买其所需要的贸易商品。所以代表贸易是澳门市场管理的另一个特征。

最后，商品议价多采用议定价格的方式。上述提到澳门葡商的代表无论是在日本贸易还是在澳门贸易，在购销商品的时候采用议定价格定价。这种议定价格模式保证了整体葡商的利益，但也使得个体商人要承受相应的损失，因为议定价格的制定是一种平均价格，不论在买进还是卖出的情况下，都是以整体的利益为目标，这样的模式一定会损害个体商人的利益，可以说是个体商人同时让渡了部分利益而换取的共同利益。

议定价格的方式，是指想要购买货物的进口商人们（如日本商人）汇集在葡船停泊的港口，葡商的代理人不是逐一与之交涉后分批出售货物的，而是与全体商人或是其选举出来的商人代表签订契约，以平均价格将货物出售给他们，再由商人们自行分配。这种一揽子确定价格的方法被俗称为议定价格。❶ 因为议定价格是大宗商品购销中比较快捷的方式，当时的海上贸易，时间是非常重要的收益保障。所以，选取议定价格可以让人在更快捷的赚到利润之后，转战下一个贸易流程。而且议定价格也可以给买卖相对方一个定价和收益空间，保证下次交易的和谐完成，不仅组织内部要共赢，而且对于航线贸易的对方也要在一定程度上让与利益，才可以保证将所购的商品顺利销

---

❶ 议定价格是葡商向广东商人购货和向日本商人出售货物时所采取的方式，从中可以推理出其他航线也是如此。航线之间的联系笔者已经在文中予以详细论述，此处则不再赘述。

售。可以说葡商非常了解海外贸易中各个环节的规则和惯例，在保证自己本身利益的同时，双方共赢才是长远之计。

这种议定价格的购销机制也同样应用在广东贸易会和澳门的集市中。因为葡商上省贸易的时间有限，葡商若是与每个商人讨价还价是很不现实的，所以是派代表集中到大的牙行、商铺大宗订货，大宗订货最好的办法就是以议定价格的方式签订契约，保证货量的充足供应。代表购买到的货物是要按比例分配给澳门的全部商人，若是价格不一，会导致葡商内部的矛盾冲突，议定价格的作用在葡商海外贸易中显得必不可少。

第二节　商人自定的经营管理制度

在长期的经营实践和激烈的市场竞争中，国外商人为了求生存、求发展，对外接受明政府管理，对内管理本国商人团体，在总结经验的基础上，为本国商人团体立下了许多条规。明朝对外贸易法律制度中比较有特色的是明政府允许澳门葡商一定限度内的自治模式，澳门葡萄牙商人内部形成了制度化的商人管理制度。

一、澳葡内部一定限度的自治模式

第一，澳葡议事会的形成。居澳葡人获得明朝准许居住后，很多葡萄牙人看到了来中国发展的商机，纷纷来华贸易，居住在澳门。不久澳门葡人的数量就已经非常庞大，澳葡内部如何治理的问题，关系到与明政府的关系、对外贸易的发展等，因此，居澳葡人内部治理的问题是澳门当时对外贸易发展不可避免的一项议题。

澳葡议事会的雏形形成大概在嘉靖三十九年（1560 年），澳门葡人成立了一个居澳葡人管理委员会，由驻地首领（即当时的加必丹，也称地方兵头）、法官和四位权威商人组成，主要负责居澳葡人内部事务的组织和管理，对外代表葡人与明政府交涉，接受明政府的管理。1562 年第一任驻地首领迪奥戈·佩雷拉（Diogo Pereira）由当地葡商推选出来履职，出任这一职位没有得到葡萄牙国王的认可，因此一直受到印葡总督多撒的非议，且多撒认为迪奥戈·佩雷拉过于听命明政府，进而撤销了这一职务，但是事实上这一职位一直处于运行状态。一直到1587 年，这期间的居澳葡人一直处于自治的状态。1583 年居澳葡人在萨阿（Don. Leonardo de Saa）主教的主持下，正式选举产生了澳门议事会（Leal Senado），议事会由三名议员（Vereador）、两名判事官（JuizOrdinário）和一名检查官（也叫理事官）组成，正如诗中记载："一个毫无权势的政府……一个凌驾一切之上的议事会……"❶ 该议事会也受到了印葡总督马斯加路（Francisco Mascarenhas）伯爵的认可。到 1596 年葡西联合王国颁布王令承认了澳门议事会的权限，成立了澳门议事局（Caza da Cámara）❷，作为澳门的市政组织机构，对内管理居澳葡人，对外与明政府交涉贸易、军事等事宜。议事会产生的方式是选举，每三年选举一次，议事会成员由原来的 6 人发展到后来的 9 人。

---

❶ 吴志良：《生存之道——论澳门政治制度与政治发展》，澳门成人教育学会1998 年版，第 56 页。

❷ 吴志良：《生存之道——论澳门政治制度与政治发展》，澳门成人教育会1998 年版，第 53 页。

第二，澳葡议事会的组织架构。议事会有三名议员，按照相关规定，议员必须是 40 岁以上的人才能担任，任期是三年。议员具有行政权，不履行职权会受到制裁，严重的还会取消居住澳门的资格。据记载："1639 年，（崇祯十二年）12 月，瓦斯工塞洛斯（manuel de Vasconcelds）就因为无力拒绝接受称官的职务，被议事会宣布禁闭在家，永远不得在澳门担任任何官职，也不得从事任何公务。"❶ 议事会的普通法官一职，享有司法权，任期是三年，通过选举产生。普通法官的任职年龄是 30 岁以上，由于具有这一职业资质的人不多，所以选出来以后必须履行职权，后来法官任职方式从选举改为任命。议事会成员中的检察官这一职位被称为"委黎多""委啰哆"，是葡文 Vereador 市政委员的发音。检察官在《澳门纪略》中被称为是"理事官"，因为澳门检察官负责华洋事务以及对华交涉，所以地位很高。"理事官，一曰库官，管本澳蕃舶税课、兵饷、财货出入之数，修理城台街道，每年通澳佥举诚朴殷富一人为之。凡郡邑下牒于理事官，理事官用呈禀上之于郡邑，字遵汉文，有蕃字小印，镕火漆烙于日字下，缄口亦如之。理事官食其所赢，不给俸。"❷ 检察官也是明朝政府官员眼中的澳葡议事会头领，被称为"夷目"。检察官主要负责海关总监以及公共部门的首领职权，负责税务、财政、海关等制度法规的执行，还要作为夷目，受明朝政府官员的管理，代表居澳葡人与明政府交涉，以及负责居澳葡人与华人之间司法事务的处理。除上述官员外，议事会还有一些事务性工作人员，如通事即中文翻译官，负责撰写

❶ ［葡］施白蒂：《澳门编年史：16—18 世纪》，小雨译，澳门基金会 1995 年版，第 48 页。
❷ （清）印光任、张汝霖：《澳门记略》卷下《澳蕃篇》。

相关文书等。

第三，澳葡议事会的管理职责。议事会作为居澳葡人的自治组织管理机构，具有很多地方管理权限，当然仅限于居澳葡人内部之间，对于明政府其他人不产生任何约束。一是行使军事管理权。议事会第一个重要的权力就是维持澳葡社会的治安，对其进行军事管理，确保内部秩序井然有序。议事会有的时候还要帮助明政府出兵，协助抗击外侵。"1624年（天启四年）葡澳理事官帕雷德（Pinto Parede）就是否向明廷提供大炮一事致函葡印总督达·伽马，建议调遣在孟加拉国的三千葡兵，还将创立一支小桅帆船以资增援。"❶议事会有权在澳门陷入危机的时候行使军事管理防御的权力。二是行使经济管理权。议事会有权对澳门进行关于财政税收的管理，具体执行人员是澳门检察官，管理所有在澳门居住的葡萄牙所属商人的对外贸易，征收商船的进口税。澳葡主要的财政来源就是税收的缴纳，议事会会制定相关的规范征收进口税等，议事会也负责财政税收等经费的预算和决算，经费支出等事务性工作都由议事会负责。三是议事会享有人事任免权。议事会有权管理澳葡人内部事务，任免居澳葡人管理人员，但是这一人事权一直受到巡航兵头的挑战。巡航兵头即中日贸易船队司令，在暂停澳门期间总是会与议事会在管理澳门事务方面产生冲突。四是议事会负责对外交涉。上述文献中也提及，议事会作为澳门葡人的代表，特别是理事官，负责与华交涉，具有对外代表澳葡的权力。五是议事会具有司法职能。但是这一司法职能一直受到明法律的限制，如若涉及华人和澳葡，明政府是不会让澳葡自治性解决的。明廷在

---

❶ 葡萄牙国家档案馆《季风书》第21簿；第153-157页。另见汤开建：《委黎多〈报效 始末疏〉笺正》，广东人民出版社2004年版，第173页。

法律上从未承认居澳葡人的司法权力。

明朝对澳门对外贸易管理范畴内，华商的主体规范基本上是依据大明律等相关规定而形成的。然而华商的贸易对象——葡商的主体规范则相对复杂一些。葡商主体的资格准入制度要受到中方和葡方的双重限制——首先要取得葡萄牙法律规定的贸易权利和贸易资质许可，然后还要遵守明政府的相关贸易规制。

在如此庞大、获利畸高的对外贸易中，葡商中逐渐形成了两大贸易集团；一个为代表王室利益的具有海上航行特许权的海上商人组织，他们有取得葡王航海特许权的优势；另一个则为澳门的葡商组织。后来澳葡商人也形成了一个统一的商业行会组织，名为阿尔马萨，该组织则占据了贸易中心澳门，有优先购买中国商品的优势。两大组织逐渐形成了一种比较规范的契约分配利益的贸易主体制度。

二、海上航行特许贸易权制度的发展

澳门葡商购买到出口的货物后，必须运送到目的地去销售，此时需要得到葡萄牙王室的许可，即需将货物装载在有航行贸易权的商船上，海上贸易权的取得需要经国王特许。澳门的葡商当时是归属葡属印度管辖的，所有的海上航行和贸易都被纳入葡属印度的商业模式中。地理大发现之后，罗马教廷划分了葡萄牙和西班牙的活动范围，1455 年年初、1456 年年初罗马教廷发布的敕书中规定：非洲全境以及向南的所有地点，以及由此延伸到印度等地的范围都划分给葡萄牙予以征服和经商，葡萄牙对这些地区享有垄断性的航海贸易和传播基督教的特权。

对于远东的贸易征服，葡国采用了三种方式：完全占有征服的（比如马六甲）、建立军事基地（比如苏门答腊）、建立商站（比如澳门）。但是无论哪种方式，葡萄牙海上贸易的商船必须经许可取得海上贸易特许权才可以从事海上贸易。海上航行特许贸易权是葡王垄断航海贸易的方式之一。特许权的授予由葡萄牙王室掌控。当时的特许方式有以下三种。

第一种是被授予特许权的商人或是机构须自筹资金装备一艘船只，这种形式起初还可以得到王室 3000 克鲁多（cruzado）的补助[1]；第二种是采取租用的方式，取得特许权的人可以将一次航行的特许权租让给有资金的人，来换取使用金；第三种方式是第一种和第二种方式的折中，授权人为王室运输一部分产品，卖出后盈利的收入归给王室财政。

1550—1560 年之后，葡萄牙的王室垄断贸易开始向一种授予个人或机构的贸易特许权的方式发展，至 1560—1570 年，这已成为一种通行的做法。当时主要有三种特许方式：最常见的是被授予特许权的人必须自筹资金装备一艘船只，起初还得到王室 3000 克鲁扎多的补助，其航行方式与王室财政以前的航行方法类似；第二种方式是租用，即将一次航行的特许权租让给别人，以换取事先商定的使用金，这种方法施行十分成功，但最终由于掌握航行指挥权的贵族反对而未能推广；第三种方式是前两种方式的折中方法，授权人为王室财政运输一部分产品。这种特许权，实际上将王室权力所控制的利益转让予贵族。[2]

---

[1] ［葡］罗理路：《16—18 世纪的澳门贸易与社会》，载吴志良、金国平、汤开建主编：《澳门史新编》（第二册），澳门基金会 2008 年版，第 395 页。

[2] 吴志良、汤开建、金国平主编：《澳门编年史》（第一卷），广东人民出版社 2009 年版，第 121 页。

为了更好地控制远东海上贸易，特许贸易权起初由王室垄断，力求保障王室、贵族的利益。随着贸易经营的扩大，特许贸易权逐渐也被授予私商或是某些商业机构，在这种授予个人或是某机构的情况下，航行中的风险显然由特许权受让人来承担，王室可以尽享航线出售的纯利润。因此这对王室的利益影响并不明显，王室还是远东贸易的受益人之一。只要保留一些专属经营的权利，或是让特许权受让人承担一些额外的义务，来满足王室在航海贸易中的需求即可。但是王室还是牢牢掌握着特许航行权的授予权，这使商人们必须服从王室的要求，才能获得海上贸易的特权。为了获得某一航线的航行权，商人们一般会通过竞拍的方式开展争斗。

在亚洲的一些葡萄牙上层贵族都想尽办法让国王授予这一航线的航行权。这就是使葡萄牙亚洲海上贸易发生根本变化的特许权制度。在此之前，中日贸易航线一直由王室经营。随着葡萄牙人的个体商人的出现，葡印总督逐步停止了这种由王室充当商人角色的垄断贸易，决定将这种贸易交给个人经营，或以合同的方式包租出去，并责令那些从国王那里获得特许权的个体商人用他们自己的资金装备船只。而这些特许权航线通常以拍卖的形式交给个体商人或船东。❶

这种拍卖形式，即为谁出价最高，谁就能获得航行特许权，价高者得的一种简单拍卖制度。这一拍卖制度为葡萄牙王室带来非常丰厚的净利润，使得葡萄牙王室一直不愿意放弃如此利

---

❶ ［葡］桑贾伊·苏布拉马尼亚姆：《葡萄牙帝国在亚洲 1500—1700：政治和经济史》，何吉贤译，朗文书屋 1993 年版，第 145-146 页。

润丰厚的贸易特权的授予权力。

在 17 世纪时，单程航行的售价在 16000～20000 色勒芬❶，而大部分购买者实际付款均在 20000～30000 色勒芬。❷

普塔克（Roderich Ptak）这样描述特许航行权的运行状况：

总体上，几宗固定由特许权所有人执行的航海贸易构成了澳门贸易的基础，这些贸易或以澳门为集散地，或是途经澳门。这一官方体制与葡人基于马六甲等其他一些葡控港口的贸易有密切联系。同一航线上，私人贸易常与官方贸易并存，这对这一段航路上的势力可能有利，也可能有弊。特许权的授予形势前后几经变化，很多情况下，这种权利都被卖给第三方。不是所有的航行都被定期执行，而一个人往往可以同时拥有几条航线的特许权，有时这个人还能要求连续几年持有特许权，或者自己为了开发特许航线之外更远的市场而获得特别恩允。大体上，中国及日本巡航首领也负责几条支线的航行，如巽他（Sunda）、柬埔寨、占城（Champà）、彭亨（Pahang）、索洛（Solor）、大泥（Patane）等，随着年份不同而变更。"❸

虽然葡王不再完全垄断海上贸易，不再由王室组织船队进行远东国际贸易，但是实际上王室仍然是远东贸易的最大受益方，特许航行权的出售价格足以占到整个贸易利润的 50% 以上。

---

❶　色勒芬（Xerinfin）葡萄牙古银币单位，大约与帕塔卡（Pataca）同值，1克鲁扎多等于 1.33 色勒芬。

❷　C. R. Boxer；The Great Ship from Amacon：Annals of Macao and the Old Japan Trade，1555—1640；p. 8.

❸　[德] 普塔克：《明代澳门与东南亚的贸易》，载吴志良、金国平、汤开建主编：《澳门史新编》（第二册），澳门基金会 2008 年版，第 374 页。

果阿—澳门—长崎特许权航线拍卖价为 2 万克鲁扎多，而实际纯利润为 3 万~5 万克鲁扎多，马六甲至澳门特许权航线拍卖价为 0.55 万克鲁扎多，而实际纯利润为 1 万克鲁扎多。❶

除去贸易权的花费，商人们最多也就占有该贸易份额利润的近 50%。

除此以外，葡王保留了一些贸易的特许专营权和一些特殊航线的专营权，并不是所有航线的特许权都可以由个体商人或是商业机构获得，为的是最大限度的保障葡王室和贵族的利益。

至本年，葡萄牙王室运输队在亚洲经营的航线仅保存三条：果阿至莫桑比克，果阿至斯里兰卡，果阿至摩鹿加群岛。其余航线均被批准给个体葡商经营。❷

果阿—莫桑比克、果阿—斯里兰卡、果阿—摩鹿加群岛的航线仍然是由王室垄断，航行特许权的出售范围是逐步在扩大的，王室还是保留了对其军事、政治、经济有利的航线和份额。

葡萄牙摄政王太后以国王唐·塞巴斯蒂昂（D. Sebastião）的名义，任命王室贵族葡印总督若奥·门多萨为从印度经马六甲至中国初航的船队总指挥。航行所至，全权行使船队总指挥的职权，任何葡萄牙船只或在上述港口居住或逗留的葡萄牙人悉听其辖制。澳门港、中国港口或任何通往日本的港口亦在此例。若奥·门多萨下令，禁止任何私人经营铜的生意，为国王陛下

---

❶ ［葡］桑贾伊·苏布拉马尼亚姆：《葡萄牙帝国在亚洲 1500—1700：政治和经济史》，阿吉贤译，朗文书屋 1993 年版，146 页。

❷ ［葡］桑贾伊·苏布拉马尼亚姆：《葡萄牙帝国在亚洲 1500—1700：政治和经济史》，阿吉贤译，朗文书屋 1993 年版，147 页。

经营者例外。❶

取得特许权的船长，具有垄断性的权利，主要包含以下方面：（1）对其他船只和商人行使葡萄牙管辖权；（2）在航行中有权优先装卸归属他个人的货物；（3）控制价格及选择最佳的货物；（4）有权将船上的仓位租给其他商人；（5）决定单航或双航的特权。

王室所推行的特许航行制度，总体上是保证王室利益的，其保护的是王室贵族的地位和利益，因为能够取得航行特许权的多数都是贵族，普通商人是很难取得这样的优待的。而且在葡属印度担任要塞司令等要职的多数为中小贵族们。特许航行权之所以为贵族看中，背后最大的原因还是海上贸易利润的驱动。以澳门为中心或基地的持有特许权的商人所获得的平均利润为例，从果阿到马六甲、澳门、日本的航线特许权的价格为20000克鲁扎多，获得净平均利润可达到35000克鲁扎多，中国海域航行的利润达到77.7%，在孟加拉、中国海域和马来群岛的利润是20.4%。据考察，航行首领在一次完整的航线中可以获得10000~20000克鲁扎多的利润，相对于普通船长的4000克鲁扎多的收入❷，其利润的驱使可见一斑。

---

❶　［葡］利瓦拉（João Heliodoro da Cunha Rivara）：《葡萄牙——东方档案》（Archivo Portuguez-Oriental）第五分册第二部分，新果阿，1865 年，第 538-539 页。见金国平编译：《西方澳门史料选萃（15—16 世纪）》，广东人民出版社 2005 版，第 243 页。

❷　［葡］罗利路：《16—18 世纪的澳门贸易与社会》，载吴志良、金国平、汤开建主编：《澳门史新编》（第二册），澳门基金会 2008 年版，第 398 页。

三、特许贸易权背景下的巡航首领制度（也称加比丹莫尔制度）

葡萄牙王室除利用特许航行权控制远东海上贸易以外，还利用巡航首领❶制度控制远东贸易的船长、船员和商人。巡航首领起初是葡王在进行海上贸易时，由葡萄牙王室出资组织船队、自筹资金开展海上贸易的船队的首领。当时船队的首领都是由葡王亲选的、可信的贵族来担任，这一船队首领除统领船队外，自然拥有葡王所授予的特许航行权，或者可以说巡航首领的特权和特许贸易权两者具有统一性。而当葡王逐渐放开特许贸易权的经营人选范围时，获得特许贸易权要符合葡王的一些资金、商人团体规模、信用程度的要求，更要在价格上有优势才可以获得特许贸易权。获得特许贸易权的人一般会被葡王授予成为巡航首领，成为某一航线船队的司令。这是葡王控制远东贸易的两种方式，贸易特许权制度属于商业性质，巡航首领制度则属于行政手段，两者结合，互为统一，全面保证葡王的海上利益和权利。起初这一巡航首领制度主要是控制当时获利最大的中日贸易设立的，所以也称中国及日本巡航首领，但是巡航首领不仅行使中日航线的贸易、行政、军事等权力，还负责整个航线沿途各商站的贸易管理权，所以葡萄牙的贵族商人、私人商业团体都极力想获得该职位。"从本年（约 1560 年）开始，中国及日本巡航首领一职已成为远东葡萄牙贵族人人觊觎的职

---

❶ 巡航首领，又称加比丹·莫尔，起初在运行海上贸易时，是由葡萄牙王室出资组织船队、自筹资金开展海上贸易的。船队的首领是由葡王亲选的可信的贵族来担任，这一船队首领则被称为巡航首领或者加比丹·莫尔，除统领船队外，巡航首领享有葡王所授予的贸易独占权、船队司令以及外交等权力。

位,任职者每年可得 70000 至 80000 帕塔卡❶的收入。"❷

1547 年 2 月 12 日,葡王若奥三世任命王室贵族莱奥内尔·索萨(Leonel de Sousa)为中国及日本巡航首领(Capitão das Viagens da China e Japão)。这是 1546 年以后的第二次任命。葡萄牙王室一直以"巡航首领制度"的形式对远东商业航行进行严格的控制。❸

巡航首领这一职位之所以被商人们觊觎,除贸易利润外,还有其所独享的行政权力和政治地位。除享有特定航线的贸易独占权之外,巡航首领还沿途港口行使外交代表、行政长官的权力。

根据惯例,统领船队的巡航首领(又称甲必丹末)不仅享有特定航线贸易独占权,身兼贸易总监、巡航首领及外交代表等多种使命,而且还可以以国王的或葡印总督的名义,在沿途各港口出任临时性的最高长官,相机处理各种事务,故又被称为海上巡抚或移动总督。❹

---

❶ 帕塔卡,又称帕特卡(Pataca),葡萄牙人对墨西哥银币或西班牙比索(Peso)的别称,1 比索约等于 1 克鲁扎多。参见吴志良、汤开建、金国平主编:《澳门编年史》(第一卷),广东人民出版社 2009 年版,第 120 页。

❷ [葡]桑贾伊·苏布拉马尼亚姆:《葡萄牙帝国在亚洲 1500—1700:政治和经济史》,何吉贤译,朗文书屋 1993 年版,第 112 页。

❸ Capitão das Viagens da Chinae Japão,一般译为中日贸易船队司令或中日贸易船队总指挥,或中国与日本航海的加比丹·莫尔,参见吴志良、汤开建、金国平主编:《澳门编年史》(第一卷),广东人民出版社 2009 年版,第 79 页。葡王任命书,见 [日]冈本良知:《16 世纪日欧交通史研究》,原书房 1974 年版,第 277-278 页。

❹ 戚印平:《早期澳日贸易》,载吴志良、金国平、汤开建主编:《澳门史新编》(第二册),澳门基金会 2008 年版,第 410 页。

对于澳门来说，巡航首领显得尤为特殊。澳门是葡萄牙以商站方式进行其主观意义上的殖民统治的地区，这种商站主要是执行商业职能，因此商站不另外配备军事防务，是集商业、军事、外交于一体的统治模式。在澳门内部一般由葡印总督选出一个代表负责内部的商业，政治、军事方面则由巡航首领负责。

葡萄牙人进入澳门之初，应是按照其传统的殖民统治形式，在这里建立商站或商业要塞。商站职能主要是商业性的，目的是保障王室的商业利益，创造必须的条件及机会来鼓励贸易。因此，它常常集商业、军事、外交职能于一身。通常一个商站即是一座军事要塞，它需要注意尊重要塞周围的居民与权贵，并与他们维持友好关系。葡国人到澳门的最初阶段即采用这种管理模式，在商贸和后勤方面，王室派一位商站站长或代理为代表；在政治军事方面，由一位每年在去日本中途在澳门逗留的"巡航首领（Capitão das Viagens）"负责。❶

巡航首领可以以葡王、葡印总督的名义在澳门行使行政长官的权力，处理澳门行政性事务，负责军事防务等，被称为"地方兵头"。"1557 年 11 月，中国及日本巡航首领弗兰西斯科·马尔廷斯（Francisco Mar-tins）率两艘葡萄牙大黑船从日本平户返回澳门，成为第一位有记载的驻澳门的巡航首领，亦称地方兵头。"❷

---

❶ ［葡］叶士朋：《澳门法制史概论》，周艳平、张永春译，澳门基金会 1996 年版，第 14-15 页。

❷ Manuel Teixeira：Macau No séc. XVIII, Imprensa Nacional de Macau, p. 41. 转引自吴志良、汤开建、金国平主编：《澳门编年史》（第一卷），广东人民出版社 2009 年版，第 112 页。

巡航首领是澳门地方最高一级的行政长官，可以处理澳门的司法、行政事务，并有权撤换澳门驻地的葡萄牙行政官员。虽然实际上由于其所在澳门时间有限，并不能事无巨细地履行其职务，但是巡航首领是葡王任命的具有合法依据的澳门葡萄牙人的行政长官。

《澳门记略》称："夷目有兵头，遣自小西洋，或请法王（主教）至，会鞫定谳，籍其家财而散眷属，上其狱于小西洋，其人属狱候报而行法。其刑或戮或焚，或缚之炮口而烬之。夷目不职者，兵头亦得劾治。"[1]

其所谓合法的依据是来源于葡王的敕书，即其权力源于国王的任命。下面为1563年葡王赐予门多萨作为巡航首领的敕书，敕书的内容如下：

朕颁布如下特许：鉴于至今仍在印度的我王室贵族门多萨在那里立下的功劳，特赐他一次从印度，经满剌加至中国初航的甲比丹末职权。该甲比丹末使用其自己的大船或海舶，一切费用自理。航行所至，行使甲比丹末的职权，任何葡萄牙船只或在上述港口居住或逗留的葡萄牙人悉听其辖制。澳门港、中国港口或任何通日本的港口亦在此例。他可亲自乘海船或中国式帆船携带货物前往日本港口并在那里行使甲比丹末的职权。如果在上述中国港口遇到有我札谕而行使甲比丹末职权的人，如前所述，在拥有本特许之前的札谕的人空缺或无论任何理由的空缺情况下，上述门多萨可继续航行。因此，朕会通告目前

---

[1] （清）印光任、张汝霖：《澳门记略》下卷，《澳蕃篇》，广东高等教育出版社1988年版，第65页。

和将来的印度的副国王与总督，以及王室财政官，让门多萨行使甲比单末职权，允许他驾驶他的大船或海船以上方法航行，不得为难他，因为是我的恩赐。首先，他要宣誓真正好好行使职权并将授权与誓言背书于本特许状的反面。如果上述门多萨需要某些航行的东西，现金及任何库存物，朕将命令副王与总督尽量提供一切。所提供物品将按照朕财政院价格计算。他必须为一切借贷具保，保证回航后立即归还。若遇到海难，上帝保佑不要发生，他的保人必须支付一切借贷的价值。❶

除拥有司法权以外，巡航首领更凭借着葡王的敕令来约束和限制澳门葡商的海外贸易。

一份 1581 年的葡萄牙文献称："在澳门，没有一个常驻在这里的兵头，只有中国及日本巡航首领每年来这，当他在这座城镇时充当地方兵头，当他走了，另一位巡航首领来。因此，几乎很少或是没有兵头的时候。巡航首领在那里驻留期间，就充当葡人居留地的行政长官，拥有民事和刑事司法权，同时也是停泊在那里所有葡萄牙船的船队长。除了巡航首领的船以外，其他任何船不得从该港开往日本。因此，澳门居民及从事对日贸易的商人都将自己的货物装进巡航首领的船，付给他高额的往返运费。这种运费数额很大，构成对日航行的主要收入。❷

---

❶ ［葡］利瓦拉（Jo oHeliodoro da CunhaRivara）：《葡萄牙—东方档案》（Archivo Portuguez-Oriental）；第五分册第二部分第 464 号文件；新果阿；1865 年。转引自金国平编译：《西方澳门史料选萃（15—16 世纪）》，广东人民出版社 2005 年版，第 243-244 页。

❷ Francisco Paulo Mendes da Luz：Livrosdas Cidades e portalegas da Índia（1580），p. 106，128. 转引自吴志良、金国平、汤开建主编：《澳门编年史》（第一卷），广东人民出版社 2009 年版，第 112 页。

葡萄牙王室掌控巡航首领任命权，有其非常成熟的考量。要保证王室在远东的经济利益，要彰显葡王的权力。另外也是方便与明朝政府进行外交时，巡航首领可以以葡王之名义行使外交权。

"中日贸易航线本来是商人和冒险家们建起来的，但王室很快插手，掌握中国及日本巡航首领的任命权：一是王室可以分享葡中和葡日贸易的丰厚利润；二是可以对远东海上来来往往的葡商们混乱无序的行为定一些规则；三是以王室的名义同中国政府打交道也有些帮助。"❶

四、阿尔马萨商业行会制度

远东贸易航线是葡国的商人、冒险家逐渐建立起来的，但是葡王很快开始插手该航线的贸易，垄断航线特许权，并掌握巡航首领的任命权，使巡航首领在远东贸易中占尽优势，而远东航线的个体葡萄牙商人，特别是澳门的葡商显然受到了不公平的贸易竞争。巡航首领代表的是王室利益，享有非常大的权力。如享有特定航线贸易的独占权，行使贸易总督、舰队司令、外交代表的权力，甚至可以以国王或者葡属印度总督的名义，在航海途中的每个港口担任临时的最高行政长官，处理港口各种相关的行政事务。巡航首领是以葡王的最高权力所授予的贸易特权和司法、军事、行政等"合法"方式来限制远东航线个体商人的贸易份额和利润；而且在国王的支持下，巡航首领凭

---

❶　［葡］罗理路：《澳门寻根》，陈用仪译，澳门海事博物馆 1997 年版，第 34 页。

借雄厚的资金实力，很容易通过控制物价等不正当的竞争方式来垄断整个贸易，从而打击对手。

由王室所控制的这种专营贸易，使得澳门葡商的经济利益和权利受到极大的影响和限制。澳门葡商在这种不公平的情况下，想方设法扭转个体商人经营所遭受的不公，为了捍卫自己的权利和利益，决定联合起来，组织建立了名为阿尔马萨（Armação）的同业行会，该行会代表全体澳门葡商，与加比丹·莫尔订立相对公平的商务契约，目的是保障澳门市民在海外贸易中的基本利益。

阿尔马萨组织的运行方式，在李玛诺（Dias Manuel）神父1610年的《关于澳门居民将生丝送往日本时的耶稣会契约以及Armação的报告》中可以得到信息：

葡萄牙人携带中国商品前往日本的初期，没有国王的许可书，任何人都不得进行这种交易。葡萄牙国王一直确保他规定的这一许可权。这一敕令使许多贵族竭力服务于国王。这是国王在印度实行的恰当措施之一。以前就这样进行航海。当时，率船从印度来到当地的加比丹·莫尔（船长），与就一定佣金支付船费的商人缔造协议，各商人将其希望运送的库存商品装上船只……后来，随着当地居民的增加，在当时与本地担任主教的卡内罗（Carneiro Dom Belchior）神父的协助下，送往日本的生丝依据上午契约来实施。如果在国王的定期船之外，有其他船只装运中国生丝及其他商品前往日本，定期船运送商品的价值将大幅下降，所以城市选出的代表和代理人与利益一致的定期船加比丹·莫尔们协作，严密监视，不准在定期船之外将中国商品送往日本。因此，无论多大的小船也不准装运商品。当前往日本的其他船只通过附近时，船长应禁止其进入港口。如

已入港，应命令其离开。此外，船长本人或派遣士兵监视其他船只不得接受商品。❶

　　阿尔马萨行会成立之后，一般选举三名代表（值得信任、有权威的富商）作为执政小组，三名代表是处理阿尔马萨组织常务事务的代表，这三名代表具有组织所授予的权力。首先他们要根据贸易形势，制定、更改与巡航首领所签订的商务契约内容。"该契约由统治本市的三位市参事会员或替代他们的 3 位最年长、最有教养的重要人物逐年加以更新。他们或在该契约中加入新的条款，或撤销、变更老的条款，然后与进行航海的加比丹订立契约。"❷ 其次，代表澳门葡商与广东政府、广东的商人以及下澳的华商进行联系，代表澳门葡商购货、交税等。"1571 或 1572 年阿尔马萨的代表前往广州参加交易会时，广东官员按照惯例身着红袍，出大城门来收葡萄牙人带来的税金。通事佩得罗·贡萨尔维斯（PedroGon alves）对海道说我们也带来了澳城的 500 两租银。因当着其他官员的面，海道只得说这是澳城交的地租，要给皇帝的司库。从那时起，澳城每年纳地租，纳入朝廷金库。"❸ 除此之外，代表们负责分配组织内部成

---

❶ ［葡］Jose Alvarez-Taladriz："1610 年关于澳门、长崎间贸易船 Armação 契约资料"，［日］野间一正译，载《基督教研究》第 12 期，基督教文化研究会编，吉川弘文馆 1967 年版，第 358–364 页。当然要指出，此份档案是关于生丝契约的记载，以及是葡日航线的记录，但是文中已经论述航线之间并不是孤立存在的，而是统一联合的整体，是一个循环式的贸易行程。而且贸易主体是相同的。又因为生丝是中国出口的主要产品，而且葡日贸易的方式与其他航线贸易的方式更是相近的。所以从中可以推论其具有普遍意义。

❷ "关于本会会员在中国与日本之间进行贸易的报告"，转引自戚印平：《远东耶稣会史研究》，中华书局 2007 年版，第 338 页。

❸ 金国平编译：《西方澳门史料选萃（15—16 世纪）》，广东人民出版社 2005 年版，276–277 页。

员的贸易份额以及销售之后的利润分配。"不问大商人或小商人，人人限量装运。3 名代表向居住该市（澳门）的全体葡萄牙人以及中国等若干他国人，分配这 2000 担生丝。按照各家各户的财产及生活水平将适当份额分配给各人。"❶ 这种分配基本上是按照出资比例、并兼顾普遍分配利益的原则进行分配的。这样既可以保障大商人的利润，又可以使得小商人得到一份确保生存的份额，可以达到共赢的目的。保障全部葡商都可以在贸易中获得一部分利润。《关于本会会员在中国与日本之间进行贸易的报告》中也记载了贸易份额分配的内容："三位市参事会中即被选举人将按照不同的家族及其功绩，向本市市民分派数量不等的生丝份额。但无论功绩多大，也没有哪个人的份额超过 12 担……为帮助全体市民，最贫穷的人也有一定份额。"❷ 贸易份额的规则大体为：首先，所有出资人都可以占有贸易份额，这是兼顾整体的普遍分配原则；其次，也要遵循出资多、份额多的分配方式；最后，利润的分配则按照出资所占的贸易份额进行分配。基本上达到了保护葡商整体利益的效果。

澳门葡商能够与代表王室利益的加比丹·莫尔谈判，主要是由于澳门的地理优势，他们享有从澳门、广东购买中国货物的优势。正如万历二十七年（1599 年）西班牙新塞哥维亚省主教在关于澳门的备忘录中记载道："（澳门）唯一的支撑，就是在那里从事的与中国人之间的贸易，以及从那里销往日本及其他地方的出口商品。凭借葡萄牙人与中国人之间的友好关系，

---

❶ ［葡］Jose Alvarez-Taladriz："1610 年关于澳门、长崎间贸易船 Armação 契约资料"，［日］野间一正译，载《基督教研究》第 12 期，基督教文化研究会编，吉川弘文馆 1967 年版，第 361 页。

❷ "关于本会会员在中国与日本之间进行贸易的报告"，转引自戚印平：《远东耶稣会史研究》，中华书局 2007 年版，第 338 页。

他们成功地以非常便宜的价格购买原材料，并凭借后来在日本及其他地方所获得的一点点薄利来养活这些人。我们即使去了那里，也不会有商业上的成功，不会有我们自己中间的和谐，也不会有耐性和冷静，我们要寻求更大的利润……澳门的葡萄牙人独自养活了日本的基督徒，如果澳门丢了，日本也就给毁了。"❶ 这种优势是任何其他国家和葡国的巡航首领所不能比拟的，因为明政府一般仅允许澳门葡商进行大批货物的购买和销售。阿尔马萨凭借这一优势，才可以与葡萄牙本土的商人、王室在远东贸易中平分秋色。所以，澳葡商人非常乐于服从明政府的管理，对明朝官员唯命是从，又不敢得罪葡王，因为澳葡商人也要获得葡王的军事庇护才可以两面无忧。这也是双重效忠下葡商尴尬地位的表现。

加比丹·莫尔也并非没有利益可赚，除了具有应有的贸易份额，还可以通过装载葡商的货物挣得船费，也是一笔可观的收入，有时候船费可以达到货物量的10%，加比丹·莫尔当然也不愿放弃这种利润丰厚的奖励。所以说，阿尔马萨和加比丹·莫尔之间的契约关系，除稳定澳门葡商内部的关系和利益外，两方契约主体也得到了共赢，成为海上贸易的联盟。两者之间相互依赖、相互竞争，在利益和竞争中此起彼伏地寻找着博弈平衡的最好方式。

商约的签订主体是加比丹·莫尔和澳门葡商的代表阿尔马萨，商约规定了双方的权利义务，以及违约的责任。作为船长的加比丹·莫尔的权利和义务是：收取商人的运费；运费之外，可获得预计利润的奖赏；当然享有购买广东等地的中国货物及

---

❶ 吴志良、汤开建、金国平主编：《澳门编年史》（第一卷），广东人民出版社 2009 年版，第 275 页。

物品的权利；同时接受葡商代表派出的代理人的现场监督；不准在定期船之外运送中国商品，不准运送议定价格之外的商品，不允许出售议定价格之外的商品，不允许任何人出售或从船上偷偷卸货，违约则要支付昂贵的违约金。如《1610 年关于澳门、长崎间贸易船 Armção 契约资料》中记载："曾发现某船长属于监视，其葡人和亲戚偷偷运了 3 至 4 担生丝，在议定价格之外出售，为此，该船长被处以 400 两的罚金。"❶

作为契约另一方主体的阿尔马萨，其权利义务是：将货物装载在船上进行贸易；及时支付运费；有权派出代表监督交易过程；不准销售议定价格之外的商品，否则，也将承担严格的违约责任。

为了保障澳门全体葡商的利益，契约中规定了澳门葡商有权派遣代表随船前往日本，主持并监督整个贸易过程，其权利义务如下：

三名选出的人，即居民代表，分别担任与贩卖生丝而前往日本的代理人，协助代理人处理文件的书记，在日本活动的情报官员作为生丝监视者被称为给生丝下锁的 Escutilheiro。此外选举数名办事员，向这些人支付薪金，作为议定契约的报酬。各人发誓对其记录中的文字负责任，他们还要签署一份保证书。如果判定代表们在日本不遵守决议，他们将丧失某种权利。❷

❶ ［葡］Jose Alvarez-Taladriz："1610 年关于澳门、长崎间贸易船 Armação 契约资料"，［日］野间一正译，载《基督教研究》第 12 期，基督教文化研究会编，吉川弘文馆 1967 年版，第 363–364 页。

❷ ［葡］Jose Alvarez-Taladriz："1610 年关于澳门、长崎间贸易船 Armação 契约资料"，［日］野间一正译，载《基督教研究》第 12 期，基督教文化研究会编，吉川弘文馆 1967 年版，第 363–364 页。

这些代表要忠于澳门的葡商，如实记录贸易的情况，比如买进卖出商品的数量、价格、成色等信息，为澳门葡商监督整个贸易过程，保证葡商的利益不受到巡航首领的影响。若不按照决议来完成任务，他们可能会在以后的贸易中丧失更多的利益。

在澳门地区形成的两方贸易主体，在资格准入、行为规范方面具有各自的特征。其中华商主要是依据明朝的相关法律而形成的官商和私营商人，无论官商和私商都要遵守明朝的律令规定，要取得官方的许可、依法缴纳税收，以及遵守法律规定的其他义务。比如牙行的资格准入规范，申请经营牙行的要有资金和人的担保，经官府审查合格后，发给牙帖，经营过程中要符合法律规定的经营范围，还要履行相应的记录、缴纳牙税的义务等。

作为葡方的主体，葡商的形成则相对复杂些。葡商中存在两个集团，一个是代表葡萄牙王室利益的加比丹·莫尔，一个是代表澳门葡商利益的阿尔马萨商业行会。其中加比丹·莫尔的资质产生于葡王的直接任命，其权利义务都由葡王的敕书所规定，这种敕令具有一定的不稳定性，会随着王室利益的取向而发生相应的改变，因此加比丹莫尔的权利义务也会随之变化。阿尔马萨商业行会的形成渊源首先是基于保护澳门葡商的整体利益，以"普选"的方式产生的同业行会。这种组织首先不是官方的，它是民间自发形成的组织。同业行会的很多规范性的规定属于商业惯例性质，以契约的方式表现出来。这种主体的产生、资质准入、行为规范最大程度地展现了契约自由。这两个集团之间既有非常大的利益冲突，又存在利益前提下的共存基础。因此，两个集团出于共同谋利的目标，组成了一个松散的联合体，形成了澳门贸易体制下的另一方主体——葡商。两个集团的联盟也是以契约的方式进行有机整合，双方在契约中约定各自的权利义务、利润分配方式、风险承担等内容。葡方联盟主体的产生源于契约。

当然，葡方商人在澳门进行国际贸易，必须遵守明政府关于澳门对外贸易管理的规定。除此之外，澳门的葡商还要遵守明政府在澳门的管理，包括民事、刑事、行政、贸易等方面的相关法律规定。也即葡方主体是双重效忠的管理体制，要服从葡萄牙法律以及明政府法律的规定，方可在澳门自由贸易。也就是说，澳门葡商的主体准入的产生要符合葡国延伸到澳门适用的法律规定，❶ 而葡商的贸易行为、贸易范围等必须遵守明政府的相关规定。

第三节 违反市场管理行为的法律规定

按照明朝法律的规定，进入市场贸易的进口商品首先须是法律允许销售的货品种类，其次须要先缴纳进口税。因此市场管理中一个比较重要的环节就是违禁品的稽查以及对逃税、漏税商品的审查。明代关于违禁品的法律规定很全面，对于偷逃税收等违反市场管理行为的惩罚也很严厉，澳门也有专门适用于此方面的地方性法规。下面具体梳理一下明朝政府、澳门地方政府的相关法律法规。

---

❶ 此种法律仅适用于澳门葡商自治组织内部，不适用在澳门居住的华商、普通居民，澳门仍然处于明政府的完全主权管理之下。

一、明代关于违禁物品进出口的法律规定

面对数额庞大的货物所带来的利润，不免有一些不法商人铤而走险，进行非法的走私活动，或是采取各种办法偷税、漏税，澳门当时存在的偷税、漏税、走私的现象非常严重，极大损害了明政府的利益。为了保证税收征缴顺利，保证财政收入，明政府一直采取各种法律手段严厉打击走私、偷税、漏税等违法行为。

从下面的例子中可以窥见走私、偷税、漏税的现象非常严重。

《明清时期澳门问题档案文献汇编》中记载："番船到岸，非经抽分，不得发卖。而抽分经抚巡海道行移委官，动跲两月，番人若必俟抽分通得易货，则饿死久矣。故令严则激变之祸生，令宽则接济之奸长。近来多失之宽，恐侮敌玩寇，闽浙之祸将中于广州也。广东隔海不五里而近乡名游鱼洲，其民专驾多橹船只，接济番货。每番船一到，则通同濠畔街，外省富商搬磁器、丝绵、私钱、火药违禁等物，满载而去，满载而还，追星趁月，习以为常，官兵无敢谁何？比抽分官到，则番舶中之货无几矣。"● 又见："广属香山为海舶出入襟喉，每一舶至，常持万金，并海外珍异诸物，多有至数万者。先报本县，申达藩司，令舶提举同县官盘验，各有长例，而额隐漏，所得不赀，其报

● （明）霍与瑕：《霍勉斋集》卷十二《书》，载中国第一历史档案馆、澳门基金会、暨南大学古籍研究所合编：《明清时期澳门问题档案文献汇编》，人民出版社1999年版，第290页。

到一些线索。本部分引用了关于澳门的几个案例，其对明朝中后期地方司法类判例在史料意义方面非常的珍贵，所以本部分想通过案例分析法，就当时的执法情况予以实证考察。

崇祯末年，广州府推官颜俊彦在其任职期间撰写了一部判语及公牍专集，名为《盟水斋存牍》，其中含有大量官府查获走私、偷税、漏税的案件，也有不少关于澳门地区的案件，如"通夷关圣重、关国隆等"案、"接济奸徒陈胜宇等"案、"奸揽谢玉宇等"案、"走澳奸徒王怀东等"案、"走澳棍徒孟如积、许一广"案、"闽商阑入郭玉兴等"案、"贩木吴明立"案、"漏税木户陆炳日"案、"赝木欺骗陆炳日"案、"下澳棍徒汪侯"案等。❶ 这些案件中包含比较重大的走私案件，如"奸揽谢玉宇等"案中，谢玉宇长期走私贩私，一次"私卖赤金四十锭"❷；在"闽商阑入郭玉兴等"案中，郭玉兴等四船"满载番货，排列刀铳，聚集千人，突入省地，通国惊惶"，以至于广东百姓嗟"此粤中从来未有之创见也"❸。通过这些案例我们可以看出明代澳门市场管理制度在立法和执法过程中的状态和特点，下面将选取十个比较典型的案例进行分析。

1. 通夷关圣重、关国隆等一军一徒案

审得关圣重与男关国隆手书招夷，包私觅利，真可谓走险如鹜，悯不畏死者也。遣圣重而配国隆允当厥辜。但圣重以衰败余生，欲移遣其子。其如通贸种种惯自本犯，何也？合无仍以圣重定卫发遣。倘蒙念其老耄，准照例收赎，此又上台法外

---

❶ （明）颜俊彦：《盟水斋存牍》，中国政法大学出版社 2002 年版，第 72-81 页、第 436-437 页、第 489 页。

❷ （明）颜俊彦：《盟水斋存牍》，中国政法大学出版社 2002 年版，第 74 页。

❸ （明）颜俊彦：《盟水斋存牍》，中国政法大学出版社 2002 年版，第 78 页。

之仁，非卑职所敢议也。覆招候夺。兵巡道转详。

军门王批：关圣重既经复查，通夷为首，依拟佥解神电卫充军终身，招达部知。关国隆姑责二十板，与关惟壮等赎发。余照行，库收收官缴。❶

该案所述为关圣重、关国隆等人长期私自下澳贩卖米粮，不顾法纪铤而走险走私获利，关圣重为通夷的主犯，判处充军终身，其他人等收赎，没收违法所得。

2. 接济奸徒陈胜宇等一徒二杖案

复审得此接济一案。论货主，则郭志和自认罪确。论船户，则方曜招承甚明。而顾驾水手，则皆出船主倩觅，不一其人，如陈胜宇自始迄今，坚不认货。谓系耀甲户欠遣代工之语。此出初供，非耀故而有此展辩也。今郭志和诸盗狂毙尽矣。胜宇合当与操舟之方善招一体拟配，情法非纵。苏亚成极口年幼无知，被诱顾船炊爨，莫知有货，情亦近真，当议杖释。赵彦判为黎贼所扳，即应昌、明达名虽有二，实则一人，委系雠诬，里排之公结可凭也。仍当省发以什（释）无辜。速详决配，免尽填扉。未到人犯，严提另结，招详。海道转详。

军门批：陈胜宇、方善招，违禁私货下海，罪在不宥，但诸犯既已狂毙，姑依拟胜宇该道定配，满放，善招与苏亚成分别赎决发落。余照行，库局收收官缴，何念源等提结。

察院批：郭志和等满载牙硝、刀胚下海济夷，此真走死如鹜，憨不畏法者，死有余罪，陈胜宇、房善招、苏亚成既审系佣雇，而亚成又系稚年被诱，分别徒听挟非纵。依拟胜宇该道

---

❶ （明）颜俊彦：《盟水斋存牍》，中国政法大学出版社 2002 年版，第 72 页。

定驿摆站，善招、亚成各赎决。余如照，库收收官缴。❶

该案所述陈胜宇、方善招、郭志和等人满载违禁物品牙硝等下海与夷人贸易，触犯《大明律》："私出外境及违禁下海"条，原律文为："凡将马牛、军需、铁货、铜钱、段匹、细绢、丝绵，私出外境货卖及下海者，杖一百。挑担驮载之人，减一等。物货船车，并入官。于内以十分为率，三分付告人充赏。若将人口军器出境及下海者，绞。因而走泄事情者，斩。其拘该官司及守把之人，通同夹带，或知而故纵者，与犯人同罪。失觉察者，减三等，罪止杖一百。军兵又减一等。"❷ 据律严行，主犯应死刑，但主犯在捉拿过程中已经死亡。缉拿到案的郭志和等人为船主雇工，苏亚成本人年幼，所以轻判，违法所得没收归国库。

3. 奸揽谢玉宇等二徒案

审得闽揽之不利于粤也，当事者有隐忧焉。而向之起而与闽揽为难者，俱非粤之贤士大夫与夫善良百姓也。如舒泰、陈节登辈，阳为逐揽，阴开诈局。或冒投里排之公呈，或诡飞乡绅之公礼。盖已经道府再四听断，两院再四参驳，重重山案。而今谢玉宇、余腾苍等适罹宪访，此必闽揽中无赖之尤，而挺身证之者，仍不出舒泰、陈节登辈。若而人，此该犯之呶呶不服也，其一为玷官、剥商，而王廷宪、曾沛证。其一为冒领库银，而王廷宪、曾沛证。查岭南物价与民间迥别，诸揽以答应咯衙门为名，于额外勒抽每包贰钱肆分。此虽繇奸商借端，亦

---

❶ （明）颜俊彦：《盟水斋存牍》，中国政法大学出版社 2002 年版，第 72 页。
❷ 怀效锋点校：《大明律》卷第十五《兵律·关津》"私出外境及违禁下海"条，法律出版社 1998 年版，第 119–120 页。

必有墨吏作俑。如目前诸上台俱清风劲节，以帅群属，而下吏亦多冰蘗自励，不肯令隐之笑人。商人安得借口追赃痛责，肃商弊亦以儆官邪，不可贷也。而赃止坐玉宇、腾苍二人，则余人之饱腹扬去，宁不笑法网之疏乎？除腾苍、玉宇量追赃银一百两拟杖外，应行市舶司查揽头若干名，共再量追银百两以充公费。若冒领胡廷凰在库金赃，则查先年澳夷擅筑城垣，着揽头叶植宇等责令督拆，因以公费不赀，议以千金抵饷，解纳肇庆府库，事经两府会审，招详结卷，并无串奸冒领之情也。其一为运私货灭国饷，而陈节登、舒泰证查腾苍、玉宇，止充官商舶司艇，有艇主装运，实非其事，似难悬坐。洪丽五、许耀轩包揽私货，帮爪梁亚七、麦紫英艇装载一事，丽五等虽未经解到案，查丽五、耀轩以奸商雇吴润之船，私载货物出海接济。於旧年正月二十九日被甲壮宗起龙捕获，得银二十两卖放。海道访拿，捕厅究拟有案，事与腾苍、玉宇无干。而细查前案，亚七包揽接济有年，拥有厚赀，即罪无重科，当行市舶司量追其脏贰百之数，以儆接济者也。至运货出澳被甲壮周之信捉获一款，本厅奉藩司批：见在提问查与腾苍等姓名不相及，至合伙吴春宇写艇去澳一款，证之者监犯王瑞也。而雠口妄扳，审无赃据，至私卖赤金四十锭一款，系施萃国托吴新吾移澳贸易，被王瑞、倪进台等勒银首发。

海道批：防厅究徒杖招详，查案与苍等更风牛马不相及也。甚坐之以挥金买访，而各犯益有词矣。夫访何事也？谓访可买，则今日之访，其谓之何？此不得轻以加人，又不待辞之毕矣。总之，闽揽之不利於粤，自有大缘因，而非其目前之谓也。粤之欲去闽揽，自有大主持，而非其数人之谓也。若辈果地方崇，非借宪典不足驱之，而惜也证之者，为道访接济现监之王廷宪、曾沛也，为叠经道屡案之舒泰、陈节登也。则欲驱闽揽而转授闽揽以口，粤人之失也。卑职之所以勘此案，亦既详且尽矣。其有出於此者，上听宪裁，非职所敢知也，招详。

兵巡道批：余腾苍、谢玉宇单款，本道再逐一细鞫，茫无实迹，多牵别案。访者，闽人也。证者，亦闽人也。谁使正之？但腾苍等以闽人而久充粤中揽头，因公科脏，独擅利权，自招物议，拟罪追赃，诚不为过。惟梁亚七既事经海道，今访案无罪，而独追其脏，与另追别揽之脏，均不便于转详，仰厅覆妥，招报呈详。

察院批：此本院出巡访犯也，据款究脏，据脏坐罪，必一一鞫有实证，而后可以创恶锄暴。今据逐款诘究，不曰并无其情，则曰实非其事。不曰姓名不相涉，则曰马牛不相及。止以玷官、剥商，从额外勒抽之中追赃一百两，得无悬坐。又从揽头余人若干名，再追赃一百两，得无均摊。又以梁七之包揽拥有厚赀，行舶司量追赃贰百两，得无以摘发之典为头箕之术乎？是粤人授闽揽以口，而官府又授诸揽商以口也。是历来岭南物价，诸墨吏分啖之，而今欲满盘合算之也。仰再从实详报，该本厅覆审得闽揽一案，职初入境即有为言之者，时急欲请旨上台一为驱逐，有识者尼之曰，是殆未可草草也。今奉宪檄从事，夫岂有爱焉？而天下极重难返之势，须渐杀之，且曰：名其为贼敌乃可灭者，次类是也。职之谳是狱也，非敢臆为出人也。取县所具絫册，并府厅之旧有成案者，一一勘对，而始乃敢削其牍以上也。特单款胪列，或有其事而非其人，或按其罪而无其证。巡道之言，逐一细鞫，并无实迹，多牵别案，谁是正之，其洞若观火，职为之操笔格格而不能下也。若腾苍等之剥商、玷官此款有据，追银百两，薄示杖惩。其同揽共八人，再量追一百以儆其余，似非悬坐。若梁亚七之积年包揽，国言凿凿，并追二百之数，以助目前营筑之费，大足快心。若辈之取於粤地有日矣，即今为粤地费，且不过十分之一，尚未尝一一榷算之也。至于利之所在，人争趋之，闽人亦何能禁粤人之不为？则已经道府详议之久矣，卑职又何须復置喙其间乎？覆招候夺，具招呈详。

本院蒙批：谢玉宇、余腾苍一访开列者，皆犴网不法事。审皆坐虚，独证实于玷官、剥商一条。诸揽登垄市利，借公科索，情实有之。但舍其巨而细是求，则报者为失实。且借各衙门之答应为额外之抽勒，非假官求索，则以官诈欺者也。计赃盈百，而罪一杖讯者，亦得无失罚乎？再三披牒，殊未豁然。分巡岭南道确招详，备牌行厅覆审。

该本厅审得，余腾苍、谢玉宇一案，据单款所列城旦不蔽其辜，而一一按之，同于风影。遂为之阁笔者久之，且粤人各左右其袒，胶胶辕辕，薄杖示儆，庶几令嚼蜡而返耳。今蒙宪驳，再四覆审，指官剥商，计赃盈百，坐以诈欺取财之律，诚不为枉。其馀诸犯，应听各原案另结。覆招候夺，兵巡道转详。

察院批：余腾苍、谢玉宇二犯访款，审皆风影。独据诈欺一项坐配，祇此一项，足以配二犯矣，依拟牒发。同揽王悦南、梁亚七等专利接济，以敛众怨，情诚不可无创，而附此二访款末，又似无谓。合行市舶司，追其横取之赃，合买鸟尾船一只，以为虎门捍贼之用。馀如照，库收缴。❶

上述案例比较复杂，谢玉宇等人长期在澳门、广东沿海走私贩卖私货，又与外商——主要是葡商接济，获利甚多，又存

---

❶ （明）颜俊彦：《盟水斋存牍》，中国政法大学出版社 2002 年版，第 73 页。

在偷税、漏税的违法行为。而且又凭借与某些官员、官兵的不正当关系假借官府的名义向其他合法的牙人、牙行以及其他商贩收受贸易税银，假冒官牙。长期的暴利获取导致广东商人的强烈不满，所以广东商人集体报官举报，要求严厉整治这些所谓的"玷官、剥商"，实际最终的目的是驱逐广东存在的大量福建商人，因为福建商人的走私行为影响了广东商人的集体利益。颜俊彦也意识到上述广东走私严重，不单单是违法商人从中渔利，更有一部分官员执法不严、贪污受贿的情况出现。所以上报上级机关定夺。最终由于案件牵涉太多，仅以诈欺一项定余腾苍发配之罪，将同案的其他闽商王悦南、梁亚七等定罪接济外夷，令市舶司追缴走私款，没收商船。此案如此了了结案而已。

4. 走澳奸徒王怀东等四徒二杖案

（残）

察院蒙批：王怀东以闽棍通夷，为粤东只祸，徒杖有余辜焉，依拟追赃，肘解出境。余如照，库收缴。（原文残，仅存此批）❶

本案的案卷残缺，仅存批文，大概是王怀东等四名犯罪嫌疑人通夷私贩，处以杖刑，追缴赃款，并将其驱逐出广东，没收违法所得。

5. 走澳棍徒孟如积、许一广徒案

审得滨海奸徒，满载私货，走澳觅利，罪不容诛。有如梁绍存者，先已就擒，业经毙奸。许广泰等见在严缉，当悬刃以

---

❶ （明）颜俊彦：《盟水斋存牍》，中国政法大学出版社 2002 年版，第 76 页。

待。若孟如积、许一广二犯，虽同在船，实系贫佣糊口，受主雇工之误。概置骈戮，不无过苛，律议徒配，原不为纵。招成案定，系狱有年，当此疫疠流行，若再俟犯齐以决此案，难免瘐死，合无具招请详，先将见在已结证二犯发配发落，庶监牢与案牍两清也。候夺具招解详。

海道批：奸徒许广泰等，私贩禁货通夷，拒敌官兵伤毙，同舟恶党走险，俱无生理，获存孟如积、许一广，审系受雇佣人，货主船长，必知发纵端的，自可根究。据招，先将二犯配发，广泰等俱至照提，大憨未创，似碍转详，仰该馆再严行捕缉，务获正犯一、二名，以便成招，另详报夺。该本厅复看得孟如积、许一广二犯，先以贫佣误受奸徒梁绍存工雇驾船，载货走澳。迫官兵追获送官，所供货主、船主许广泰等，又皆出自梁绍存之口，乃绍存已服天刑，足彰国法。孟如积等拟配，实当厥辜。惟是未获许广泰等，原供具在，屡经严提重创，而各奸惧罪窜匿。若须其获，必延岁月，奄奄待尽之如积等，无死法，有死势。此卑职欲先发配，以免其填狱底也。合无俯念监中疫病时行，准将孟如积等照原招转详。海道转详。

军门批：孟如积、许一广，审系受雇情真，依拟该道定配，满放。余照行，库局收收管缴，许广泰等严缉。

察院批：孟如积、许一广受雇操舟，运货通夷，得从配惩。海道转详。❶

孟如积、许一广等人受雇下澳门走私，触犯了《大明律》"私出外境及违禁下海"条，其中一主犯梁绍存被擒之后死亡，所抓获的孟如积、许一广是受雇于船主和商贩的，在查明其不

---

❶ （明）颜俊彦：《盟水斋存牍》，中国政法大学出版社 2002 年版，第 76 页。

是主犯，判官还是认为其主观恶性以及并未得到什么走私利益，仅是受雇用挣得雇佣费，与通夷走私之罪并无太大关系，于是"定配，满放"，所获赃物没收于府库所有。

6. 闽商阑入郭玉兴等九徒案

审看得饷船出入，必繇香山抽盘，必繇市司投单，无朦胧停泊之理。若不繇香山而进，其飘风等船假借名色，非奉两院详允，片帆不许出入，海禁甚严。郭进兴、刘合兴之事前辙不远。前军门王，前按院吴，前按院高，俱有碍封疆之批，及究拟多人，道府各衙门案牍层叠。关系课饷尚轻，关系封疆实重。日者，此中簪绅议除闽揽，深抱切肤之痛。亦岂料其勾引纵横，溃决至此。据杨璋所呈，洋贼千余突入内河，使妄言之则可，果其有之万一，无赖聚集，谋为不轨，变生肘腋，实可寒心。此事必该管地方兵哨及市司等官，见利忘害，表里为奸。以国家疆土人民供其蝇唇鼠腹，罪岂胜讨！况里海内地，岂无管辖，应否放入，何无报知经繇地面，何无拦阻？游奕哨船，串通接应，任其拦入，目无三尺，膽胆可包天。卑职见事系封疆，非一查验可以了局。已一面禀明巡道严行拿究，一面移会里海参将问其职掌何事，肃议防缉外，合行通详。唯乞宪台严行该管衙门通查旧案，细究根因，轻则据律正典，重则具题处分。庶人心知儆，奸究敛迹，而不致以岭南半壁付之一掷也。具繇通详。

宪司批：事系封疆，仰该厅竟详两院，缴。

兵巡道批：里海屡有明禁，片帆不许往来。封疆大事，必不为锥刀之锐，而伏巨测之患也，明矣。据详，洋船数只自虎门而进，哨兵不谁何守把不拦诘，横涉径渡，如入无人之境，法禁尽弛。讵一贾客辄敢狂纵，此必有接引而勾通之者。不可不严究，以搜积窟而消伏戎。若骗饷漏税，以海为市，又其余耳。该厅素称精核无惮，一往查验，为会城破积奸也，此缴。

布政司批：番夷在澳，尚不容其筑城驾砲。况令其船众竟入内地乎？夷纵狡悍，尚存疑畏。惟内奸引导接济，故冥行无忌耳。杨璋所呈，必有的据。该厅急应诘接应之惯揽，问疏防之官兵，仍遣晓事通译，谕遣真夷退还外澳。庶社他衅，仍候巡海二道查处行报。

审看得郭玉兴、高廷芳、陈仰昆、包徐良四船，满载番货，排列刀铳，聚集千人，突入省地，通国惊惶。询之父老，此粤中从来未有之创见也。已经职具文请夺外。内包徐良一船，据称装载福建百户庄国相采买香料。随审国相，据称百户蒙福建布政司给牌，买香解京。夫海澄天下，香薮岂有舍近求远之理？粤即有香，多在海南，省下未尝有香也。且搜其行囊中，木刻关防一颗，系布政司委官庄关防字。既无百户官衔，又无福建省分，非假官之一证乎？及审其船中，果否止速香一件，则供称香止二十七包，其馀苏木、胡椒、牛皮藤、棕竹等货，尚不可胜数。及供有奸棍多人在案。此岂奉差，买香者而若是？其为诈伪，不可方物无疑也。一面移里海参将，会同南海县查验，一面将庄国相监候，伏乞转详两台移文闽中，钉回原籍发落。庶真穷到底，奸宄无所遁情。余包徐良等犯，俟各船人犯拘齐审质。具繇呈详。

审看得粤东边海而郡严海禁之出入，以防叵测。功令炳若日星。前此郭进兴一船，奉有破例批行。尚致两台严驳，罚饷究拟，案墨未乾，乃郭玉兴、高廷芳等甫称投单，未奉详允，遽入省河。从来有此包天之胆否？奉两院严批，应引违禁下海条例，下海之人与接买之人俱应边戍，货并入官。但念已在本道授单，姑开一线，以舶商匿货论罪，其船中之货停顿已久，恐有走漏，此时盘验，彼反得计。不若行市舶司，查照郭进兴例罚饷之为长也。其陈仰昆一船，虽并未投单，推广宪恩，一体加罚，以宽远人，以裨课饷。是在宪台法外之仁耳。至包徐良者，装载假官，踪迹诡秘，排列刀铳，殊骇听观。处假官庄国相另行原籍查究外，此船又不在上三船之列，所当从重究拟，以信功令，以固海防者也。若夫东粤省会，大半为游棍所踞，勾引奸徒。院台所批潜走窝番，以粤为壑，已洞若观火。诸积歇家不得不一创之，其经过地方兵哨，一面行提，另文解究。若呈首杨璋、吴煌辉，应于优赏以示鼓舞。廷芳辈尚丽于纲，便思反噬，尤可恨也。缘系事干封疆，未敢擅专，具繇解夺。

兵巡道批：此非杨璋所首闽贼千徒情形叵测者乎？据详，既有该省给引，则商也。但风飘突来，宁于海禁无碍？本道所司者，封疆耳。若使地棍潜引奸徒，出入无忌。他日保无伏莽窥伺而蹑白衣之诡者，不可不慭饬也。积歇勾引与经过疏防官兵，仰厅提究另报。郭玉兴等照例罚饷，听海道查例批行，仍招报。庄国相候回文另结。

巡视海盗批：郭玉兴等阑入省河，人心惶骇，玉兴、高廷芳，曾经前道投单给封，陈仰崐遂踵之不召自来耳。屑越海禁，走利如鹜，即非奸宄，犹当严究。姑照郭进兴例一并罚饷，一以恤商，一以裨课，仰厅查舶司旧例，重加究拟，速招报。庄国相既查来历，候回文到日另结。

布政司批：洋船阑入，骇动封疆。据详罚饷究拟，殊觉妥当，仰候兵巡道转详行，缴。

按察司批：仰厅具招解夺。

审得郭玉兴、高廷芳、陈仰崐等船据引飘风之例，突入粤地。飘风名色向年间有之,迩年海上多事。功令期严,未有敢轻犯国禁者。今既开其一线,查例罚饷,则郭进兴之成案具在,于常饷每百金之外,加罚三十三两三钱三分。诚如县报,覆查无异。玉兴、廷芳、仰崑亦照进兴原案,越度拟惩。梁广明、吕上行、吕上台、严正潘质为勾引顿歇,并以引诱问徒以儆将来。其余各船水手,姑免科罪,施王相、柯寰、孙思照提另结。其船货候详允日,行番禺县会同市舶司,查照原搜底册,逐一盘验,加三征税,完纳贮解。庄国相一船,应听另结招详。具招呈详。

海道批:此船停顿既久,恐有走漏,该厅向固虑之矣。今又欲逐一盘验乎?既有底册,则册载即是确货,仰厅行县,会同市舶司查验,务足国饷,无听其隐匿瞒课,仍依旧例加三徵罚,以肃海禁。包徐良船如果有引,并一体征税,以便转详速报,并蒙按察司、兵巡道俱批:仰候转详行,缴。

布政司批:郭玉兴等干犯明禁,越度边关。吕上行等助桀为虐,引诱行奸,均属不轨,徒拟加罚,诚当厥辜。仰候宪司巡海道转详示行,缴。

审得郭玉兴、高廷芳、陈仰崑三船虽犯禁而来,犹然商也,加三议罚及于宽政,已蒙详允行。市舶司追饷外,其包徐良一船装载假官,踪迹诡秘,奉宪差官行查,尚敢口称奉旨买香,全无顾忌,此岂可与前三船同日而语乎?今姑概从宽,没其货之半以充兵饷,稍异加三之罚,法之平也。罪与玉兴等同律拟配,亦不为纵,招详。

布政司批:包徐良假官抗法,罪更浮于犯禁。半没其货以充饷,犹宽政也。盘验追纳,不宜迟缓,以滋弊实,仍候海道转详行,缴。

按察司、兵巡道、海道俱批：仰候转详行，缴。蒙本到详。

蒙军门王批：郭玉兴、高廷芳、陈仲崑、包徐良违禁阑入，漏税逞刁，姑如详照例抽饷，加罚半没，仍各杖惩。吕上行等各杖牒，取库收缴。庄国相候文保放，汛守疏玩各总哨兵目，严行提究详结，并缴。又详。

蒙察院梁批：郭玉兴等，藉闽引以通番，贩番货以闽粤，此走死如鹜之巨奸也。若曰折柁飘风，则沿海数万里何处不可暂泊，俟风息而即归闽，乃满船列械，竟扬帆入粤省，岂风伯亦惟从奸徒之作欲耶？闽海巨寇，皆口干通番之奸宄，奈何以不敢归闽者，而容其投止于粤？溺数缗而滋后衅，非计也。违禁下海，法自昭然，曰征税加罚，曰越渡关塞，皆此辈蚤自准备矣。封疆为重，法禁攸关。候军门批示行，缴。❶

该案是澳门当时破获的影响比较大的案件。按照惯例以及法律规定，货船出入澳门必须经香山县查验抽盘，审查船货是否具有合法的许可材料，就是指依据所得的官府允许出入港口的凭证如实"投单"。本案中郭玉兴、高廷芳、陈仲昂、包徐良私人驾驶 4 艘商船，载满番货，聚集数千人，未经任何入关程序进入港口来广东省贸易。被稽查之后，包徐良称该船的货物是为福建百户庄国相采购香料而用，还出具了福建布政司给付的官牌，经验证是假冒官牌，上船搜索之后，香料仅仅 27 包，其余的是大量的苏木、胡椒等走私货物，遂将该船交与里海参将查明，发回福建原籍审理，照例抽饷之后，又没收一半之货物。郭玉兴、高廷芳的船只虽有投单，但是没有经过允许私自入关，严格依法应当依照违禁下海条，连同省内接买的商贩一

---

❶ （明）颜俊彦：《盟水斋存牍》，中国政法大学出版社 2002 年版，第 77 页。

同治罪，但该商贩确实在海道副使处投单，而且所报为真，仅以商舶匿货罪论处，详细查验之后照例抽盘征税之外，并加罚三十三两三钱三分税款。陈仰昂为外国商船，以宽远人之原则，法外施恩仅照例抽饷，并加。上述案件中，针对每个案件具体的情形不同，给予相应的处罚，体现了当时判官在审案过程中是认真、细致的。

7. 贩木吴明立杖案

审得香山之驾艇往返海面者，无一而非接济。而欲坐以接济之罪，则彼又有辞曰：未尝携有违禁也，未尝下澳也。是在地方兵哨之严其盘诘，而地方兵哨之获以闻者，又非其人也。真正接济之人，兵哨且护而送之矣。吴明立贩木于香顺之间，贴罗寅宇之班有据。而捕盗黄镇邦、林汉需索酒食不遂，遂以接济解捕官，转解本县。据明立所称，邦镇辈所索，不过三钱耳。今迁延数日，辗转解送，又不知作如何需索矣。最可笑者，插一番书以为接济之卷。夫岂无别项接济之物，而贩木生理之人，亦安所用番书？为甚矣，此辈之诈而愚也。镇邦、林汉痛责之，以观其后。吴明立之运木也，既无给照，又无税单，则亦漏税之属也。姑杖之，宽其讨也。❶

本案中犯罪嫌疑人吴明立私贩木材到澳门，没有给照、没有税单，却得到当时哨兵的护送入澳门私贩货物，此为偷税、漏税之行为，查证后征其税。实际上严格按照当时《海道禁约》的规定，澳门葡人若是用木材等建筑材料须经官府同意，为的是限制澳门葡人发展的规模，便于管理，可见在实际执行中，

---

❶ （明）颜俊彦：《盟水斋存牍》，中国政法大学出版社 2002 年版，第 436 页。

该规定未必全然如本意。

8. 漏税木户陆炳日纛详案

审得香山逼近澳门，无人而非接济也。故往买木石，籴运米谷，必向县告照以往。夫以寻常日用之物而必以照往者，严接济也。职犹以县官之给之照，是诲之接济也，请已之。而船果无违禁之物，必盘诘之而使行，毋为奸人借口也。乃陆炳日何人哉？据称，贩有栿楠沙板等珍贵之木，往来香顺觅利。而问其告照，照无有也。问其税单，单无有也。粤中无物不税，正欲严其榷算，以重其关防，何独于炳日辈而掉臂而行也？适因其伙伴周启昭以赝板售吏李灼，灼扭之以来。灼自无目，赝板业已见售，不必问也。灼要其沙板以为质，而炳日随情一冯贡生以为注，亦不必问也。职但问：其装驾大船，贩木种种，既不给帖，又不告税，往来海上而莫之敢问，何也？能保其船无夹带乎？能保其船不下澳接济乎？即无夹带矣，即不接济矣，而取利于地方有年，稽算不知若干，曾无分毫裨益国课。尤而效之，将来之逐末者俱悍不相顾，地方亦赖焉？相应将其所买诸木，作漏税没官，以为奸人假借贩易，险行接济之戒。俟异日接济败露有据，再以三尺从之，未晚也。事干地方，理合具纛。❶

该案大概与"贩木吴明立"案相似，从中可看出私贩的案件在澳门经常发生，葡人也愿意这样做，毕竟会省去很多费用，另外也可以看出葡人当时对木材的需求很大，主要是用来进行修建房屋等，而其每个案件的犯罪人都有接济之人，所以在

---

❶ （明）颜俊彦：《盟水斋存牍》，中国政法大学出版社 2002 年版，第 436 页。

《大明律》《海道禁约》中，严厉打击接济之人，为的是从各方面严防走私。

9. 赝木欺骗陆炳日杖案

审得陆炳日之伙伴周启昭，曾以赝木售李灼之父李景春，称六十金，实其半也。令人覆视之，不及什分之一，恚甚。乃未几，而启昭又以板至矣，中有小真者，灼遂要之以为质。启昭挽炳日出为承认，炳日承认，而启昭竟兔脱矣。炳日又倩一冯贡生者为板主，以示灼不可得。夫此板即无贡生出注，灼亦不能竟据而有之，此市井之心也。及拘审，而炳日自称有楗楠诸木在船。船颇不小，货颇不少，而未尝告有印照，给有税单。此中之以贩卖行其接济者，此辈是也。已具文拟请之上台。而炳日拉同行户，哀请不已，且同日復有吴明立之事则不胜诛也。因暂已之，而存其文稿于该房，异日再往返无忌，可覆而按也。炳日以贾而售其欺，李灼以吏而溢其诉，皆诈也。均杖之，以徇国人之无信者。❶

该案是两方当事人在走私过程中发生了利益纠纷，商人之间相互诈欺，并售卖以次充好的木材。

10. 下澳棍徒汪侯杖案

审得汪侯走澳之闽棍也。据称有艇下澳，艇必有主，货必有单，一质成于市司而足耳。陈环初等驾艇为生，而无端局索之不已。审之地方，事皆风影，粤民之不得安其生理，皆此辈为之也。汪侯杖有余辜。余免究。❷

---

❶ （明）颜俊彦：《盟水斋存牍》，中国政法大学出版社 2002 年版，第 437 页。
❷ （明）颜俊彦：《盟水斋存牍》，中国政法大学出版社 2002 年版，第 489 页。

该案也是反映了当时闽商与广东商人之间利益之争所产生的矛盾，闽商多是走私觅利，从某种意义上影响了广东商人的受益，在整个对外贸易中闽商力图分一杯羹，各有所图而已。

从上述的典型案例中，我们可以得出澳门当时市场执法、稽查走私过程中的一些特征。

首先，为了保证税收征缴顺利，确保市场正常运行，保证财政收入，明政府一直采取各种法律手段严厉打击走私、偷税、漏税等违法行为。明政府在制定法律、法规的时候，本着严打走私、偷税、漏税的宗旨，力求将澳门的贸易税收有效的控制在明政府的手中，所以在各个层面可以说做到了有法可依。在《大明律》《问刑条例》等国家法律层面制定规则予以规范；在地方法律层面比如《海盗禁约》，期间也不乏一些主管官员做出的临时性口谕等规范，在立法层面严防澳门走私的扩大化。立法所涉及的治理对象也是比较全面的，不仅严厉惩罚打击走私者、偷漏税的当事人，还严惩私下接济之人，这是从销售途径方面对于走私的监管。因为相对于海上监管来说，对于内地人民的监管是相对容易的。

其次，案例中显示，走私、偷漏税等案件多发，大多伴随民夷接济，基本上形成了一个内外走私的关系网，接济之人也不乏一些官员从中牟利。这使得走私行为更加猖獗，民间接济为走私提供了很大的空间。针对偷漏税收更是如此，在货船还没有经官府、市舶司查验，就有一大部分被私商接济走了，可以说接济方面是走私、偷漏税治理的一大重点、难点。

最后，走私、偷漏税夹杂着官商勾结、官员受贿、帮助违法分子躲避追究的现象，这使得缉拿走私、严查税收的难度增强。同时为执法官员公正执法带来了很多复杂的因素。从而可看出，澳门当时的对外贸易税收法制在执行过程中，执法人员除了要解决税收稽查本身的复杂问题，还要面对因官员腐败、政治利益冲突等其他问题，这使得执法官员的工作更加艰难，特别是当一般执法人员遇到上司官员从中协调，甚至官员参与接济分利的，在这种情况下，执法不严是可想而知的。

因此，明朝澳门地区市场管理制度的形成、发展和法律执行方面有其自身的特性，执法情况很复杂则显示出明代整体的政治、法制的演变。在中西交融、中外混杂的澳门，明政府所面对新情况有其坚守主权的决心，却也有其无奈之沉重。

小　结

明政府为了更好的发展对外贸易，维持中外商人交易秩序，促进中外交流和外贸利润，针对不同港口的特殊情势设置了不同的外贸交易市场，并制定了相应的市场交易规则和管理制度。比如针对葡商的广东交易会，按照明政府的规定，葡商可以在广东交易会中订购其所需的商品。广东交易会具有其自身的一套规范体系。首先，根据葡人季风贸易、海上贸易的特点，分别开展夏季和冬季两场贸易会，这是根据贸易事实指定了比较固定而且可行的贸易时间。其次，葡人上省贸易的日常事务、程序严格地掌握在华人手中，比如必须乘坐华人的船只来省，这是对进省航线的控制；而且从另一个意义讲，从事这种运载客货的生意留给了本地人来经营，无疑增加了华商的收入，是华商一项贸易附属品的经济收入。再次，葡人只准白天上省贸易，晚上必须居住在龙头船上，这是便于中国官员管理葡人，更重要的是防止葡商与民众接触较多而滋生事端，防止民夷交往，有害风俗，即所谓"有害风化"，这也是明政府对外夷态度中的重中之重。最后，葡人的交易被限定在固定的地点，多称为"卖麻街"❶。这也是便于管理、集中贸易之规定，同时也节省贸易双方的成本。明政府关于广东交易会的管理基本上采用的是固定时间、固定地点、固定入省程序的策略，不失为一种合理的贸易管理方式。就针对华商的澳门市场，华商凭借澳票进入澳门贸易。澳票类似于当时官方许可中国商人到澳门从事对外贸易的许可证，只有获得澳票的中国商人才有资格随着市舶司等验税官员来到澳门经营对外贸易，购买葡商从欧洲、日本等地进口的货物，并销售中国的货物，当然也负责葡商的商品购销和定做。这些下澳的商人需要缴纳明政府规定的商税，以及遵守澳门其他行政管理方面的规定。当时除下澳经营对外贸易的商人外，还有下澳经营米面等生活用品的商人，这是明政府供应澳葡日常生活的贸易管理方式。下澳的商人是在规定的时间和地点来到澳门与葡商贸易的。

与前代一样，明代对于违反市场管理的行为进行严厉的打击。首先明代制定了一系列的法律和地方性的规范。例如《大明律》中有如下规定：

> 凡将马牛、军需、铁货、铜钱、段匹、细绢、丝绵，私出外境货卖，及下海者，杖一百。挑担驮载之人，减一等。物货船车，并入官。于内以十分为率，三分付告人充赏。若将人口

---

❶ "岁甲寅，弗朗机夷船来泊广东海上……同市广东卖麻街。"见（明）郑舜功：《日本一鉴》卷六《海市》，载中国第一历史档案馆、澳门基金会、暨南大学古籍研究所合编：《明清时期澳门问题档案文献汇编》，人民出版社1999年版，第152页。

军器出境及下海者，绞。因而走泄事情者，斩。其拘该官司及守把之人，通同夹带，或知而故纵者，与犯人同罪。失觉察者，减三等，罪止杖一百。军兵又减一等。❶

万历四十二年（1614年）海道副使俞安性专门针对澳门颁布了《海道禁约》，一共有5条规定，其中有2条涉及了违反市场交易秩序的规定。

……凡番船到澳，许即进港，听候丈抽，如有抛泊大调环、马骝洲等处外洋，即系奸刁，定将本船人货焚戮。

凡夷趁贸货物，俱赴省城公卖输饷，如有奸徒潜运到澳与夷，执送提调司报道。将所获之货尽行给赏首报者，船器没官，敢有违禁接买，一并究治。❷

可见对于违反市场管理行为的处罚，在立法方面规定得比较详尽，在法律执行层面也具有自身的特征。根据《盟水斋存牍》所记载的案件可以看出，为了保证税收征缴顺利，确保市场正常运行，保证财政收入，明政府一直采取各种法律手段严厉打击违反市场交易秩序等违法行为。明朝对外贸易市场管理制度的形成、发展和法律执行方面有其自身的特性，执法情况很复杂，显示出明代整体的政治、法制的演变。在中西交融、中外混杂的澳门，明政府所面临新情况，有其坚守主权的决心，却也有其无奈之沉重。

---

❶ 怀效锋点校：《大明律》卷第十五《兵律·关津》"私出外境及违禁下海"条，法律出版社1998年版，第119–120页。

❷（明）印光任、张汝霖：《澳门记略》上卷，《官守篇》，国家图书馆出版社2010年版，第71页。

第四章

不断完善的税收征管法制

　　明朝的对外贸易一般分为朝贡贸易和商舶贸易两种形式。明朝前期只有朝贡贸易是合法的，商舶贸易是国家不允许的。伴随明中期对外贸易的转型，商舶贸易逐渐取代朝贡贸易的地位，广东（澳门、广州）、福建都不同程度地开放对外贸易，但是在管理体制方面却存在很大差别，形成月港体制、广中事例等新的对外贸易管理模式，这些地方特色的管理模式得到朝廷的认可，也成了明朝对外贸易法制不可或缺的一部分。对外贸易管理上由于明朝不像宋朝时期对外贸易管理专依赖市舶司，明朝时期对外贸易管理权随着市舶司的罢黜，而由地方府县承接；明朝对外贸易主要集中在沿海港口，巡视海防的官员也参与对外贸易的管理，比如主管海防的海道副使兼管贸易。在广东地区对外贸易管理方面，市舶司也有海防的职能，也就是说明朝对外贸易管理方面呈现多头管辖、管理权交叉等特征，这一特征在对外贸易税收方面有更深入的体现。

第一节　税收征管机构

一、市舶司

1. 市舶提举

明朝初期在广州设立市舶司，即市舶提举司。根据明史记载："市舶提举司。提举一人，从五品副提举二人。从六品其属，吏目一人。从九品掌海外诸蕃朝贡市易之事，辨其使人表文勘合之真伪，禁通番，征私货，平交易，闲其出入而慎馆谷之。吴元年，置市舶提举司。洪武三年，罢太仓、黄渡市舶司。七年，罢福建之泉州、浙江之明州、广东之广州三市舶司。永乐元年复置，设官如洪武初制，寻命内臣提督之。嘉靖元年，给事中夏言奏倭祸起于市舶，遂革福建、浙江二市舶司，惟存广东市舶司。"❶ 明代市舶司的设立包含着多种功能，既有政治外交又有经济功能，其中经济功能就是市舶司有税收征管权，"国初浙、福、广三省设三市舶司。在浙江者，专为日本入贡，带有货物，许其交易。在广东者，则西洋番船之辏，许其交易，而抽分之……宜备查国初设立市舶之意，毋洩利孔，使奸人得乘其便"❷。

明代沿袭前朝之制设立市舶司作为中国古代的外贸机关，相当于现代的海关。市舶司管理海外诸国朝贡和贸易事务，置

---

❶　（清）张廷玉等撰：《明史》卷七十五《职官四》，中华书局 1974 年版，第 1848 页。

❷　胡宗宪：《筹海图编》卷十二《开互市》。

提举一人，从五品；副提举二人，从六品；属下吏目一人，从九品。提举，或特派，或由按察使和盐课提举司提举兼任。市舶司隶属于布政使司，因此税收大权完全掌握在布政使司等长官手中。直至明末采取了定额的包税制，税收才改由提举负责征收。

吴元年（元至正十二年，1367年）设市舶提举司于直隶太仓州黄渡镇（今江苏太仓附近）；洪武三年（1370年）以太仓逼近京城，改设在广东的广州、福建的泉州（后移至福州）、浙江的宁波各一司。在广东的是专为占城（越南）、暹罗（泰国）、满剌加（马来西亚）、真腊（柬埔寨）诸国朝贡而设；在浙江的是专为日本朝贡而设；在福建的是专为琉球朝贡而设。洪武七年（1374年）上述三司曾经一度废止。永乐元年（1403年）又在广州设怀远驿，在泉州设来远驿，在宁波设安远驿，由市舶司掌管接待各国贡使及其随员。广东怀远驿规模庞大，有室二十间。广东市舶司命内臣提督。永乐六年（1408年），为了接待西南诸国贡使，又在交趾云屯（今越南广宁省锦普港）设市舶提举司。嘉靖元年（1522年），因倭寇猖獗，罢去浙江、福建二司，唯存广东一司，不久亦被废止，直到三十九年（1560年），经淮扬巡抚唐顺之的请求，三司才得到恢复。四十四年（1565年），浙江一司以巡抚刘畿的请求，又罢。福建一司开而复废，至万历中始恢复。自此以后，终明之世，市舶司无大变动。"洪武初，设市舶于太仓，名黄渡市舶司，寻以近京师，罢，改设于福建、浙江、广东。七年九月，又罢。未几复设。盖东夷有马市，西夷有茶市，江南海夷有市舶。所以通华夷之情，迁有无之货，收征税之利，减戍守之费；又以禁

海贾而抑奸商也，市舶不复利归豪强，而国家坐受其害。"❶

　　起初市舶司对于朝贡贸易的船只所带来的个人货物不征税，而是实行给价收买制度。随着朝贡贸易的弊端逐渐显现，尤其是明朝财政出现困乏，给价收买越来越加重明朝的财政负担。自明朝中叶开始，市舶司对朝贡商船上的私货进行征税，对于没有勘合表文的非朝贡船只也开始征税。《广东通志初稿》载："我朝互市，立市舶提举司以主诸蕃入贡，旧制：应入贡番，先给与符簿，凡及至三司与合符，视其文表、方物无伪，迺津送入京。若国王、王妃、陪臣等附至货物，抽其十分之五入官，其余官给之直。暹罗、爪哇二国免抽。其番商私赍货物入为易市者，舟至水次，官悉封籍之，抽其十二，乃听贸易。"实践中，明初时期市舶司由内臣掌管，市舶官员没有实权。嘉靖时期革除内臣之职后，"巡按林有孚疏言镇守内臣之害，兵部尚书李承勋复议，大学士张孚敬力持之，遂革镇守，并市舶守珠池内臣皆革之"。❷市舶权力又由地方政府掌握，即由海道副使主管澳门税务一事，主要是因为嘉靖三十三年（1354年）澳门开埠后，澳门葡人入居澳门、贸易是由海道副使汪柏批准的。嘉靖《广东通志》载"舶至澳，遣知县有廉干者往舶抽盘，提举司官吏亦无所预"❸。虽然澳门开埠初期税务抽分工作由海道副使主管，但是自万历以后，明朝由内臣掌管各地方的税收制度

　　❶　胡宗宪：《筹海图编》卷十二《开互市》。
　　❷　（明）张二果：《东莞县志》卷二《政治志·事纪》，载中国第一历史档案馆、澳门基金会、暨南大学古籍研究所合编：《明清时期澳门问题档案文献汇编》，人民出版社1999年版，第208页。
　　❸　（明）黄佐：（嘉靖）《广东通志》卷六十六《外志·三·番夷》，载中国第一历史档案馆、澳门基金会、暨南大学古籍研究所合编：《明清时期澳门问题档案文献汇编》，人民出版社1999年版，第177-178页。

213

又开始恢复，广东则设立了税监总管广东的税务事宜。澳门的税收管理则又归属于税监了。"（澳门）每年税银约四万余两备饷，自万历二十七年后，皆内监李榷使专之。"❶ 此处的李榷就是指税监李凤。自李凤专管澳门税务后，又恢复了市舶司主管澳门的税收，但是要求海防同知、市舶提举、香山县令共同参与负责澳门税收丈抽工作。其中起主要作用的是市舶提举和海防同知。"前明著令，（关闸）每月中六启闭，设海防同知、市舶提举各一员，盘诘稽查。"❷ 市舶提举主要之职还表现在其协助海防同知在澳门设立保甲制度，共同管理约束葡人等行政性事务。到了万历末年，由于香山参将设立后削弱了海防同知的职权，使得市舶司成为主管澳门税收的机构，香山县令主要是在市舶司官员丈量之后起到监督稽查作用罢了。"香山澳税隶市舶司，而稽察盘验责于香山县……彝商贸易船之去来，呈报则有澳官，饷之多寡抽征，则有市舶司，本县於其丈量抽征之间，而稽核之类。"❸

2. 抽盘厂

为了更好地管理广东澳门税收，以及防止澳夷进入内地贸易影响省城安全，广州市舶提举司在万历十九年（1591 年）在香山县设立了抽盘厂，也称抽盘科，专门管理澳门外国商船的税收征管和监察。据《明神宗实录》记载："万历十九年十一月

---

❶ （明）郭棐：（万历）《广东通志》卷六十九《外志三·番夷》，载中国第一历史档案馆、澳门基金会、暨南大学古籍研究所合编：《明清时期澳门问题档案文献汇编》，人民出版社 1999 年版，第 187 页。

❷ （清）王植：《崇德堂稿》卷二《香山险要说》。

❸ （明）李侍问："罢采珠池盐铁澳税疏"，载乾隆《广州府志》卷五十三《艺文》五，载中国第一历史档案馆、澳门基金会、暨南大学古籍研究所合编：《明清时期澳门问题档案文献汇编》，人民出版社 1999 年版，第 192 页。

壬午，总督两广侍郎刘继文备陈防倭条议，言'澳夷内集，恐虞不测，合于澳门外建抽盘厂于香山大埔、雍陌地方'。"❶《盟水斋存牍》也记载："香山之设有抽盘科，每船出入必抽丈盘验，所以严稽核也。"❷ 抽盘厂设立在大埔、雍陌一带，其代表市舶司在澳门征收葡商等外国商船的税银。可以说为保证顺利完成税收工作，广东市舶司的主要职能机构已经在香山设立，就近收税。也反映出明朝当时对于澳门贸易的重视，以及明朝时期重要的对外贸易集中在澳门这个港口小城。正如田生金《报暹罗国进贡疏》所述："据广东市舶提举司呈报，暹罗国贡使到省……又经牌行广州府会同市舶提举司查报，随据该府申称，行准本府清军厅关称，奉文会市舶提举司复验进贡夷船，缘刘提举先往香山未回，该职亲贡船复验。"❸ 根据汤开建老师在其研究中所述，当时在澳门市舶司已经设立了一个类似于海关的职能机构，该机构主要是为了市舶司官员下澳抽分、收税而设立。❹ 澳门历史学家施白蒂《澳门编年史》亦记载："1597年（万历二十五年），中国海关第一次在澳门海域追捕葡萄牙船只。"❺ 张天泽在其《中葡早期通商史》也记述："中国人在澳

---

❶ 《明神宗实录》卷二百四十二，万历十九年十一月壬午。

❷ （明）颜俊彦：《盟水斋存牍》公移一卷《澳夷接济议》，中国政法大学2002年版，第318页。

❸ （明）田生金：《按粤疏稿》卷五《报暹罗国进贡疏》，载中国第一历史档案馆、澳门基金会、暨南大学古籍研究所合编：《明清时期澳门问题档案文献汇编》，人民出版社1999年版，第307页。

❹ 汤开建：《明朝在澳门设立的有关职官考证》，载《暨南学报（哲学社会科学版）》1999年第1期。

❺ ［葡］施白蒂：《澳门编年史》（中译本），澳门基金会1995年版，第17页、第28页。

门设立了一个市舶司，以征收进出口商税和泊税。"❶

根据史料，大概在崇祯初年，抽盘厂被废弃。崇祯四年（1631 年）九月，广东巡按御史高钦舜题奏加强澳门走私稽查时上疏："查澳关之设，所以禁其内人，惟互市之船经香山县，原立有抽盘科。"说明此时抽盘科已经不存在了。但是设立抽盘厂从某种角度可以说是明代对外贸易税收管理专业化、制度化在管理机构方面的表现。

二、督饷馆

明朝海禁时期福建走私活动猖獗，走私活动比较集中在海澄月港，月港也因此成为福建主要对外贸易的地点，"月港乃海陆之要冲，实东南之门户。当其盛，则云帆烟樯，辐辏于江皋；市肆街廛，星罗于岸畔。商贾来吴云之遥，货物萃华夷之美。珠玑象犀，家阗而户溢；鱼盐粟米，泉涌而川流"❷。明朝为了打击走私贸易，建立了海防机构，派驻海道巡视海防，嘉靖九年（1530 年）将海道移至漳州，对月港走私贸易进行弹压，类似海道移至香山弹压澳门。嘉靖三十年（1551 年）在月港建立靖海馆，巡缉走私商人，但是走私活动由于经济、政治等各方原因越演越烈，无法杜绝。遂嘉靖四十二年（1563 年）福建巡抚将靖海馆更名为海防馆，并加派海防同知驻港管理走私违禁行为。海防馆即为督饷馆的前身。直到隆庆开海禁，月港开放，准许私人下海对外贸易，海防馆又增加征收对外贸易税的职能，

❶ 张天泽著：《中葡早期通商史》（中译本），姚楠、钱江译，中华书局 1983 年版，第 117 页。

❷ 《海澄县志》卷一《舆地志》。

具体执行征收税饷职责的是海防同知，海防同知的征税职掌详见下文。因此，督饷馆是明朝开放海禁后在月港建立的专门征税机构，于万历二十一年（1593 年）将海防馆更名为督饷馆。

隆庆六年（1572 年），福建允准漳州郡守罗青霄提议恢复税课司，在月港开征对外贸易税，并制定《商税则例》：

> 隆庆六年，本府知府罗青霄建议，方今百姓困苦，一应钱粮，取办里甲，欲复税课司，官设立巡栏，抽取商民船只货物及海船装载番货，一体抽盘；呈详抚按，行分守道，参政阴覆议，官与巡栏俱不必设。但于南门桥柳营江设立公馆，轮委府佐一员督率盘抽，仍委柳营江巡检及府卫首领县佐更替巡守，及各备哨船兵役，往来盘诘。又于濠门、嵩屿置立哨船，听海防同知督委海澄县官兵，抽盘海船装载胡椒、苏木、象牙等货；及商人买货回桥，俱照赣州桥税事例，酌量抽取，其民间日用盐米鱼菜之类不必觊抽。候一、二年税课有余，奏请定夺。转呈详允，定立税银则例，刊刻告示，各处张贴，一体遵照施行。❶

虽然《商税则例》是临时性的地方性规范，但是可见督饷馆具有征税权是有法律依据的，"督饷馆，在县治之右，即靖海馆旧基。嘉靖四十二年，新设海防，改建为海防馆"❷。明朝这样的地方性规范也是朝廷所允许的，其他地区也有，比如资料中提到的"赣州"。月港的征税丰厚，引得地方政府觊觎督饷馆的管理权，主要是泉州与漳州争夺督饷馆的管理，因此督饷馆起初由沿海府佐轮流管理，后由漳州府专管。

---

❶ 罗青霄：《漳州府志》卷五《赋役志》。
❷ （明）张燮：《东西洋考》卷七《饷税考》。

三、海道副使

正德、嘉靖时期，明朝东南地区海盗、倭患等问题严重，私人海上贸易冲击朝贡贸易，使浙江、福建、广东市舶司废立无常。《续文献通考》记载："世宗嘉靖二年，罢市舶司"，"嘉靖三十九年正月，淮扬巡抚唐顺之议复三市舶司，部议从之。顺之先以右通政视师浙直，既擢淮扬巡抚，乃条上海防善后事宜，凡七事。其一谓浙、福、广三省原设三市舶司，所以收其利权而操之于上，使奸民不得乘其便，今数者既坏，宜令诸路酌的时修举。从之。"❶市舶司的设立无常使得商舶贸易无法完全纳入市舶管理体系中，因此在地方政府主导下，主管海防的海道副使兼管对外贸易。嘉靖八年（1529 年）广东巡抚林富建议海道副使兼管市舶，"若欲查照浙江、福建事例，归并总镇太监带管，似亦相应。但两广事情与他省不同，总镇太监驻扎梧州，若番舶到时，前诣广东省城，或久妨机务，所过地方，且多烦扰，引惹番商，因而阚至军门，不无有失大体。故臣愚以为不如令海道副使带管之便也"❷。市舶太监被裁撤后，海道副使兼管对外贸易有很多便利，我国自汉代起就有"关津"官员管理对外贸易的传统，皆因"关津"是对外贸易货品进出的第一防御屏障。据记载，明后期广东海道副使兼管广州、澳门的对外贸易已然是常态。海道副使兼管对外贸易职权具体为船引管理、税收征管、处理涉外事务。

海道副使，是指提刑按察使司的按察司副使。明朝时期，

---

❶ 王圻：《续文献通考》卷二十六《市籴二·市舶互市》。
❷ （明）戴璟：《广东通志初稿》卷三十《珠池》。

地方行政管理体制是三司、督抚制度。三司则为承宣布政使司、提刑按察使司、都指挥使司三司并立，共同构成省级地方政权。按察使司为一省掌管监察和司法的机构。在吴元年（1367年）明太祖就在各地设立各道按察使司，设按察使一人，品位正三品；副使，因事添设无定员，正四品。《明史》职官志说，"提刑按察使司。按察使一人，正三品；副使，正四品；佥事无定员，正五品，详见诸道；经历司，经历一人，正七品知事一人；正八品照磨所，照磨一人，正九品检校一人；从九品司狱司，司狱一人，从九品"❶。按察使司既是一省主管监察和司法的机构，又有对军事行政的参与权，"按察司职掌一省刑名按劾之事，纠察官邪，擒治贪酷，禁诘强暴，平谳刑狱，雪理冤枉，而上下其考，以告抚按，以达于吏、兵二部、都察院。凡省大事，暨都、布二司参议焉；凡朝觐、庆贺、吊祭之礼，视布政司"❷。由于一个省的范围过大，省以下府、州、县地方政府没有独立的监察和司法机构，于是明朝统治者于各按察司之下，又设立很多派出机构——各道按察分司。洪武二十二年（1389年）改按察分司为分巡道，总计四十一道。《明史》职官志说："二十二年，复定按察使为正三品。二十九年，改置按察分司为四十一道……广东三：曰岭南道，曰海南道，曰海北道。"❸ 明朝时期广东设有三个巡道，每道的负责人为按察司副使，也称海道副使。"按察司副使、佥事分司诸道……广东岭东道，驻惠州岭西道，驻肇庆岭南道，驻省海北道，驻雷州海南道。" 按察

❶ （清）张廷玉等撰：《明史》卷七十五《职官四》，中华书局1974年版，第1848页。

❷ （明）王圻撰：《续文献通考》卷九十九，文海出版社1979年版，第5988页。

❸ （清）张廷玉等撰：《明史》卷七十五《职官四》，中华书局1974年版，第1848页。

使和副使的职掌为："按察使，掌一省刑名按劾之事。纠官邪，
戢奸暴，平狱讼，雪冤抑，以振扬风纪，而澄清其吏治。大者
暨都、布二司会议，告抚、按，以听于部、院。凡朝觐庆吊之
礼，具如布政司。副使、佥事，分道巡察，其兵备、提学、抚
民、巡海、清军、驿传、水利、屯田、招练、监军，各专事置，
并分员巡备京畿。"❶

明朝时期，海道副使对于对外贸易管理有着非常重要的意
义，作为正四品的朝廷命官，海道副使是专门管理澳门的官员。
海道副使负责的是全广东的海上治安，稽查所有进入广东省的
外国船只。大约在嘉靖十年（1531 年），朝廷罢黜了市舶太监
一职，市舶司掌管市舶贸易的大权旁落在广东地方官员的手中，
海道副使则开始管理市舶的抽分工作。关于海道副使主管抽分
事宜，我们看以下史料：

> 岁甲寅，佛郎机夷舶来泊广东海上，比有周弯号客纲，乃
> 与番夷冒他国名，诳报海道，照例抽分，副使汪柏故许通市。❷
> 番商私赍货物至者，守澳官验实，申海道闻于抚按衙门，
> 始放入澳，候委官封籍，抽其十之二，乃听贸易焉……臣愚，
> 欲将巡视海道副使移驻香山，弹压近地……使之……悉遵往年
> 旧例。❸
> 凡番夷市易，皆趋广州，番船到岸，非经抽分不得发卖，

---

❶ （清）张廷玉等撰：《明史》卷七十五《职官四》，中华书局 1974 年版，第
1848 页。

❷ （明）郑舜功：《日本一鉴》卷六《海市》，载中国第一历史档案馆、澳门
基金会、暨南大学古籍研究所合编：《明清时期澳门问题档案文献汇编》，人民出版
社 1999 年版，第 152 页。

❸ （明）庞尚鹏：《百可亭摘稿》卷一，《四库全书存目丛书》集部第一百二
十九册。

而抽分经抚巡海道行移委官。❶

关于外商不服抽税，海道副使出面解决。陈吾德《条陈东粤疏》：

往岁总兵俞大猷调诸夷剿平版卒，许免抽分一年。至期，夷众负功不服抽税，然副使莫抑因而舍之。下令严戢，官兵把截，船不得通，路不得达，夷遂困服，自愿抽税，反倍于昔。❷

田生金《条陈海防疏》：

至于海道巡历最为吃紧，前海道喻安性亲履其地，宣布朝廷之恩威，晓谕目前之祸福，此辈博心揣志，且惧且怀，命之散倭归国，令之转送闽奸史玉台，无不唯唯听命……每岁巡历濠境一次，使彼恬然顾化。❸

上述材料清晰地表明，当时海道副使实际上控制着澳门的管理大权，经常去澳门巡查、监督，一般是"每岁巡历濠境一次，使彼恬然顾化"，即一年一次的固定时间巡查。而且当时葡萄牙人入居澳门的部分原因在于对海道副使汪柏的贿赂，得到了海道副使的批准才得以在澳门租住经商的。所以起初的税金和地租都是由海道副使掌管的。只是在之后逐渐才上缴到了国

---

❶　（明）霍与暇：《霍勉斋集》卷十一《上潘大巡广州事宜》，载中国第一历史档案馆、澳门基金会、暨南大学古籍研究所合编：《明清时期澳门问题档案文献汇编》，人民出版社 1999 年版，第 288 页。

❷　（明）陈吾德：《谢山楼存稿》卷一《条陈东粤疏》，载中国第一历史档案馆、澳门基金会、暨南大学古籍研究所合编：《明清时期澳门问题档案文献汇编》，人民出版社 1999 年版，第 287 页。

❸　费成康：《澳门四百年》，上海人民出版社 1985 年版，第 167 页；黄鸿钊《澳门史纲要》，福建人民出版社 1991 年版，第 79 页。

库，所以海道副使一直职掌税收监管是有其历史根源和依据的。

四、海防同知

关于海防同知官职设立的时间，在审查资料的过程中，笔者看到不同的说法，有的说始设立于清朝，明朝没有该职位。经过阅读和查找，笔者认为广州府海防同知是于万历元年（1573 年）正式设立的。根据《明穆宗实录》卷六十八记载：

> 隆庆六年三月（1572 年），增设广州府南头广海海防同知一员，从提督两广都御史殷正茂奏也。❶

又据万历四十五年（1617 年）广东巡按田生金上疏《条陈海防疏》称：

> 查得广州府海防同知设于万历元年，原驻雍陌，后因税监以市舶事体相临，辞回省城，今议仍以本官专驻其地，会同钦总官训练军兵，严加识察。水路则核酒米之载运，稽番舶之往来，不许夹带一倭；陆路则谨塘基环一线之关，每日（似为月之误）只许开放二次。❷

上文中的广州府南头广海海防同知就是指广州府海防同知，

---

❶ 《明穆宗实录》卷六十八，隆庆六年三月。又（明）谢杰：《虔台倭纂》下卷称："至（万历）二十一年癸已两广提督陈都御史虆题；以海防官专镇雍麦；陈同知鸿渐实首任之。"此处应是指海防同知设于万历二十一年；专镇雍陌，即以广州海防同知专门管理澳门。陈鸿渐为专门管理澳门的首任海防同知。

❷ （明）田生金：《按粤疏稿》卷三《条陈海防疏》，载中国第一历史档案馆、澳门基金会、暨南大学古籍研究所合编：《明清时期澳门问题档案文献汇编》，人民出版社 1999 年版，第 307 页。

海防同知于 1572 年准奏设立，1573 年正式设立，后驻于雍陌，再后来移驻广州，至万历四十五年（1617 年）又移回雍陌。海防同知的职权范围，根据下述史料可以得出以下几点。

关于负责税收的：

《广东通志》卷六十九所述："番商舟至水次，往时报至督抚，属海道委官封籍之，抽其十二……隆庆间始议抽银，檄委海防同知、市舶提举及香山正官三面往同丈量估验。"以及对于澳门行使行政管理职权的，"前明著令，每月中六启闭、设海防同知、市舶提举各一员、盘诘稽察"❶；"海道副使，其属有海防同知。（俞）安性复条具五事，勒石永禁，与澳夷约，惟海防同知命"❷。

又据郭棐在《广东通志》卷六十九《外志·番夷》中记载：

近者督抚萧、陈相继至，始将诸夷议立保甲，听海防同知、市舶提举约束。陈督抚又奏，将其聚庐中有大街，中贯四维，各树高栅，榜以畏威怀德四字，分左右定其门籍，以《旅獒》明王慎德，四夷咸宾，无有远迩，毕献方物，服食器用二十字分东西为号。

当时针对澳门葡夷治理问题，官员们提出以汉法约束，在将海道副使迁移至香山巡查澳门外，还设立保甲制度管理澳门事宜。海防同知在澳门治理过程中具有很重要的作用，除行政管理之外，海防同知也要履行对外贸易管理的职权。

---

❶ （清）王植：《崇德堂稿》卷二《香山险要说》。
❷ （清）印光任、张汝霖：《澳门记略》上卷，《官守篇》，国家图书馆出版社 2010 年版，第 71 页。

海防同知的设立首先主要是为了对出入澳门所有的船只特别是番船"严加识察",即负责澳门水陆的稽查工作;另还要负责澳门的行政管理,实际上在海防同知驻扎雍陌之后,保甲制度逐渐取代了海道副使在澳门的管理权。除上述职权外,海防同知要协助市舶提举、香山县令办理澳门的税收工作,也要参与到贸易税的征收工作中。据史料,隆庆以前澳门的税务工作主要由海道副使主管,隆庆以后,则由海防同知、市舶提举、香山县令共同负责办理,其目的是防止税收之权落入单一的机构中,造成如海道副使时期的一官独大而导致贪污及税收落入私人囊中。由此也可看出明政府对于对外贸易的税务管理是非常重视的。海防同知在澳门的管理中一直起到非常重要的作用,期间处理、平息了澳门很多事务。❶ 海防同知这一职位一直保存到明末,但由于香山参将的设立,其职权范围、作用受到了削弱。

上文提到,隆庆六年(1572 年),福建在开海禁后,实施新的《商税则例》,与以往不同就是,福建最终确定海防同知带领海澄县与官兵,管理月港海防,负责抽盘海船。在福建海防同知任职的海防机构逐渐转变为督饷馆。

五、府县官员

明朝有很多记载府县官员参与对外贸易税收管理的史料,明史记载:"殷正茂总制两广,欲听民与番人互市,且开海口诸

---

❶ 如万历二十九年;广东税使李凤赴澳门索贿,激变澳夷;酿成大乱,赖"署印汤同知出示安抚",才将事情平息。

山征其税，思孝持不可。"❶ 《东莞县志》记载嘉靖时期，东莞知县林功懋"尝抽分番舶，峻却其赂，不近匿货，番人悚息"❷；"按《通志》于本传载抽分番舶，有却金亭一事。考之夷人为番禺令李抑斋恺建者。李恺以嘉靖十七年来莞榷税，分毫不染，夷人请于藩司，崇坊以报德。允其请，乃建却金留芳亭于莞校场，给谏王希文为记。此外恐无两却金亭，是必误移李事为林事也。附记此以为备考"❸。东莞知县参与对外贸易税收管理绝非偶然，在地方很常见。

《香山县志》记载隆庆元年（1567 年）香山知县征税的情况，"时彝商丽处澳门，番舶至，奉檄盘验；有例金，峻拒不纳，惟禁水陆私贩，及诱卖子女等弊而已"❹。明朝时期，澳门为香山县管辖，香山知县则是主管澳门的行政长官。据《续文献通考》记载："民之赋役视丁产为差。赋岁二征，役岁一征。赋有粟赋、金赋、布帛及诸货物之赋，役有力役、雇役、借债不时之役，皆视其天时休咎、地利丰耗、人力贫富，必调剂而均节之。若岁大歉，请于府、于省、于抚按藩臬而时蠲焉。无幸福强而苦贫弱。"❺ 因此，香山知县也负责税收的监管和征收，除香山知县外，澳门的守澳官也负责部分税收征管事宜。守澳官是葡萄牙人入居澳门之前，明政府在澳门设立的基层管理机构，统称为"守澳官"，包括澳内提调、备倭、巡缉三行署。其

---

❶ （清）张廷玉等撰：《明史》卷二百二十九《深思孝传》，中华书局 1974 年版，第 3746 页。

❷ 张二果、曾起莘：《东莞县志》卷四《官师志》。

❸ 张二果、曾起莘：《东莞县志》卷四《官师志》。

❹ 张卓揆撰、暴煜修：《香山县志》卷四《职官》。

❺ （明）王圻撰：《续文献通考》，载中国第一历史档案馆、澳门基金会、暨南大学古籍研究所合编：《明清时期澳门问题档案文献汇编》，人民出版社 1999 年版，第 79 页。

中提调主要负责查验商船，代为向海道申报手续征收关税，征收海舶商税，究问查办偷运逃饷等事；备倭负责追捕海盗、倭寇等事；巡缉主要负责缉捕走私。总的来说，守澳官掌管澳门社会的治安和防卫，并兼管贸易税收的相关事宜。

第二节　税制改革

一、抽分制、给价制

（一）贡物抽分

在税收征收方式上，明朝的征税办法经过了从抽分制到丈抽制再到定额税制的变革。抽分制是宋元时期主要的对外贸易征税形式。看一则史料："念华夷同体，有无相通，实理势之所必然。中国与夷，各擅土产，故贸易难绝，利之所在，人必趋之。本朝立法，许其贡而禁其为市。夫贡必持货与市兼行，盖非所以绝之。律款通番之禁、下海之禁，止以自治，吾民恐其远出以生衅端。至其公同验实，则延礼有银，顿贮有库，交货有时。督主有提举，有市舶，历历可考。又例观广、福通商行税，在王者有同仁之政，在吾人无独弃之情。"❶ 可见，明朝对于朝贡贸易中供船携带的货物经由市舶司进行征税，其中广东和福建是当时对外贸易中比较有代表性的。而明朝在朝贡贸易中也多采取抽分的方式，明实录中记载，朝贡各国所带的货物，

---

❶ 《明经世文编》卷二百七十《复胡梅林论处王直》。

一部分抽分，一部分给价，"旧例，岭南诸番入贡，其所附货物，官税其半，余偿之直；其不以贡来者，不许贸易，与之交通者罪至死。后以中人镇守，利其入，稍弛其禁……"❶市舶司职权的奏疏中也有记载："国初浙、福、广三省设三市舶司。在浙江者，专为日本入贡，带有货物，许其交易。在广东者，则西洋番船之辏，许其交易，而抽分之……宜备查国初设立市舶之意，毋浅利孔，使奸人得乘其便。"❷

抽分制形成定例的时间据史料记载，明朝贸易关税的抽分制度是正德四年（1509 年）开始实施的，此时抽分税收制度得到了法律的认可。抽分制，即征收商船上一定比例的货物作为税收的制度，属于一种实物税制。抽分的比例起初为百分之三十，即十分抽三。正德十二年（1517 年）以后抽分比例由十分抽三改为十分抽二。

嘉靖《广东通志》记载：

抽分有则例，布政司案查得正统年间以迄弘治节年，俱无抽分。惟正德四年，该镇巡等官、都御史陈金等题要将暹罗、满刺加固并吉阑国夷船货物俱以十分抽三，该户部议将贵细解京，粗重变卖，留备军饷。至正德五年，巡抚两广都御史林廷选题议各项货物着变卖存留本处，以备军饷之用。正德十二年，巡抚两广都御史陈金会勘副使吴廷举奏，欲或仿宋朝十分抽二，或依近日事例十分抽三，贵细解京，粗重变卖，收备军饷。题

---

❶《明武宗实录》卷一百二十三。
❷ 胡宗宪：《筹海图编》卷十二《开互市》。

议只许十分抽二。❶

万历《广东通志》载：

国朝自洪武至弘治间，诸国贡至，皆取自上裁。多寡为例，抽分无考。正德四年，都御史陈金始奏以十分抽二为率，贵细解京，粗重变卖，留备军饷。都御史林富复申明变卖专留本处备饷。从之。十二年，陈金再镇时，副使吴廷举奏请，或仿宋朝十分抽二，或依近日事例，十分抽三，其贵细粗重，分别如前。陈金议从近日例。部议核定十分抽二为常。❷

庞尚鹏在题为《陈末议以保海隅万世治安疏》也提到："广州南有香山县，地当濒海，由雍陌至濠镜澳，计一日之程，有山对峙如台，曰南北台，即澳门也……往年夷人入贡，附至货物，照例抽盘。其余番货私赍货物至者，守澳官验实，申海道闻于抚按衙门，始放入澳，候委官封籍，抽其十之二，乃听贸易。"❸

再看两则国外的史料：

感谢我主基督委派我去着手和平，签订协议之事。我与我们所有的人商定，统一按照中国的惯例缴纳关税，遵从上帝和

---

❶ （明）黄佐撰：《（嘉靖）广东通志》卷六十六《外志三·番夷》，载中国第一历史档案馆、澳门基金会、暨南大学古籍研究所合编：《明清时期澳门问题档案文献汇编》，人民出版社 1999 年版，第 169 页。

❷ （明）郭棐：（万历）《广东通志》卷六十九《外志三·番夷》，载中国第一历史档案馆、澳门基金会、暨南大学古籍研究所合编：《明清时期澳门问题档案文献汇编》，人民出版社 1999 年版，第 180 页。

❸ （明）庞尚鹏：《百可亭摘稿》卷一，《四库全书存目丛书》集部第一百二十九册。又见中国第一历史档案馆、澳门基金会、暨南大学古籍研究所合编：《明清时期澳门问题档案文献汇编》，人民出版社 1999 年版，第 281 页。

为尊贵的殿下效力，我们已得到了以往享有国王特许到东方来的第一批葡萄牙人所没有得到的，那就是中国已同意我们去进行贸易。

……我不识中文，也没有带来。条例规定我们交纳20%的关税，那是一种惯例，暹罗人即如此交纳。他们持有中国皇帝颁发的勘合前去中国，交纳20%的关税。我回答不考虑交纳超过10%的关税。海道表示那很困难，因为关税是由皇帝制定的，需要一年时间才能答复我们，那里距离皇帝所在地有3至4个月的路程。后来他没有让我们交纳20%以上的关税，对我们所带货物，说通常收取10%，并让我下令热情接待如同审判官的中国官员们。❶

广东周围及广州城海道遣人议和定税……至于这次议和，我未与他达成任何税率或协议，商议的结果是，我们必须遵照习惯按百分之二十纳税并按国王的恩准在华完纳。至于上述百分之二十的关税，我只同意支付百分之十。海道答复我说无法压低税率，因为这是皇帝规定的税则……于是，将当时我们所携带的货物一半按百分之二十纳税，这样平摊下来也只是我们所说的百分之十。他要求我好生招待上船抽税的官员……于是，在华商务出现了和局，众人得以高枕无忧做生意，赚大钱。许多葡萄牙人前往广州及其他地方行商……除支付上述税率外，无其他苛捐杂税。许多商人隐报，实际上，仅仅支付三分之一

---

❶ J. M. Braga：The Western Pioneer and their Discover of Macao，Appendix D，pp. 202–220. 转引自万明：《中国融入世界的步履——明与清前期海外政策比较研究》，社会科学文献出版社2000年版，第259页。

货物的关税。❶

上述中外史料的对比可知，明朝时期，抽分制在朝贡贸易中就开始成为定例。在福建、浙江、广东地区的商舶贸易也同样适用，明政府对于对外贸易一直行使着管理权，对其进口贸易的货物采取征收贸易税的征收与管理，对外贸易之初适用明朝的原有税制抽分制，即按照规定抽其货物的 20% 作为关税，其中外国史料中所提到的 10% 是广东地方政府因收受贿赂而做的这种决定。

（二）番货给价

据《大明会典》记载："凡番国进贡，内国王、王妃及使臣人等附至货物，以十分为率，五分抽分入官，五分给还价值，必以钱钞相兼；国王、王妃钱六分，钞四分；使臣人等，钱四分，钞六分。又以物折还，如钞一百贯铜钱五串，九十五贯折物，以次加增，皆如其数。如奉旨特免抽分者不为例。凡番国进贡船内搜出私货，照例入官，俱不给价。其奉旨给予者不为例。"❷ 弘治年间规定，各国进贡携带用于交易的货品（"附至货物"）采用给价收买的方式，这就是学者所述的"弘治新例"，即对于朝贡货物抽分和给价收买是并用的。具体估价由内府确定，不同国家不同的货物，定价都不同，像宫廷所用的香料，收买价格非常高。由于朝贡贸易获利太少，造成很大的经济压力，明政府在永乐以后定价也有所下降，可参照景泰二年

---

❶ ［葡］索萨：《莱奥内尔·德·索札与汪柏》，金国平译，载《澳门研究》1998 年第 7 期。索札是嘉靖三十三年（1554 年）参与中葡议和的葡萄牙船长，上述记录是很可信的。

❷《大明会典》卷三十五《户部·商税》。

（1451 年）的收税则例。对于番货苏木、胡椒、川椒、黄蜡等还收取牙钱、塌房税等，每种货品都有定例，不同时期有一些税额或者价格的变化。

景泰二年、令大兴宛平二县、于和远店等塌房。每塌房、佥殷实大户二名、或四名、看管。顺天府及二县、俱集各行、依时估计物货价直、照旧折收钞贯。仍造册二本、一本发都税司，一本送部查考。巡视塌房御史、务禁管店小脚、不得揽纳客商课程。以不堪钞抵数送官。及邀截客货、骗害商人。其收税则例、上等罗（土商）每疋税钞、牙钱钞、塌房钞、各二十五贯。中等罗（土商）、每疋税钞牙钱钞、塌房钞、各一十五贯。下等罗（土商）、每疋税钞、牙钱钞、塌房钞、各一十贯。上等纱绫锦每疋、青红纸每一千张、篦子每一千箇、税钞、牙钱钞、塌房钞、各六贯七百文。中等纱绫锦每疋、细羊羔皮袄每领、黄牛真皮每张、扇骨每一千把、税钞、牙钱钞、塌房钞、各五贯。青三梭布每疋、红油纸每八千张、冥衣纸每四千张、铁锅每套四口、籐黄每斤、税钞、牙钱钞、塌房钞、各四贯。褐子绵紬每疋、毛皮袄毡衫每领、乾鹿每箇、税钞、牙钱钞、塌房钞、各三贯四百文。官绢官三梭布每疋、绒线每斤、五色纸每四千五百张、高头黄纸每四千张、税钞、牙钱钞、塌房钞、各三贯。小绢白中布青圔线夏布每疋、手帕每连三箇、手巾每十条、皮裤每件、小靴每套三双、板门每合、响铜每斤、连五纸每千张、连七纸每一百五十张、税钞、牙钱钞塌房钞、各一贯。青大碗每二十五箇、青中碗每三十箇、青大楪每五十箇、税钞、牙钱钞、塌房钞、各七百四十文。洗白夏布、青绿红中串二布每疋、包头每连二十箇、毡条每条、大碌、铜青碌、枝条碌、生熟铜、苏木、胡椒、川椒、黄蜡、蘑菇、香蕈、木耳、每斤、酒罈土酒海每箇、青中楪每五十箇、白大盘每十箇、书房纸每四篓、笔管每五百箇、油（革占）每副税钞、牙钱钞、塌房钞、各六百七十文。青小楪每五十箇、白中盘每十五箇、税钞、牙钱钞、塌房钞、各六百文。花布被面每□、白中串二布每疋、靛花青、红花、针条、每斤、青靛、银杏、菱米、莲肉、软枣、石榴、每十斤、青大盘每十二箇、青盘每十五箇、青小盘每二十箇、青小碗每三十箇、乾鹅天鹅等野味每只、南丰大篓纸每四块、竹椅每把、税钞、牙钱钞、塌房钞、各五百文。喜红小绢每疋、税钞、牙钱钞、塌房钞、各四百七十文。麻布每疋、花椒、水牛底皮、每斤、土青盘每十五箇、土青碗、小白盘、每二十箇、土青楪每五十箇、青茶钟每七箇、税钞、牙钱钞、塌房钞、各四百文。小粗绵布每疋、毡袜每双、土降香、白砂糖、饧、每斤、草蓆每领、雨伞每把、翠花每朵、草花每十朵、刷印马纸每四块、土尺八纸每块、南丰篓纸每六块、连三纸每一千张、毛边纸、中夹纸、每一百张、酒曲每十块、税钞、牙钱钞、塌房钞、各三百四十文。灯草每斤、土青酒钟、土青茶钟、每十二箇、土青香炉、大白碗、每十箇、中白碗、每十五箇、白大楪每二十箇、白小楪每二十五箇、税钞、牙钱钞、塌房钞、各三百文。马牙速香、鱼胶、每斤、税钞、牙钱钞、塌房钞、各二百四十文。药材每斤、白小碗每十五箇、税钞、牙钱钞、塌房钞、各二百文。荔枝、圆眼、冬笋、松子、桐油、柏油、黑砂糖、蜂蜜、每斤、腊臁脂每两、土粉、土硝、硫、松香、墨煤、（荣去木改林）麻、肥皂末香槐花、胶枣、鸡头、螃蟹、蛤蜊、每十斤、乾兔鸡鸭每隻、白茶钟每六箇、甘蔗藕、每十根、竹箸、每一百双、竹扫帚每十把、蒲蓆每领、杂毛小皮每张、毡、帽每箇、草鞋每十双、税钞、牙钱钞、塌房钞、各一百七十文。明乾笋、葡萄、海菜、金橘、橄榄、牙枣、宁麻、每斤、税钞、牙钱钞、塌房钞、各一百四十文。绵花、香油、紫草、红曲、紫粉、黄丹、定粉、芸香、柿饼、栗子、核桃、林檎、甘橘、雪梨、红枣、杨梅、枇杷、榛子、杏仁、蜜香橙、乌梅、五倍子、咸弹、黑乾笋、叶茶、生姜、石花菜、虾米、鲜乾鱼、鲜猪羊肉、黑铅、水胶、黄白麻、钢、熟铁、每斤、绵絮每套、芦蓆每领、绵臙脂每帖、西□每十箇、税钞、牙钱钞、塌房钞、各一百文。乾梨皮、荸荠、芋头、鲜菱、乌菱、鲜梨、鲜桃、杏子、李子、鲜柿、柿花、焰硝、皂白矾、沥青、生铁、每斤、乾葱、胡萝卜、每十斤、冬瓜每十箇、萝卜菠芥等菜四十斤、税钞、牙钱钞、塌房钞、各六十五文。其馀估计未尽物货、俱照价值相等则例收纳。其进塌房钞、并抽分布疋、及按月该纳房钞、俱为除免。❶

二、丈抽制

嘉靖三十五年（1556 年）葡萄牙人与广东官员签订的一份关于葡萄牙人在广州贸易的时候，不再按照货物的价值、数量进行抽分，而是根据入港船舶的大小进行收税的协议。协议内容大致为：

中国关税的缴纳方法不像我们，而是像暹罗的交纳法一样，即以腕尺为单位，从船头到船尾测量载货到中国的船只，交付税款按腕尺计算，每腕尺该是多少。（原注：然而，1578 年以

---

❶ 《大明会典》卷三十五《户部·商税》。

后，葡萄牙人除了要缴纳关税外，还得缴停泊税。）目前中国的纳税方式和现有税率，是由葡人和广州官员参考跟这些葡人做生意的中国人的意见制定的。（原注：这项协议是1554年由莱昂内尔·德·索萨［Leonel de Sousa］与广东省官员签订的）。如果他们按照原有关税，现有关税比以前重。❶

实行抽分制时，外商经常虚报货物数量、隐匿货物，对于税收的监管和征收不利。因此实行实物抽税制度的弊端慢慢地显现出来，比如葡商隐瞒货物数量，或者在进港之前就由国内外私船把货物提前运走，偷税漏税的现象很严重，影响到明政府的税收，而且很难查收违禁品携带问题，正如霍与瑕《上潘大巡广州事宜》所述：

近日闽浙有倭寇之扰，海防变密，凡番夷市易皆趋广州。番舶到岸，非经抽分，不得发卖。而抽分经巡抚海道行移委官，动逾两月，番人若必候抽分乃得易货，则饿死久矣。故令严则激变之祸生，令宽则接济之奸长。近来多失之宽，恐侮敌玩寇，闽浙之祸将中于广州也。广东隔海不五里而近乡名游鱼洲，其民专驾多橹船只，接济番货。每番船一到，则通同濠畔街外省富商搬瓷器、丝绵、私钱、火药等违禁物，满载而去，满载而还，追星逐月，习以为常，官兵无敢谁何？比抽分官到，则番舶之货无几也。❷

---

❶ C. R. Boxer: South China in The Sixteenth Century, London, Printed for the Hakluyt Society, 1953, p. 204.

❷ （明）霍与瑕：《霍勉斋集》卷十二《上潘大巡广州事宜》，载中国第一历史档案馆、澳门基金会、暨南大学古籍研究所合编：《明清时期澳门问题档案文献汇编》，人民出版社1999年版，第290页。

　　明政府针对私自接济之事也曾明确下令禁止："凡夷趁贸货物，俱赴省城公卖输饷，如有奸徒潜运到澳与夷，执送提调司报道，将所获之货尽行给赏首报者，船器没官。敢有违禁接买，一并究治。"[1] 但是还是不能禁止上述现象的发生。

　　直到明朝隆庆时期，明政府决定将关税征收办法改为丈抽制，适用于整个对外贸易。丈抽制是一种货币税制，即对商船货物进行征银，指按船的大小缴纳一定比例的税额。"所谓丈抽，就是外国船只到澳门后，由海防同知、市舶提举及香山知县三方共同丈估，即丈量船只的长宽，然后根据船只的吃水深度来计算船内载货的重量和数量而制定其应纳税银的数量。即按船只大小为额的舶税。"[2] 即进口税和船税都依照船只的大小统一进行征收数额不等的关税。万历《广东通志》则记录了隆庆和万历期间的丈量方式。

　　隆庆间，始议抽银，檄委海防同知、市舶提举及香山正官，三面往同丈量估验，每一舶从首尾两牓丈过，阔若干，长若干，验其舶中积载出水若干，谓之水号，即时命工将牓刻定，估其舶中载货重若干，计货若干，该纳银若干，验估已定，即封籍，其数上海道转闻督抚，待报征收；如刻记后水号征有不同，即为走匿，仍再勘验船号出水分寸又若干，定估走匿货物若干，赔补若干，补征税银，仍治以罪。号估税完后，贸易听其便。每年税银约四万余两备饷。自万历二十七年后，皆内监李榷使

　　[1] （清）印光任、张汝霖：《澳门记略》上卷，《官守篇》，国家图书馆出版社2010年版，第71页。
　　[2] 陈青松、汤开建：《明后期中葡贸易中丈抽税银制的实行：1571—1597年》，《江苏商论》，2006年第12期。

专之，虽丈抽不得主裁矣。❶

《广东赋役全书》中也记载了丈抽的具体程序。

> 每年洋船到澳，该管澳官见报香山县。通详布政司并海道俱批。市舶司会同香山县诣船丈抽，照例算饷。详报司道批回该司，照征饷银。各夷办纳饷银，驾船来省，经香山县盘明造册，报道及开报该司；照数收完饷银存库。❷

一般情况下，每有船舶抵达澳门港，葡人的检查官就会及时通知澳门市舶司的主管官员，把一份船货清单呈交给市舶司。市舶司官员会确定丈量的日期，之后市舶使或是其委派的代表在澳门检查官和相关船长的陪同下，登上商船去丈量船的体积。"税额取决于船只的大小。商船经过丈量后，船上的货物就可以进行估价纳税。纳税后，货物就能载往国外销售，或是运抵广州贸易。该笔税收上缴到广州地方府库。"❸

三、定额税制

丈抽制实施过程中仍然存在偷税漏税之事，明政府也对此以立法方式加以约束，如《海道禁约》第三条："禁兵船编饷。凡蕃船到澳，许即进港，听候丈抽，如有抛泊大调环、马骝洲

---

❶ （明）郭棐：（万历）《广东通志》卷六十九《外志三·番夷》。

❷ 佚名：《广东赋役全书》第114页，《澳门税银》，载中国第一历史档案馆、澳门基金会、暨南大学古籍研究所合编：《明清时期澳门问题档案文献汇编》，人民出版社1999年版，第51页。

❸ 张天泽：《中葡早期通商史》（中译本），姚楠、钱江泽，中华书局1983年版，第117页。

等处外洋，即系奸刁，定将本船人货焚戮。"❶ 尽管有法律的规制，但是澳门葡商深知明政府官员之腐败，每每加以贿赂，偷税漏税之事屡禁不止，并且丈抽制本身也有自身的局限——丈抽制度所依据的是船只的大小、吨位，实际上相当于一种舶税，不考虑船上实际货物的价值和数量，使得税收会比按照货物数量、价值予以征收的关税要少得多，影响了财政收入，也是一种考虑不够周全、不够成熟的一种税收方式。除此之外，贿赂时时发生。"葡萄牙人从 1578 年开始，常去广州。受议事会委托处理该城市商贸事务的商人，皆谒见有关管理本地事务的官员，带上 4000 两银子作为见面礼。当船只满载起航时，还要奉上两倍于此的数目。"❷ 贿赂时常发生，数额非常巨大，正所谓重赏之下必有勇夫，很多官员难以抗拒诱惑，就睁一只眼闭一只眼而不顾国家的利益。

针对上述原因，万历二十六年（1598 年），澳门开始实行定额税制，也称包税制，"本年（万历二十六年，1598 年），广东政府为了防止丈抽制带来的弊端，开始在澳门推行定额税银制，定额为每年 26000 两"。❸ 下面看两则史料记载了定额税制实施的细节：

> 又据香山县知县顾其言申……万历二十六年，额系二万六千两，比缘岁输不足，减去四千，皆取诸到澳之夷船、唐商、

---

❶ （清）印光任、张汝霖：《澳门记略》上卷，《官守篇》，国家图书馆出版社 2010 年版，第 71 页。

❷ ［瑞典］龙思泰：《早期澳门史》，吴义雄、郭德焱、沈正邦译，东方出版社 1997 年版，第 108 页。

❸ 吴志良、汤开建、金国平主编：《澳门编年史》第一卷，广东人民出版社 2009 年版，第 271 页。

彝商之贸易。该本道看得香山澳税初定二万六千，后征不足，议去四千，见在额二万二千。察所抽者皆于到澳之番舶、贸易之彝商并唐商下澳者。丈量尺寸，盘秤斤两，各有定制，按而抽之，莫能高下其手。饷之足与不足，在乎番舶商货之大小多寡而盈缩焉。虽有定额，实无定规……今东洋绝市，西洋罕至，商货停阻，可足饷者，日孜孜以求足额为念。第舶饷之盈亏，总在彝船之多寡。或东西两洋日后和好，依旧互市，岁额庶可充足。❶

《广东赋役全书》也有记述：

每年洋船到澳，该管澳官见报香山县。通详布政司并海道俱批。市舶司会同香山县谒船丈抽。照例算饷。详报司道批回该司，照例征饷，各夷办纳饷银，驾船来省，经香山县盘明造册，报道及开报该司，照数收完饷银存库。夷舶饷银原额二万六千两，续因缺太多，万历三十四年该司道议详两院题准，允减银四千两，尚实额银钱二万二千两。❷

定额税银制度在实施中也受到明廷吏治混乱的影响。如万历二十七年（1599年）：

3月22日，明神宗正式委任李凤入粤掌管广东矿税市舶。李凤入粤后，为了更便于到澳门督税，原准备将衙门设在香山

---

❶ （明）李侍问：《罢采珠池盐铁澳税疏》，载（清）张嗣衍：（乾隆）《广州府志》卷五十三（艺文）五，广东省图书馆藏乾隆刊本。

❷ 佚名：《广州赋役全书》第144页，《澳门税银》载中国第一历史档案馆、澳门基金会、暨南大学古籍研究所合编：《明清时期澳门问题档案文献汇编》，人民出版社1999年版，第51页。

县城。后任香山知县张大猷极力反对，称：香山斗大孤城，俗
凋民瘵；近海瘴疠，砭人肌骨，建牙于邑，诚与税使非宜。若
夫彝情叵测，易动难制，万一巡行其地，仓促有变，犯及使命，
如朝廷威德何？后又有诸御史反对，此议遂止。李凤，为万历
年间执掌广东地区经济、政治、军事及对外贸易诸多权力的显
赫人物，领衔为钦差总督珠池、市舶、税务兼管盐法太监。其
入粤后，即大行虐政，贪赃枉法，胡作非为，广置心腹，众树
爪牙，委官参随，多亡命无赖，掘人冢，坏人庐，荡人产，劫
人财，以济溪壑之欲。本年，李凤入粤后，见澳门葡人海外贸
易获利丰厚，夷人钱甚多，一往而利数十倍。遂命将广东总税
额增至 20 万，而在澳门原税额 26000 两的基础上再增派 2 万两，
又派之濠镜澳货二万两，榷解十余年以来，民商皮肉已尽。❶

万历二十六年（1598 年）起，为了避免上文提到的丈抽制
的弊端，明政府决定实行定额税收制度。原定每年 26000 两税
银，数量巨大，由于澳葡受到英国、荷兰等的拦截和打击，贸
易额受到影响，每年的税银很难交足，于是澳葡向广东政府请
求减免。其请求得到了明政府的许可，万历三十四年（1606
年）时税额减到 22000 两。议减过程和征收程序请见如下材料：

万历三十四年（1606 年），议减澳门税银 4000 两。澳门税
银原定额为 26000 两，由于累年征输不足额，遂议减 4000 两，
定额为 22000 两，皆取诸澳彝船唐商、彝商之贸易。年年洋船
到澳，该管官报香山县，通详布政司并海道副使。市舶司令同
香山县诣船丈抽，照例算饷，详报司道批回，该司照征饷银。

---

❶ 吴志良、汤开建、金国平主编：《澳门编年史》第一卷，广东人民出版社
2009 年版，第 273 页。

各彝办纳饷银，驾船来省，经香山县盘明造册，报道及关，报该司照数收完饷银贮库。[1]

明朝末期，澳门葡人贸易受到巨创，英国、荷兰的舰队经常抢劫葡萄牙贸易船只和货物，即使议减之后，澳门税银仍存在征收不足的情况，"澳门原定税额为 22000 两白银，今年征输不足，仅为 9000 两"。[2]

该税饷的征收更加明确了征收对象，即葡商来澳番舶之船税、葡商货物出口税、以及华商货物进口税。在 1579 年之前关于货物的进出口税都由华商承担，现在很明确的区分了该税收的缴纳主体，可以说是明政府税制改革的一大进步，税收种类逐渐清晰，实在是实践中所积累得失经验之故。

第三节　征税种类

一、月港税制

月港开放海禁后，明政府为了强化管理私人下海对外贸易，设立了专门的征税机构——督饷馆，也根据福建出海以及对外贸易的具体发展，制定了对外贸易税收的征收办法，这一税制称为月港税制。与广东澳门税制有很大不同，在征税种类方面

---

[1]　吴志良、汤开建、金国平主编：《澳门编年史》第一卷，广东人民出版社 2009 年版，第 274 页。

[2]　吴志良、汤开建、金国平主编：《澳门编年史》第一卷，广东人民出版社 2009 年版，第 272 页。

也不同，可见明朝时期的对外贸易税收管理方面也是遵循各个地区的具体情况，而制定了各自不同的对外贸易法制规范。这些又是明朝对外贸易法律体系的一部分，是整体与部分的关系。

月港税制征税的原则是"凡船出海，纪籍姓名，官给批引，有货税货，无货税船，不许为寇"❶。明朝在月港税制下征税种类为四种。

（一）引税

明朝规定，凡是出海贸易的商船需要到海防馆（后为督饷馆）进行申请登记，要写明商船携带货物的种类、数量；船的大小；出海贸易的所到的国家，由海防馆审核合格后，发放出海引，即出海贸易许可，源自元宋时期的"公凭"，取得该船引需要缴纳的税即为"引税"。起初明朝并不限制商船到达哪些国家，万历十七年（1589 年），福建巡抚建议东洋出海船只为 44 艘，西洋出海船只 44 艘。一年只允许出海共计 88 艘，后来增加到 110 艘，就是有船引 110 引，最多一年达到 137 引。

（二）水饷

水饷是按照商船的大小、体积所征收的税种，就是以商船的吨位而征收的船舶税，即为水饷。"水饷者，以船广狭为准，其饷出于船商，西洋船面阔一丈六尺以上者，征饷五两，每多一尺加银五钱。东洋船颇小，量减西洋十分之三。鸡笼、淡水地近船小，每船面阔一尺，征水饷五钱。"❷

---

❶　（明）张燮撰，谢方点校：《东西洋考》卷七《饷税考》。
❷　（明）张燮撰，谢方点校：《东西洋考·税饷考》，中华书局 1981 年版，第132 页。

水饷的征收采用的是累进税额的方式，表 4-2 可以更详细看出该税种的具体变化。以西洋船为例，表 4-2 详细展示了该税种的具体变化情况。

表 4-2　西洋商船大小及税种变化情况[1]

商船大小	税率/尺（两）	纳税总额（两）
	西洋	西洋
1.7	5.5	93
1.8	6.0	108
1.9	6.5	123
2.0	7.0	140
2.1	7.5	157
2.2	8.0	176

（三）陆饷

陆饷是按照进口货物的价值、数量向铺商征收的进口货物关税。"陆饷者，以货物多寡计值征收，其饷出于铺商。又虑间有藏匿，禁船商无先起货，以铺商接买货物，应税之数给号票，令就船完饷而后听其转运焉。……陆饷胡椒、苏木等货计值一两者，征饷二分。"[2] 陆饷的纳税人是铺商，要完税以后才可以将货物运出商船，税率大概为百分之二，不同货品征收税率不同，福建月港的税则规定得非常详细，有的按照货物价值的高

---

[1]　根据《东西洋考·税饷考》制作，参见（明）张燮撰，谢方点校：《东西洋考·税饷考》，中华书局 1981 年版，第 140 页。

[2]　（明）张燮撰，谢方点校：《东西洋考·税饷考》，中华书局 1981 年版，第 132 页。

低征收，有的按照货物的品级征收。

（四）加增饷

加增饷是专门针对海外贸易中的从吕宋回航的商船所征收的附加税。从吕宋回来的商船一般很少携带货物，多携带银钱，所以难以按照货物数量征税，"东洋吕宋地无他产，夷人悉用银钱易货，故归船自银钱外，无他携来，即有货亦无几，故商人回澳，征水陆饷外，属吕宋船者，每船更追银百五十两，谓之加征。后诸商苦难，万历十八年，量减至百二十两"❶。因此，要对吕宋回来的商船加征一百五十两或一百二十两的固定税银。

上述四种税收都是以货币的形式征收，这是古代税收制度的一大进步。

二、澳门税制

根据史料记载，葡萄牙人进驻澳门以来，要向明政府缴纳关税、泊费和地租银。"据《耶稣会会士在亚洲》：从将此港及半岛交给葡萄牙人的那时起，除了关税或泊费外，还支付一定数量的地租。但这些年此笔款项未入皇帝的金库，因为葡萄牙人将地租交给海道，他是本地的主管官员及保护人，他一人独吞、挥霍，以至于人们称其为海道贿金。"❷可见，在澳门税收的种类大致有三种，即关税、泊税（船税或吨税）和地租税。

---

❶ （明）张燮撰：《东西洋考·税饷考》，中华书局 1981 年版，第 132 页。
❷ 吴志良、汤开建、金国平主编：《澳门编年史》第一卷，广东人民出版社 2009 年版，第 114 页。

（一）地租

葡萄牙人自入驻澳门以来，每年都要缴纳地租银五百两。地租银起初由广东海道独吞，一直未上缴国库，在隆庆六年（1572 年）时正式纳入国库。"本年（1572 年），葡人为居住澳门而缴纳海道的贿金变成正式纳入国库的地租银，而广东政府亦正式开放对葡人的广州贸易。当时的情况是：1571 年或 1572 年当葡萄牙人前往广州参加交易会时，官员按照惯例身着红袍，出大成门来收葡萄牙人带来的税金。通事佩得罗·贡萨尔维斯（Pedro Gonçalves）对海道副使说我们也带来了澳城的 500 两租银。因当着其他官员的面，海道副使只得说这是澳城交的地租，要给皇帝的金库。从那时起，澳城每年纳地租，入皇帝金库。"❶缴纳地租银的时候，也有一个简单的仪式：缴纳地租的仪式十分简单，在关闸前，澳门葡人将一个装有白银的口袋交给中国官员，然后领取收据。中国官员则向交租葡人赠送一坛中国酒和一些糕点。❷葡萄牙国家图书馆内珍藏了很多香山县在收取地租后给葡人出具的回执。澳门葡人每年向明政府缴纳地租成为一项基本义务，说明澳门葡人居住澳门、经商已经得到明政府的官方许可，也说明明政府一直是澳门主权的完全行使人。

（二）关税

关税是指进出口商品在经过一国关境时，由政府设置的海关向进出口国所征收的税收。明朝没有近代的海关，但是拥有

---

❶ 金国平编译：《西方澳门史料选萃（15—16 世纪）》，广东人民出版社 2005 年版，第 276–277 页。

❷ ［葡］潘日明：《殊途同归：澳门的文化交融》，苏勤译，澳门文化司署，1992 年版，第 98 页。

行使海关权力的机构，市舶司可以说是明朝时期的海关机构，在澳门市舶司也有机构设置；除此外如上述，海防同知、香山县令也在共同协助市舶司行使海关的权力，对于往来我国的商船征收进出口税收。关税含有出口税和进口税。出口税是指出口国海关根据关税税则对出口商品所征课的关税，也就是明政府对于葡人购买的中国货物和中国商人出口的货物征收的货物出口税。根据龙思泰《早期澳门史》的记载：出口税大概是万历七年开始征收的，"从 1579 年开始，葡萄牙人必须在广州缴纳出口税"●。1579 年之前关于货物的进出口税都由华商承担。进口税也称进口关税，指进口国海关对从外国进入本国的货物和物品征收的一种关税，是关税中最主要的一种。此处指明政府对于外国商船携带到澳门出售的商品和货物所征收的货物进口税。前文在税制改革中已经很详细地介绍了进口税的征收办法和税率变更问题，此处不再赘述。

（三）船税

船税类似于明政府在福建漳州月港施行的水饷，就是按照船的大小向船主征收的一种吨位税，就是针对进出港口的船舶所征的一种税种，目的是维护港口、航线的正常运营而对商船本身所要征收的一种税收。船税的征收方法与《大明会典》中的船钞很相似。

国初止有商税，未尝有船钞。至宣德间，始设钞关，凡七所。若临清、杭州，兼榷商税。其所榷本色钱钞，则归内库，

● ［瑞典］龙思泰：《早期澳门史》，吴义雄、郭德焱、沈正邦译，东方出版社 1992 年版，第 108 页。

以备赏赐；折色银两，则归太仓，以备边储。每岁或本折轮收，或折色居七分之二。其收钞有轻重，差官有专摄，亦有设而复罢者。❶

葡萄牙人也有相应的记载："商船进口征收舶税，按照船舶的大小缴纳。"❷ 再看下面的记载："万历三十九年（1611 年）12 月，荷兰人的到来打击了从果阿经马六甲、澳门再至日本的贸易，但受影响的主要是马六甲—澳门这一段航程。为了保护葡人在中国的贸易不受荷兰人的侵扰，葡印总督开始派遣海军军舰在海上护航。当年有 4 艘军舰首次进入澳门，明朝官员要对这批军舰进行丈量，并征收吨税。葡舰司令海军准将瓦斯孔塞洛斯（Dom Diogo de Vasconcelos de Menezes）表示反对，认为这些船只为皇家兵船，不应缴税，并声称如果要强制收税，他将以武力相抗。明朝官员即命封关绝市，断绝对澳门葡人的一切供应，使澳门葡人无法生存。澳门葡人苦苦哀求瓦斯孔塞洛斯让步，但海军准将始终不予应肯。于是，澳门葡人聚议于议事会，使计将准将擒拿，并逼其就范。最后，议事会答应明朝官员的条件，同意为这批军舰代交 4870 两银子的船税。从此，葡萄牙兵船到澳门均须缴税，并列入《海盗禁约》。"❸ 由上可以推知，对于葡萄牙的商船和兵船明政府都要征收泊税。也可以看出明政府在对澳门实行税收管理的态度上是绝对强硬的。

---

❶ 《大明会典》卷三十五《户部·钞关》。

❷ C. R. Boxer: Macau na Epoca da Restauraçáo. p. 34

❸ 吴志良、汤开建、金国平主编：《澳门编年史》第一卷，广东人民出版社 2009 年版，第 320 页。

(四) 以澳门议事会为征税主体的进口税

在以明政府为征税主体的税收中, 纳税人一般是来澳门贸易的外国商人和出口货物的中国商人。葡萄牙人在澳门居住生活, 也需要税收来维持其内部各机构的运行, 于是澳门议事会向葡王申请, 请求对进入澳门港的货物征收进口税。"葡印总督佩德罗·卡士蒂略 (D. Pedro de Castilho) 致信菲利普三世称, 澳门议事会请求对进入澳门港的货物征收 5% 的进口税, 所征税收用于加强澳门城墙建设和支付兵头费用。翌年 1 月 10 日, 菲利普三世批准了澳门议事会的请求。"❶

(五) 税收减免及优惠政策

需要指出的是, 明朝对澳门葡商实际上有很多税收优惠措施。对此, 徐萨斯《历史上的澳门》记载:

在中国, 葡萄牙人的贸易享有特权和豁免, 这是后来的外国商人享受不到的。譬如, 一艘葡籍商船第一次被估为约 200 吨, 将交付 1800 两银子作为吨税, 以后每次仅需缴纳此数目的三分之一……同样吨位的船只若是悬挂其他任何一国的旗帜, 要交付 5400 两银子的吨税, 而且以后每次要交付同样数目的税金。葡萄牙人在广州购买的所有商品缴纳的税金比其他国家的商人少三分之二, 葡萄牙的军舰不用交纳吨税, 而其他国家的

---

❶ 转引自 [葡] 鲁伊·罗里多:《葡萄牙人与丝绸之路, 明朝末年的澳门与马尼拉》,《文化杂志》, 2002 年第 44 期。

军舰则必须缴纳。❶

张天泽的记述大体相同：

葡萄牙人享有的种种特权和豁免权不是其他任何外国商人所能享有。例如，一艘两百吨级的葡萄牙船经过第一次丈量后，缴付白银一千八百两作为泊税，以后每次前来，只需缴纳此数的三分之一。而一艘同样吨位的挂着其他任何外国国旗的船只无论是第一次还是以后各次抵达港口，都须缴纳白银五千四百两。对葡萄牙人在广州购买的所有商品，其征税额也要比其他国家商人所缴的低三分之二（且欧洲人不得轻易进入广州城），即使葡萄牙商船发生海难事故，中国政府派船救捞起来后，将船员送到澳门，免收一切费用，而他国船舶却需付大笔补偿金。❷

（六）澳门的税制改革

1. 征税机关专业化、制度化

上述机构都曾经享有对澳门贸易征收税赋的权利，笔者认为从征收机关的重叠到专门机构的设立，是一个进步和循序渐进的过程，是明朝在税收管理制度上逐渐成熟、制度化的表现。

1535 年澳门开港成为舶口，市舶司移至澳门，依照职权对外国船只进行征税。但是当时由于内臣镇管市舶机构，市舶司官员对税收管理事项的权力虚空化。1553 年中葡停止干戈议和

---

❶ ［葡］徐萨斯：《历史上的澳门》，黄鸿钊、李保平译，澳门基金会 2000 年版，第 39-40 页。

❷ 张天泽：《中葡早期通商史》（中译本），姚楠、钱江译，中华书局 1983 年版，第 118 页。

后，逐渐开始在澳门搭建草棚进行贸易。1555 年经海道副使汪柏允许，葡萄牙商人进入广州城经商贸易，此时澳门的贸易税收征管和地租收取权力由海道副使掌管。"番商私赍货物至者，守澳官验实，申海道闻于抚按衙门，始放入澳，候委官封籍，抽其十之二，乃听贸易焉。"❶

隆庆至万历年间，澳门的税收管理和征收由海防同知、市舶提举和香山知县共同负责。如万历《广东通志》记载："番商舟至水次，往时报至督抚，属海道委官封籍之，抽其十二，还贮布政司库变卖，或备折俸之用，余听贸易。隆庆间，始听抽银，檄委海防同知、市舶提举及香山正官，三面往同丈量估验。"❷ 万历四十五年（1617 年）时，海防同知驻扎到雍陌之后，逐渐撤出了税收征管的行列，不再参与征税过程，市舶司官员的税收征管职能日显突出。万历四十八年（1620 年）《广东赋役全书》载："年年洋船到澳，该管官县报香山县，通详布政司并海道俱此。市舶司会同香山县诣船丈抽，照例算饷，详报司道批回该司，照征饷银；各彝办纳饷银，驾船来省，经香山县盘明造册，报道及关，报该司照数收完饷银贮库。"❸ 驻扎雍陌的海防同知主要职掌盘查等事务。正如《澳门记略》所言："会同钦总官训练军兵，严加讥察。水路则核酒米之载运，稽番

---

❶ （明）庞尚鹏：《百可亭摘稿》卷一，《四库全书存目丛书》集部第一百二十九册。又见中国第一历史档案馆、澳门基金会、暨南大学古籍研究所合编：《明清时期澳门问题档案文献汇编》，人民出版社 1999 年版，第 280 页。

❷ （明）郭棐：（万历）《广东通志》卷六十九《外志·三·番夷》。载中国第一历史档案馆、澳门基金会、暨南大学古籍研究所合编：《明清时期澳门问题档案文献汇编》，人民出版社 1999 年版，第 80 页。

❸ 佚名：《广东赋役全书》114 页，《澳门税银》，载中国第一历史档案馆、澳门基金会、暨南大学古籍研究所合编：《明清时期澳门问题档案文献汇编》，人民出版社 1999 年版，第 51 页。

舶之往来，不许夹带一倭，陆路则谨塘基环一线之关，每月只许开放二次。"❶ 又如《明神宗实录》卷五百五十七记载兵部议复意见："近闽粤多贩海奸徒，而境湾亦蓄奸薮泽，议将广州海防同知出镇雍防，会同钦总官严加查察，不许违禁夹带。陆路则谨塘基环一线之关，夷商入广，验明给票，方许停泊。"❷

到明崇祯期间，香山县也逐渐不再参与税收征管了。市舶司在征税方面的职权又进一步突出和专业化了。"船之去来呈报则有澳官，饷之多寡抽征则有市舶司，本县于其丈量征抽之间，而稽核之。实则税额之事，各有攸司，本县原无报饷之责也。"❸

澳门的税收征管主管机关由市舶司行使到海道副使行使，再到海防同知、香山知县、市舶司共同行使，最后再重新完全回到市舶司的手中，这是一个比较漫长而复杂的过程，也是由于明政府政治的复杂性使然。市舶提举司在万历十九年（1591年）在香山县设立了抽盘厂，也称抽盘科，专门管理澳门外国商船的税收征管和监察，可以说逐渐享有了澳门贸易税收征管的独立管理权。

2. 澳门税收机构专门化制度化的现实意义

澳门税收征管机构逐渐呈现专门化发展态势，对于澳门对外贸易法制发展具有很重要的现实意义。

首先，防止政出多门，提高贸易效率。我国古代对外贸易

---

❶ （明）田生金：《按粤疏稿》卷三《条陈海防疏》，载中国第一历史档案馆、澳门基金会、暨南大学古籍研究所合编：《明清时期澳门问题档案文献汇编》（五），人民出版社 1999 年版，第 309 页。

❷ 《明神宗实录》卷五百五十七，《明清时期档案文献汇编》，第 18 页。

❸ （清）张嗣衍：（乾隆）《广州通志》卷五十三《艺文》五，载中国第一历史档案馆、澳门基金会、暨南大学古籍研究所合编：《明清时期澳门问题档案文献汇编》（五），人民出版社 1999 年版，第 192 页。

法制发展到唐宋时期，对外贸易出现了专门的管理机构市舶司，基本上对外贸易的管理规范可以纳入市舶司制度中予以考察，特别是到了宋代和元代出现的市舶则法，是市舶对外贸易制度成熟的标志。然而到了明代，市舶制度没落，明朝对外贸易法制的管理机构不再专一发展，而是由很多机构共同管理对外贸易，这样则会出现政出多门，使对外贸易的程序复杂化，不利于对外贸易的发展。澳门对外贸易法制形成初期，也出现明代的上述问题，但在逐渐地发展中，市舶机构又逐渐掌握了澳门对外贸易的管理权力，延续了古代对外贸易法制的优良传统，不失为澳门对外贸易法制的一个进步表现。

其次，管理机构的专门化，有利于防止腐败，减少财政支出。在机构改革之前，由多机构负责管理澳门的税收，在法律规定职权不明的时候会出现各机构争权的情况。比如当内臣管理市舶司的时候，出现了机构争权的现象，日愈演愈烈，滋生了官员腐败，更造成了当时澳门从商人员，要讨好每个部门的相关人员，无疑增加了商人们的负担，造成了资本的浪费。因此澳门税收征管逐渐由市舶司负责，可以裁撤一些冗员，减少财政支出，更有利于防止部门的腐败。

最后，机构专门化是澳门对外贸易法制成熟的表现。明政府在处理澳门对外贸易事务的过程中，逐渐探索出比较完善、系统的税收管理制度，是澳门外贸税收管理成熟的表现。

3. 税制改革的价值

澳门对外贸易税收的征管可以说是自成体系的，不同于明代时期福建督饷馆—月港体制，澳门税制有其自身的特征和进步性。

我国古代的征税方式分为实物税和货币税，这种分类以纳税实体为标准，一般在早期自给自足的经济状况下，充当一般等价物的货币还没有在税收领域中得到广泛的应用，商品交换偶然才发生，交换则多为物物交换。我国古代的征税形式经过了实物税到货币税的演变，在很长一段时间内，古代征税是以谷、绢、麻缴纳的，只有一些杂税才用货币缴纳。一直到明朝，农业税开始征收白银，货币税才逐渐成为古代正税的主要形式。

古代贸易税收的征管一直实行实物税的征收办法，一直到明朝中后期福建、澳门税制改革后，古代贸易税的缴纳开始以货币作为征收途径。实行货币税具有非常重要的意义。

首先，实行货币税有利于国家财政统一结算，方便纳税人缴纳。由于货币税缴纳的媒介是货币，既方便国家的税收管理，也方便纳税人税收缴纳。这也有利于国家直接运用货币顺利组织财政收入，而不用再将上缴的实物转化为货币再进行组织财政收入。简化了中间的环节，节省了转化成本。

其次，有利于避免实物运输损耗和运输不便，减少征收费用。正所谓"税收是财政的娘奶"，是国家运行最重要的物质基础，古代税收比例很重，实物税收要逐一运到国库，作为谷、麻等实物，必然会在运输过程出现损耗，而且数量大，长途运输会增加很多征用支出。然而货币税则避免了上述弊端，特别是纸币流行的时候，税收不会存在运输等问题，这无疑减少了国家征收的支出成本。

最后，货币税可以在更广泛的范围内充分发挥国家税收对社会和经济生活的调节职能和作用。税收是国家调节社会和经济生活的一种有效的调控方式，比如可以根据市场流通的货币数量进行通货膨胀的限制，等等。

澳门对外贸易税收制度由实物到货币的演变是商品经济发

展的必然结果，也是合乎社会需要的税收征收方式。澳门的对
外贸易税制改革为清朝海关税制提供了借鉴。

小　结

外贸税收的征收和管理一直是对外贸易法制的重要内容，
澳门外贸法制也是如此。澳门地区税收征管制度从产生、发展
到逐渐成熟，经历了一系列的变化和改革。首先表现在征税机
构专门化的变化，自1535年澳门开港成为舶口，市舶司移至澳
门，则依照职权对外国船只进行征税。但是当时由于内臣镇管
市舶机构，市舶司官员对税收管理事项的权力虚空化。1553年
中葡议和后，葡萄牙人逐渐开始在澳门搭建草棚进行贸易。
1555年经海道副使汪柏允许，葡萄牙商人进入广州城经商贸易，
此时澳门的贸易税收征管和地租收取权力则全部由海道副使掌
管。隆庆至万历年间，澳门的税收管理和征收由海防同知、市
舶提举和香山知县共同负责。万历四十五年（1617年）时，海
防同知驻扎到雍陌之后，逐渐撤出了税收征管的行列，不再参
与征税过程，市舶司官员的税收征管职能日显突出。驻扎雍陌
的海防同知主要职掌盘查等事务。到明崇祯期间，香山县不再
参与税收征管了。市舶司在征税方面的职权又进一步突出和专
门化了。澳门的税收征管主管机关由市舶司行使到海道副使行
使，再到海防同知、香山知县、市舶司共同行使，最后再重新
完全回到市舶司的手中，这是一个比较漫长和复杂的过程，并
且市舶提举司在万历十九年（1591年）在香山县设立了抽盘
厂，也称抽盘科，专门管理澳门外国商船的税收征管和监察。

市舶司在税收改革过程中逐渐享有了澳门贸易税收征管的独立管理权。

另外，澳门对外贸易税收征管也发生了三次税制的改革。起初在澳门实行的是抽分制，即征收商船上一定比例的货物作为税收的制度，属于一种实物税制。抽分的比例起初为百分之三十，即十分抽三。正德十二年（1517 年）以后抽分比例由十分抽三改为十分抽二。实行抽分制，夷商经常虚报货物数量、隐匿货物，不利于税收的监管和征收。实物抽税制度的弊端逐渐显现，比如葡商隐瞒货物数量，或者在进港之前就由国内外私船把货物提前运走。偷税漏税的现象很严重，影响到明政府的税收，于是明朝隆庆时期，明政府决定将关税征收办法改为丈抽制，丈抽制是一种货币税制，即要对商船货物进行征银。丈抽制，是按船的大小缴纳一定比例的税额。丈抽制实施过程中仍然存在偷税漏税之事，于是在万历二十六年（1598 年），澳门开始实行定额税制，也称包税制。税收的种类主要包括三个方面：一为地租，即葡萄牙人自入驻澳门以来，每年都要缴纳地租银五百两。二为关税，即明政府对于外国商船携带到澳门出售的商品和货物所征收的货物进口税和出口税。三为船税，类似于明政府在福建漳州月港施行的水饷，就是按照船的大小向船主征收的一种吨税，是针对进出港口的船舶所征的一种税种，目的是维护港口、航线的正常运营而对于商船本身所要征收的一种税收。除此之外，澳门议事会在得到葡王允许的情况下，对进入澳门港的货物也要征收进口税，作为维持澳门葡人的城市建设等用途。可见澳门对外贸易税收的征管是自成体系的，与明代时期福建督饷馆体制相比，澳门税制有其自身的特征和进步性。

结　论

　　明代的对外贸易制度是中国古代贸易法律制度的重要组成部分，明代是古代贸易法制的转折发展时期。明代初期的海禁政策极大地影响了对外贸易法制的繁荣和发展。海禁政策的实行，使明代初期的二百年的对外贸易基本限制在官方的朝贡贸易上，私人对外贸易基本被法律所禁止。自海禁松弛后，明代的私人贸易才逐渐恢复，进而出现了关于私人对外贸易的法律规定。因此，明代的对外贸易法制包含两个阶段性的不同内容，即前期的朝贡法律制度和中后期的私人对外贸易法律制度。

　　朝贡贸易法律制度一直持续到隆庆时期。朝贡贸易法律制度以勘合制度为重心，详细规定了贸易使团来华的人数、时间、行道、进出港口、文书填写、贡物种类等内容，严格限制来华贸易的朝贡船只的贡道、来贡时间、停泊港口、进出港程序。然而对于朝贡所带的贡物，明朝一般是免予征税的，且附带的朝贡货物由朝廷高价予以回赐。这样的朝贡贸易制度对明代的商业经济并没有明显的促进作用，反而成为国家财政的重大负担，例如按照朝贡制度的规定，来华的商团是官方意义的，明代要给予相关的衣食起居的安排，这些费用全部由明朝财政承担。古代对外贸易法制的发展和成熟本应是促进经济发展、增加财政收入的一项重要手段，然而在明代却极大加重了财政负担，因此明代非常严格地限制朝贡国来华的次数、访华人员规模、贡物的数量等。即使如此限制，面对朝贡贸易所给周边国家带来的利润，这种限制往往得不到很好的执行，使明廷面临的财政等危机越来越严重。出使使团也会带来一些舶货（民间私货），在全程由官府监督的前提下，在市舶司官牙的主持和参与下，在市舶司所在地或京师的会馆允许其自由买卖，对于对外贸易的恢复和发展、增加税收等也只是杯水车薪。因此，明朝的朝贡贸易法制实质上是明政府控制对外贸易的一种手段，该法律制度以巨大的经济亏损为代价，换取万国来朝、四夷咸服的太平假象，成为社会经济发展的桎梏。

为了管理朝贡贸易，明代也设置了市舶司，而此时的市舶司不再是宋元时期商舶的专管机构，而是强化海禁、严禁私人海上贸易、管理贡舶的专门机构，市舶司的性质发生了根本性的变化。宋元时期市舶司专管对外贸易的权力也被察院、行都、布按三司等机关大大削弱。市舶司成为朝廷控制对外贸易的工具，因而随着朝贡制度的没落，明代的市舶制度也开始衰落，以至于浙江、福建市舶司遭到罢黜而没落。唯独广东地区私人海上贸易复苏后，市舶司制度仍被保留下来。

随着海禁的松弛，明代民间私人贸易逐渐复苏和发展，特别是经济发展极大依赖贸易的广东、福建、浙江等沿海地区，海上对外贸易逐渐发展起来，原来朝贡贸易制度的规定越来越不适宜私人海上贸易的管理和规制，于是明代沿海地区出现了带有地区特色的对外贸易管理制度，如福建泉州督饷馆制度和澳门对外贸易法律制度。

福建泉州月港自明代开放海禁以后，成为私人海商下海经商的出口港。为了管理私人海上贸易，明政府在福建月港设立督饷馆，其实质为一种专门的征税机关。督饷馆体制下，明代为规范私人海上贸易，制定了一系列的饷税和征收办法。督饷馆制度的实行，是明代私人海上贸易管理法制的重要组成部分，该制度遏制了走私活动，更增强了中国海商对外贸易的竞争力，促进了明代后期对外贸易的长久发展和繁荣。福建督饷馆制度所设立的税种，如水饷、陆饷、加增饷等，成为清代开放海禁、设置海关后税种立法的参照。

　　朝贡贸易的弊端在明朝正德时期就开始显现，正德四年（1509年），暹罗的船队遭到暴风侵袭，漂流到广东，广东不问来由仅就货物征税，该税收作为军费之用，此后广东率先准许非朝贡国的商船进入广东贸易，这种做法得到了礼部的默认，于是在广东地区朝贡贸易逐渐开始被私人贸易所取代。在广东基本上已经废弃了朝贡贸易制度，对于来广东贸易的船只不拘年份、不审核勘合，只要贸易船只纳税，即可进入广东贸易。当然这种做法起初遭到很多官员的反对，朝廷中关于非朝贡商船进广东贸易展开了论战，期间反对的声音占主导地位时，广东一度禁止非朝贡贸易船只入港贸易，使得广东地方经济又开始萧条，也影响了广东地方官员的俸禄收入。就此，两广总兵林富于嘉靖八年（1529年）上疏，大谈开市舶的好处，例如货物抽分可供御用、可增军饷，又可以使民众以此为生，减少国家动荡等。该奏疏得到明政府的认可，广东则重开海禁，准许各国商船来广贸易。广东的对外贸易开始繁荣发展，随着葡萄牙人逐渐与广东地方政府取得良好关系并租住澳门，为了方便管理外商行为、以防不测，广东的对外贸易重心基本上转移到了澳门，澳门成为广东的外港。澳门因地制宜逐渐发展起来的私人对外贸易管理法制成为广东贸易管理的主要内容，也是明代私人对外贸易管理法制的重要组成部分。

明代时期的贸易基本上是在贸易关市设立牙行，经有司衙门颁发牙帖之后，负责各种互市贸易。牙行制度在澳门地区得到了更深远的发展，在广东、澳门出现了专营对外贸易的牙行，逐渐形成了广东三十六行。此类牙行必须经由有司颁发牙贴等法定程序，还要遵守明代法律关于牙行的规定才可以进行对外贸易。三十六行的制度，是清代专营对外贸易的十三行的历史法源，是清代管理、经营对外贸易的专门商业行会的雏形。与华商不同的是，作为外商的代表，葡萄牙商人的形成则比较复杂，对内葡商分别以葡萄牙王室任命和澳门葡商行会阿尔马萨组织授权的两种方式取得贸易资格。对外两类贸易主体则以双方所签订的契约为基础，成为与华商贸易的契约联盟。因此葡商的资格准入、行为约束则体现强制性与自治性相结合的特征。市场规范在继承中国古代对外贸易法制关于关市的管理制度的基础上，结合广东对外贸易自身的特征，制定了专门针对澳门葡商的广东贸易会制度和针对国内商人的澳票制度，为规范市场管理，对违反市场秩序的走私、偷漏税行为实施惩处。税收征管方面则更具特色，首先表现在征税机构由海道副使、海防同知、香山知县、市舶司联合管理向市舶司专职的演变，市舶司制度在广州逐渐得到恢复。另外明代税制的改革经历了抽分制、丈抽制、定额税制三个阶段，由实物税制到货币税制的变化，以及对澳门葡商的税收优惠政策，这都表明明代对外贸易税收法的成熟。

明政府在不违背传统法律的前提下，在广州制定了葡萄牙商人上省贸易的广东交易会制度，该制度充分考虑到葡萄牙商人海上贸易的季风性特征，按照季风的时间规定了葡商贸易的时间，并允许葡商与华商交易时应用葡商当时比较适合大宗贸易购销的议定价格方式进行商品采购，即该制度既尊重了中华法律文化——必须遵守明代关于市场违禁品的相关规定，又变通地适应葡萄牙相对灵活的商业惯例。两种法律文化在相互冲突中不断地相互适应，逐渐形成了广东—澳门二元特色的法律文化和制度。两种主体适用不同法律制度的同时又共同遵守明朝统一的管理规定。这种中西并包的法律文化，一直影响至今，可见对外贸易的法律文化是多姿多彩的，具有宽容性和开放性，自明中期开始四百多年的中西法律文化之间、多元法律文化之间可以共存发展，这种宽容性和开放性给澳门带来了繁荣，带来了异质文化中优良传统的融合，这种融合又反过来促进了明代社会进一步的发展和更新，为明代法制的建设带来了创造性的开拓。这样的历史存在提示我们：千姿百态的世界多元法律文化，其中存在着共同的智慧、共同的规律，考察人类优良的法律文化，我们应该超越民族主义的局限，以更加开放包容的视角把握异质文化的本质。

综上，明代对外贸易法制经历了从无到有、逐渐完善的过程，期间保留了我国古代对外贸易法制的精华，也将西方的相关制度吸纳到外贸法制当中，具有自身的特殊属性。面对中西文化、政治的交融，不断地从中汲取经验，对外贸易法制对明代中外贸易发展起到了非常重要的促进作用。此中体现出明代对外贸易法制的体系性、完整性和包容性。可以说明代对外贸易法制基本上是适合当时政治、经济、外交等客观历史情况的，可以有效调整贸易行为，规范贸易主体，是一套行之有效的法律制度。

参考文献

一、古籍档案类

[1] 中国第一历史档案馆、澳门基金会、暨南大学古籍研究所合编：《明清时期澳门问题档案文献汇编》（六卷），人民出版社，1999年版。

[2] 刘芳辑、章文钦：《清代澳门中文档案汇编》，澳门基金会，1998年版。

[3] 南京图书馆古籍部：《澳门问题史料集》，中华全国图书馆文献缩微复制中心，1998年版。

[4] 澳门基金会、上海社会科学院编：《知新报》，上海社会科学院出版社，1996年版。

[5]（明）王圻：《续文献通考》，齐鲁书社，1997年版。

[6]（明）陈仁锡：《皇明世法录》，（台北）学生书局，1975年版。

[7]（明）张燮：《东西洋考》，中华书局，2000年版。

[8]（明）王在晋：《海防纂要》，全国图书馆文献缩微中心，2001年版。

[9]（明）郑若曾：《筹海重编（内附六种相关史料）》，齐鲁书社，1996年版。

[10]（明）颜俊彦：《盟水斋存牍》，中国政法大学出版社，2002年版。

[11]（明）胡宗宪：《筹海图编》，全国图书馆文献缩微中心，2001

年版。

[12]（明）李遂：《明代御倭军制》，上海古籍出版社，2002年。

[13]（清）张廷玉：《明史》，中华书局，1974年版。

[14]（清）印光任、张汝霖：《澳门纪略》，上海古籍出版社，1995年版。

[15] 汤开建、吴志良：《〈澳门宪报〉中文资料辑录（1850—1911）》，澳门基金会，2002年版。

[16] 刘芳、章文钦：《葡萄牙东波塔档案馆藏清代澳门中文档案汇编（上下）》，澳门基金会，1999年版。

[17] 邢永福、吴志良、杨继波：《澳门问题明清珍档荟萃》，澳门基金会，2000年版。

[18] 广东省档案馆：《广东澳门档案史料选编》，中国档案出版社，1999年版。

[19] 中国第一历史档案馆：《清代外务部中外关系档案史料丛编——中葡关系（两卷）》，中华书局，2004年版。

[20] 中山市档案局（馆）、中国第一历史档案馆：《香山明清档案辑录》，上海古籍出版社，2006年版。

[21] 黄子强：《广东省志·外事志》，广东人民出版社，2005年版。

[22] 金国平：《西方澳门史料选萃（15—16世纪）》，广东人民出版社，2005年版。

[23] 萨安东：《葡中关系史资料汇编（十卷）》，厦门大学出版社，1997年版。

[24] 中国近代经济史资料丛刊编辑委员会：《帝国主义与中国海关资料丛编》，中华书局，1983年版。

[25]《中国海关与中葡里斯本草约》，中华书局，1983年版。

[26] 邓开颂、黄启臣：《澳门港史资料汇编》，广东人民出版社，

1991 年版。

[27] 郑言实：《澳门过渡时期重要文件汇编》，澳门基金会，2000年版。

[28] 中国第一历史档案馆：《中葡关系档案史料汇编（两册）》，中国档案出版社，2000 年版。

二、著作类

[1] ［澳］皮尔逊：《在印度的葡萄牙人》（新编剑桥印度史 1.1），清华大学出版社，2004 年版。

[2] ［法］Jean Pierre Drege，吴岳添译：《丝绸之路——东方和西方的交流传奇》，上海书店出版社，1998 年。

[3] ［葡］莫嘉度著，萨安东编，舒建平、菲德尔译：《从广州透视战争——葡萄牙驻广州总领事莫嘉度领事关于中日战争的报告》，上海社会科学院出版社，2000 年版。

[4] ［葡］曾德昭，何高济译：《大中国志》，上海古籍出版社，1998 年版。

[5] ［西班牙］门多萨，何高济译：《中华大帝国史》，中华书局，1998 年版。

[6] ［葡］威·罗伯特·尤塞利斯，周卓兰译：《澳门的起源》，澳门海事博物馆，1997 年版。

[7] ［葡］罗理路，陈用仪译：《澳门寻根》，澳门海事博物馆，1997 年版。

[8] ［美］马士，张汇文等译：《中华帝国对外关系史》，上海书店出版社，2006 年版。

[9] ［葡］雅依梅·柯尔特桑，邓兰珍译：《葡萄牙的发现》，中国对外翻译出版社，1996 年版。

[10] ［葡］潘日明，苏勤译：《殊途同归——澳门的文化交融》，

澳门文化司署，1992 年版。

[11] ［葡］桑贾伊·苏布拉马尼亚姆，何吉贤译：《葡萄牙帝国在亚洲 1500—1700：政治和经济史》，朗文书屋，1993 年版。

[12] ［美］查·爱·诺埃尔，南京师范学院教育系翻译组译：《葡萄牙史》，江苏人民出版社，1974 年版。

[13] ［苏］格·尼·科洛米耶茨，南京师范学院教育系翻译组译：《葡萄牙现代史概要》，江苏人民出版社，1973 年版。

[14] ［瑞］龙思泰，吴义雄、沈正邦译：《早期澳门史》，东方出版社，1997 年版。

[15] ［葡］安文思，何高济、李申译：《中国新史》，大象出版社，2004 年版。

[16] ［葡］平托，金国平译：《远游记》（上、下册），纪念葡萄牙发现事业澳门地区委员会、澳门基金会、澳门文化司署及东方葡萄牙学会，1999 年版。

[17] ［葡］施白蒂，金国平译：《澳门编年史》，澳门基金会，1995 年版。

[18] ［葡］徐萨斯，黄鸿钊、李保平译：《历史上的澳门》，澳门基金会，2000 年版。

[19] ［澳］杰弗里·C.冈恩，秦传安译：《澳门史》，中央编译出版社，2009 年版。

[20] ［葡］巴楂度，舒建平、菲德尔译：《勘界大臣马楂度葡中香港澳门勘界谈判日记（1909—1910）》，澳门基金会，1999 年版。

[21] ［葡］卡洛斯·高美士·贝萨，崔维孝等译：《澳门史》，澳门基金会，1999 年版。

[22] 张天泽，王顺彬、王志邦译：《中葡通商研究》，华文出版社，1999 年版。

［23］张天泽，姚男、钱江译：《中葡早期通商史》，中华书局香港分局，1988 年版。

［24］杨允中、胡锦光等：《"一国两制"与澳门特区法制建设大型学术研讨会论文集》，澳门理工学院一国两制研究中心，2010年版。

［25］黎小江、莫世祥：《澳门大辞典》，广州出版社，1999 年版。

［26］谢彬：《中国丧地史》，中华书局，1925 年版。

［27］刘高龙、赵国强：《澳门法律新论（上下）》，社科文献出版社，2011 年版。

［28］费成康：《澳门四百年》，上海人民出版社，1988 年版。

［29］石磊：《澳门贿赂犯罪研究》，中国人民公安大学出版社，2009 年版。

［30］陈子良：《澳门百业》，培正史地学会，2001 年版。

［31］王巨新、王欣：《明清澳门涉外法律研究》，社会科学文献出版社，2010 年版。

［32］邓开颂、谢后和：《澳门历史与社会发展》，珠海出版社，1999年版。

［33］余家敏：《澳门地图集》，广东省地图出版社，2011 年版。

［34］吴志良、杨允中、中国大百科全书出版社、澳门基金会：《澳门百科全书》，中国大百科全书出版社，1999 年版。

［35］邓开颂、余思伟、陆晓敏：《澳门沧桑》，珠海出版社，1999年版。

［36］何志辉：《1553—1999——治理与秩序全球化进程中的澳门法》，社会科学文献出版社，2013 年版。

［37］汤开建、陈文源、叶农：《鸦片战争后澳门社会生活记实——近代报刊澳门资料选粹》，花城出版社，2001 年版。

［38］郑言实：《澳门回归大事记》，澳门基金会，2000 年版。

［39］黄启臣、郑炜明：《澳门经济四百年》，澳门基金会，1994年版。

［40］黄文宽：《澳门史钩沉》，澳门星光出版社，1987年版。

［41］章文钦：《澳门与中华历史文化》，澳门基金会，1995年版。

［42］吴志良：《东西方文化交流——国际学术研讨会论文选》，澳门基金会，1994年版。

［43］冯邦彦：《葡国撤退前的澳门》，广东经济出版社，1999年版。

［44］黄启臣：《澳门是最重要的中西文化交流桥梁》，中山大学出版社，2010年版。

［45］余振、刘伯龙、吴德荣：《澳门华人政治文化》，澳门基金会，1993年版。

［46］赵国强：《澳门刑法研究》，广东人民出版社，2009年版。

［47］吴志良：《东西交汇看澳门》，澳门基金会，1999年版。

［48］吴志良：《生存之道——论澳门政治制度与政治发展》，澳门成人教育学会，1998年版。

［49］邓聪、郑炜明：《田野考古报告専刊（一）——澳门黑沙》，中文大学出版社、澳门基金会，1996年版。

［50］黄启臣、郑炜明：《澳门宗教》，澳门基金会，1994年版。

［51］金国平译著：《西力东渐：中葡早期接触追昔》，澳门基金会，2000年版。

［52］戴裔煊、钟国豪：《澳门历史纲要》，知识出版社，1999年版。

［53］金国平：《中葡关系史地考证》，澳门基金会，2000年版。

［54］林昶：《中葡关系与澳门前途》，澳门基金会，1994年版。

［55］张廷茂：《明清时期澳门海上贸易史》，澳亚周刊出版有限公司，2004年版。

［56］黄启臣、邓开颂：《中外学者论澳门历史》，澳门基金会，1995年版。

［57］ 徐晓望、陈衍德：《澳门妈祖文化研究》，澳门基金会，1998年版。

［58］ 费成康：《澳门——葡萄牙人逐步占领的历史回顾》，上海社会科学院出版社，2004年版。

［59］ 澳门中华妈祖基金会：《澳门妈祖文化研讨会论文集01、02》，2001年版。

［60］ 黄鸿钊：《澳门史》，福建人民出版社，1999年版。

［61］ 黄鸿钊：《澳门史纲要》，福建人民出版社，1999年版。

［62］ 金国平、吴志良：《粤澳公牍录存》，澳门基金会，2000年版。

［63］ 邓开颂、陆晓敏、扬仁飞：《澳门史话》，社会科学文献出版社，2000年版。

［64］ 韦庆远：《澳门史论稿》，广东人民出版社，2005年版。

［65］ 邓邦建、袁桂秀：《澳门史略》，中流出版社有限公司，1988年版。

［66］ 中华人民共和国海关总署办公厅：《澳门与旧中国海关》，中华人民共和国海关总署办公厅，1999年版。

［67］ 林子昇：《16—18世纪澳门与中国的关系》，澳门基金会，1998年版。

［68］ 汤开建：《明清士大夫与澳门》，澳门基金会，1998年版。

［69］ 何芳川：《澳门与葡萄牙大商帆——葡萄牙与近代早期太平洋贸易网的形成》，北京大学出版社，1996年版。

［70］ 许政：《澳门宗教建筑》，中国电力出版社，2008年版。

［71］ 米健、方泉、谢耿亮：《澳门法律改革与法制建设》，社会科学文献出版社，2011年版。

［72］ 金国平、吴志良：《东西望洋》，澳门成人教育学会，2002年版。

［73］ 聂立泽：《港澳与内地刑事法律比较及刑事司法协助研究》，

北京大学出版社，2009 年版。

[74] 戴裔煊：《关于澳门历史上所谓赶走海盗问题》，澳门星光出版社，1987 年版。

[75] 赵国强：《澳门刑法》，中国民主法治出版社，2009 年版。

[76] 黄汉强、吴志良：《澳门总览》，澳门基金会，1996 年。

[77] 金国平、吴志良：《过十字门》，澳门成人教育学会，2004 年版。

[78] 莫世祥、虞和平、陈亦平：《近代拱北海关报告汇编（1887—1946）》，澳门基金会，1998 年版。

[79] 张海林：《近代中外文化交流》，南京大学出版社，2003 年版。

[80] 李长森：《明清时期澳门土生族群的形成发展与变迁》，中华书局，2007 年版。

[81] 介子：《葡萄牙侵占澳门史料》，上海人民出版社，1961 年版。

[82] 贾渊、陆凌梭：《台风之乡：澳门土生族群动态》，澳门文化司署，1995 年版。

[83] 张仲礼：《太古集团在旧中国》，上海人民出版社，1991 年版。

[84] 彭海玲：《汪兆镛与近代粤澳文化》，广东人民出版社，2004 年版。

[85] 汤开建：《委黎多〈报效始末疏〉笺证》，广东人民出版社，2004 年版。

[86] 吴志良、章文钦等：《澳门——东西交汇第一门》，中国友谊出版社，1998 年版。

[87] 严忠明：《一个海风吹来的城市：早期澳门城市发展史研究》，广东人民出版社，2005 年版。

[88] 陈震宇：《现代澳门社会治理模式研究》，社会科学文献出版社，2011 年版。

[89] 黄鸿钊：《中葡澳门交涉史料 01、02》，澳门基金会，1998

年版。

[90] 黄庆华：《中葡关系史 1513—1999 上册》，黄山书社，2006年版。

[91] 周景濂：《中葡外交史 1991》，商务印书馆出版社，1991年版。

[92] 陈祖武：《中葡早期关系史》，社会科学文献出版社，2001年版。

[93] 骆伟建：《"一国两制"与澳门特别行政区基本法的实施》，广东人民出版社，2009年版。

[94] 宋柏年、赵永新：《中外文化交流与澳门语言文化国际研讨会论文集》，澳门理工学院出版社，2002年版。

[95] 查灿长：《转型、变项与传播：澳门早期现代化研究（鸦片战争至 1945 年）》，广东人民出版社，2006年版。

[96] 杨贤坤：《澳门法律概论》，中山大学出版社，1994年版。

[97] 叶世朋：《澳门法律史概论》，澳门基金会，1994年版。

[98] 吴志良：《澳门政治发展史》，上海社会科学出版社，1999年版。

[99] 林子昇：《十六至十八世纪澳门与中国之关系》，澳门基金会，1998年版。

[100] 杨贤坤：《澳门法律研究》，中山大学出版社，1997年版。

[101] 何志辉：《明清澳门的司法变迁》，澳门学者同盟，2008年版。

[102] 澳门大学澳门研究中心：《澳门研究》，澳门基金会，2004年版。

[103] 吴志良：《澳门政治制度史》，广东人民出版社，2010年版。

[104] 张海鹏：《中葡关系史资料集（上、下）》，四川人民出版社，1999年版。

[105] 郭永亮：《澳门香港之早期关系》，"中央研究院"近代史研究所，1990年版。

［106］吴志良、汤开建、金国平：《澳门编年史》（六卷），广东人民出版社，2009 年版。

［107］金国平、吴志良：《早期澳门史论》，广东人民出版社，2007 年版。

［108］黄启臣：《澳门通史》，广东教育出版社，1999 年版。

［109］刘海鸥：《澳门法律史纲要：澳门法的过去、现在和未来》，吉林大学出版社，2009 年版。

［110］吴志良、林发钦、何志辉：《澳门人文社会科学研究文选（历史卷）（含法制史）》，社会科学文献出版社，2010 年版。

［111］吴志良、汤开建、金国平：《澳门史新编》（四册），澳门基金出版社，2008 年版。

［112］何志辉：《从殖民宪制到高度自治——澳门二百年来宪制演进评述》，澳门理工学院出版社，2009 年版。

［113］何志辉：《澳门法制史研究》，澳门 21 世纪科技中心出版社，2008 年版。

［114］中央研究院近代史研究所：《中国近代史资料汇编—澳门专档》，"中央研究院"近代史研究所，1992 年版。

［115］米也天：《澳门法制与大陆法系》，中国政法大学出版社，1996 年版。

［116］宋世昌：《澳门春秋》，中国税务出版社，1993 年版。

［117］王伟华：《澳门检察制度》，中国民主法治出版社，2009 年版。

三、论文类

［1］［日］山本达郎著，程晓燕译：《葡萄牙人到来之前中国人在印度洋的活动》，《第欧根尼》，1986 年第 1 期。

［2］卜奇文：《蕃坊——社区模式与澳门模式》，《萍乡高等专科学

校学报》，2003 年第 3 期。

[3] 黄启臣：《澳门主权问题始末》，《中国边疆史地研究》，1999 年第 2 期。

[4] 曹日新：《"一国两制"下的澳门法制》，《比较法研究》，1999 年第 1 期。

[5] 黄庆华：《"助剿海盗得赐澳门"之说探源——兼述葡人谋求澳门主权》，《明史研究》，2005 年第 9 期。

[6] 汤开建：《明朝在澳门设立的有关职官考证》，《暨南学报（哲学社会科学版）》，1999 年第 1 期。

[7] 杨继波：《明代有关澳门问题档案的发现及史料价值》，《中国档案》，1999 年第 2 期。

[8] 朱亚非：《明代中葡关系与澳门之地位》，《史学集刊》，1995 年第 4 期。

[9] 万明：《明代中葡两国的第一次正式交往》，《中国史研究》，1997 年第 2 期。

[10] 丁顺茹：《明季葡萄牙殖民者占据澳门缘由管见》，《学术研究》，1999 年第 6 期。

[11] 黄启臣：《明清时期中国政府对澳门海关的管理》，《中山大学学报（社会科学版）》，1996 年第 1 期。

[12] 汤开建：《上、下川岛：中葡关系的起点——Tamão 新考》，《学术研究》，1995 年第 6 期。

[13] 寇伟：《1553—1849 年澳门主权归属问题》，《学习与探索》，1999 年第 5 期。

[14] 赵奕：《关于澳门法律改革若干问题的认识》，《人民检察》，2011 年第 4 期。

[15] 娄胜华：《1931—1945 年澳门救亡赈难社团的兴盛与转折》，《民国档案》，2007 年第 1 期。

［16］米健：《从中西法律文化的冲突与交融看澳门法律制度的未来》，《法学家》，1994 年第 5 期。

［17］宁岭晏：《澳门市政制度的演变与前瞻》，《华南师范大学学报》，1999 年第 4 期。

［18］张海鹏：《澳门史的研究：前进与困难——国内澳门史研究的动向》，《中国社会科学院研究生院学报》，1995 年第 5 期。

［19］边一：《澳门的立法与司法》，《法学天地》，1999 年第 12 期。

［20］冯心明：《澳门现行法律制度的基本特点及其存在问题》，《华南师范大学学报（社会科学版）》，1999 年第 3 期。

［21］赵朴：《澳门的政制与行政》，《四川统一战线》，1999 年第 5 期。

［22］范玉凤：《澳门回归及其未来走势探微》，《河北师范大学学报》，1999 年第 10 期。

［23］谢耿亮：《法律移植、法律文化与法律发展——澳门法现状的批判》，《比较法研究》，2009 年第 5 期。

［24］邓伟平：《论澳门法律的特征》，《中山大学学报（社会科学版）》，1999 年第 6 期。

［25］罗苏文：《澳门开埠的文化遗产》，《史林》，2005 年第 2 期。

［26］赵春晨：《澳门历史研究与新史料的刊布和利用》，《学术研究》，2003 年第 6 期。

［27］李雪梅：《澳门明清法律史料之构成》，《中西法律传统》，2002 年第 00 期。

［28］胡学相：《关于澳门法制建设问题的思考》，《特区与港澳经济》，1999 年第 12 期。

［29］童宁：《澳门往事》，《人民文学》，1999 年第 12 期。

［30］郭卫东：《澳门与早期鸦片贸易》，《学者论坛》，1999 年第 3 期。

［31］杨永桢：《澳门遭受葡萄牙殖民统治的回顾》，《黔东南民族师专学报》，1999 年第 5 期。

［32］芮立平：《澳门总督知多少》，《神州观察》，1999 年第 23 期。

［33］杨仁飞：《澳门社团发展——过去、现状与展望》，《澳门研究》，1999 年第 7 期。

［34］郭天武、朱雪梅：《澳门法律本地化问题研究》，《中山大学学报（社会科学版）》，1999 年第 2 期。

［35］叶农：《澳葡殖民政府早期政治架构的形成与演变》，《暨南学报》，2004 年第 4 期。

［36］杨继波：《策楞与澳门》，《中国档案》，1999 年第 8 期。

［37］任满军：《简析宋朝〈市舶条法〉的基本范畴》，《盐城师范学院学报》，2006 年第 4 期。

［38］龙心刚：《近 20 年来澳门史研究综述》，《南京社会科学》，1999 年第 2 期。

［39］张海鹏：《居澳葡人"双重效忠"说平议》，《近代史研究》，1999 年第 6 期。

［40］李景屏：《明清政府对澳门主权的行使》，《文史知识》，1999 年第 11 期。

［41］路延捷：《澳门的政治体制》，《山东教育》，1999 年第 32 期。

［42］吕美颐、郑永福：《历史上澳门地方自治制度论略》，《中州学刊》，1999 年第 4 期。

［43］吕美颐、郑永福：《历史上关于澳门问题的中葡条约》，《郑州大学学报（哲学社会科学版）》，1998 年第 1 期。

［44］冈虎：《论林则徐巡阅澳门的历史意义》，《五邑大学学报（社会科学版）》，2008 年第 2 期。

［45］李金明：《论明初的海禁与朝贡贸易》，《福建论坛（人文社会科学版）》，2006 年第 7 期。

［46］周志斌：《论明清中国政府对澳门的管治》，《学海》，1999 年第 6 期。

［47］芮立平：《民国时期澳门总督和总督府》，《民国春秋》，2000 年第 2 期。

［48］黄鸿钊：《民国时期的澳门问题交涉》，《江苏社会科学》，1999 年第 4 期。

［49］芮立平：《澳门家庭法律制度的主要内容及其形成》，《法学杂志》，2000 年第 1 期。

［50］邓端本：《明代广东市舶司征税考略》，《岭南文史》，1991 年第 2 期。

［51］晁中辰：《明代海关税制的演变》，《东岳论丛》，2000 年第 2 期。

［52］陈文源：《明清政府立法治澳之探讨》，《暨南学报》，2000 年第 1 期。

［53］汤开建：《明清之际澳门与中国内地天主教传播之关系》，《汉学研究》，1991 年第 2 期。

［54］李为香：《葡萄牙侵占澳门的历史回顾》，《东北师大学报》，1999 年第 6 期。

［55］邓开颂：《葡萄牙占领澳门的历史过程》，《历史研究》，1999 年第 6 期。

［56］王东峰：《清朝前期澳门地租沿革考》，《岭南文史》，1999 年第 1 期。

［57］乔素玲：《清代澳门中葡司法冲突》，《暨南学报（哲学社会科学版）》，2002 年第 4 期。

［58］汤开建、马根伟：《清末澳门华人纳税制度的形成与发展》，《浙江师范大学学报（社会科学版）》，2005 年第 6 期。

［59］沈登苗：《明代倭寇兼及澳门史研究中文论著索引》，《澳门

研究》，2005 年第 30 期。

［60］赵国强：《澳门原有法律在澳门特别行政区的延续》，《法商研究（中南政法学院学报）》，1999 年第 3 期。

［61］刘玉峰：《试论唐代海外贸易的管理》，《山东大学学报（哲学社会科学版）》，2000 年第 6 期。

［62］颜广文：《晚明时期走私贸易对社会经济发展的危害》，《华南师范大学学报（社会科学版）》，2005 年第 8 期。

［63］万明：《鸦片战争前清朝政府对澳门的管理述略》，《黑龙江社会科学》，1999 年第 5 期。

［64］万明：《郑和下西洋终止相关史实考辨》，《暨南学报（哲学社会科学版）》，2005 年第 6 期。

［65］石元蒙：《中西文明的最初碰撞》，《甘肃社会科学》，2003 年第 1 期。

［66］毛青文：《澳门法制轮廓及过渡期面临的主要任务》，《政治与法律》，1990 年第 5 期。

［67］胡学相：《澳门法制面临的问题与发展模式展望》，《广东行政学院学报》，1999 年第 4 期。

［68］芮立平：《澳门文化的历史与展望》，《中外企业文化》，2000 年第 2 期。

［69］汤开建：《〈日本一鉴〉中的葡澳史料》，《岭南文史》，1995 年第 2 期。

［70］米健：《大陆法传统及其与大陆、台湾和澳门法制的关系》，《深圳大学学报（人文社会科学版）》，1995 年第 4 期。

［71］倪正茂：《澳门法制见闻》，《检察风云》，1999 年第 12 期。

［72］曾忠恕：《论澳门现行法制的转型》，《理论学习月刊》，1997 年第 3 期。

［73］万明：《试论明代澳门的治理形态》，《中国边疆史地研究》，

1999 年第 2 期。

四、英文类

［1］ M. N Pearson：The New Cambridge History of India Ⅰ. Ⅰ. ：Cambridge University Press，2008.

［2］ M. N Pearson：A History of Portugal and the Portuguese Empire（Volume one and two）：A. R. DISNEY La Trobe University Press，2009.

［3］ Henk Ligthart：Portugal's semi−peripheral middleman role in its relations with England，1640 _ 1760：POLITICAL GEOGRAPHY QUARTERLY，Vol. 7. So 4. October 1988. 353−362.